책임만 커진 시대의 교육 리더십

구교정, 임혜경, 고흔석

교육과학사

머리말

오늘날 학교장은 교육 현장의 최전선에서 매우 중추적인 역할을 수행하고 있다. 학습 환경은 빠른 속도로 변화하고 있으며, 교육 정책 또한 점점 더 다양해지고 복잡해지는 양상을 보이고 있다. 여기에 더해 지역사회와 학부모가 학교에 요구하는 기대 역시 계속해서 높아지고 있어, 학교장의 책임은 과거 어느 때보다 훨씬 더 확대되고 있다. 특히, 학교 현장에서 교육의 질을 높이는 일, 학생 개개인의 성장과 안전을 보장하는 일, 그리고 지역사회와 신뢰를 형성하는 일은 학교장의 리더십이 없이는 원활히 이루어지기 어려운 매우 중요한 과제가 되었다[1].

하지만 아이러니하게도, 이러한 책임의 무게가 점점 커지는 반면 학교장에게 실제로 주어지는 권한과 자율성은 점차 축소되는 경향이 있다. 즉, 학교장은 많은 책임을 떠맡아야 하지만, 이를 뒷받침할 수 있는 충분한 자율성과 의사결정 권한이 함께 부여되지 않고 있는 것이다. 오늘날 학교 교육을 둘러싼 변화는 단순한 환경의 변화 수준을 넘어선 구조적인 전환을 의미한다. 디지털 기술이 전면적으로 확산되면서 교실 수업 방식을 비롯한 교육 활동 전반에 걸쳐 근본적인 변화가 나타나고 있으며, 고교학점제 도입과 같은 교육과정 개편은 수업 운영뿐 아니라 평가와 기록 방식까지 근본적으로 재구성되고 있다. 또한 학생 개개인의 다양성을 존중하는 학생 맞춤형 교육이 점차 확대되고 있으며, 여기에 국가적으로 중요한 과제인 기초학력 보장 문제까지 더해지면서 학교 현장은 매우 복합적이고 다층적인 요구에 부응해야 하는 상황에 직면하게 되었다[2].

이러한 급변하는 교육 환경과 복잡해진 요구 속에서 학교장의 역할은 단순히 행정적 업무를 처리하는 관리자에 머무르지 않는다. 오히려 학교장은 교육 목표와 철학을 함께 설계하고, 조직을 효과적으로 이끌어가며, 구성원 간 소통과 협업을 촉진하여 건강하고 발전적인 학교 문화를 창출하는 리더로서의 역할을 수행해야 한다. 나아가 정책을 정확히 해석하고 이를 학교 상황에 맞게 효과적으로 실행하는 한편, 사람과 조직을 이해하고 조율하는 능력까지 요구되는 복합적인 리더십을 발휘해야 한다[3]. 그러나 현실은 학교장이 자신의 역할을 충분히 수행하기 어려운 환경이다. 교육청으로부터 내려오는 여러 지침과 수시로 이루어지는 감사, 끊임없이 제기되는 민원 처리, 그리고 급변하는 정책 변화에 대응하는 막중한 행정적 부담은 학교장의 의사결정 권한을 심각하게 제약하는 요인으로 작용하고 있다.

현재의 교육 행정 구조는 학교장이 자율적인 권한 없이 모든 학교 운영에 대한 책임만을 지도록 만들어져 있다. 이러한 '권한 없는 책임' 구조는 학교장이 실질적으로 효과적인 리더십을 발휘하는 데 큰 걸림돌이 된다. 이 문제는 단순히 권한이 부족하다는 수준을 넘어선 것으로, 학교장이 교육적 판단을 내릴 여유를 갖고, 상황에 맞게 정책을 해석하고 선택적으로 적용할 수 있는 권한이 반드시 함께 보장되어야 진정한 리더십이 가능해진다[4]. 그러나 현실에서는 이와 같은 조건들이 충분히 갖추어지지 않고 있다. 정책 권한이 제대로 위임되지 않은 상태에서 결과에 대한 책임만 학교장에게 전가되는 현재의 구조는 교육 행정 전반에 비효율성과 비생산성을 초래하고 있다. 이런 환경에서는 학교장이 방어적인 리더십을 취할 가능성이 높아지고, 장기적이고 지속 가능한 교육 방향보다는 단기적인 성과에 집착하게 될 위험이 크다.

많은 학교장들이 현재의 업무와 책임 부담 때문에 큰 피로감을 느끼고 있으며, 이는 단순히 개인의 역량 문제에서 비롯된 것이 아니라 구조적으로 과도한 역할이 요구되는 상황에서 비롯된 것이다. 학교 현장의 자율성은 크게 제한되어 있는 반면, 책임만 강조되는 요즘의 교육 환경은 교사와의 신뢰 형성을 어렵게 만들고, 학생 중심의 수업 혁신과 교육적 변화를 가로막는 요인으로 작용하고 있다. 또한 지역사회와의 협력이나 긍정적이고 건강한 조직 문화를 조성하는 데에도 심각한 제약을 초래한다[5]. 학교장은 교사, 학부모, 지역사회 등 여러 이해관계자 사이에서 끊임없이 균형을 잡아야 하는 복잡한 상황에 처해 있으며, 이런 과정에서 실질적인 권한은 거의 부여받지 못한 채 책임만 떠맡는 일이 반복되고 있는 실정이다. 이와 같은 상황에서 학교장이 교육적 리더십을 어떻게 실제적으로 구현할 것인가는 오늘날 교육 현장의 가장 시급하고 중요한 과제 중 하나로 부각되고 있다.

본 책은 '책임만 커진 시대'라는 현실을 바탕으로, 학교장이 교육 리더로서 본연의 역할을 어떻게 회복할 수 있을지에 대한 질문에서 출발한다. 이론적 논의에 머무르지 않고 실제 학교 운영 과정에서 마주하는 복잡한 문제들을 구체적으로 살펴보며, 이에 대한 실질적이고 현실적인 해법을 함께 모색하고자 한다. 특히 구조적 제약 속에서도 학교장이 발휘할 수 있는 실천 중심의 리더십, 권한이 축소된 시대가 요구하는 공감과 협력의 리더십, 그리고 미래 교육을 대비하는 교육 리더십의 비전을 탐구하는 데 초점을 두었다. 이것이 바로 이 책이 지향하는 핵심 목표이다.

제1장에서는 학교장의 법적·제도적 권한이 어떻게 변화해 왔는지를 살펴보았고, 교육 자치가 부여하는 자율성과 동시에 작동하는 통제의 이중성을 검토하였다. 이를 통해 학교장이 감당해야 할 책임의 성격을 파악하였으며, 교사·학부모·교육청 등 다양한 관계 속에서 형성되는 압력 구조를 분석하였다.

제2장에서는 학교를 건강하게 이끌기 위한 리더십의 실천을 다루었다. 감정과 관계를 이해하고 갈등을 조정하는 정서적 리더십, 교육과정을 설

계하며 방향성을 제시하는 교육 리더십, 지역사회와 협력하여 배움의 기회를 확장하는 연계 리더십, 위기 상황에서 학교를 안정적으로 보호하는 돌봄 리더십 등 학교장이 수행해 온 다양한 역할을 실제 사례와 함께 제시하였다.

제3장에서는 권위 중심의 전통적 리더십이 지닌 한계를 짚어 보았으며, 공감과 협업을 기반으로 한 수평적 리더십 전환의 필요성을 강조하였다. 참여 기반의 협업 리더십, 정서적 지능과 공감 역량, 갈등 조정자로서의 역할을 중심으로 학교장이 조직의 관계를 조율하고 구성원의 성장을 지원하는 방식을 탐색하였다.

제4장에서는 학교장의 권한이 축소된 현실 속에서도 가능한 실천 전략을 제시하였다. 제한된 자율성 속에서 의사결정을 내리는 원칙, 행정과 교육의 균형을 유지하는 방법, 교사와의 신뢰를 형성하는 과정, 변화의 우선순위를 선택하고 집중하는 전략 등 실제 학교 현장에서 적용할 수 있는 실천적 리더십을 소개하였다.

제5장에서는 학교장이 외부 이해관계자와 협력하기 위해 요구되는 소통 전략을 다루었다. 교육청의 요구에 대응하는 방식, 학부모 민원과의 소통, 지역사회 자원의 활용, 행정기관과의 협업 구조 구축을 통해 학교장이 대외적 조정자이자 연결자로서 발휘해야 할 리더십을 구체화하였다.

제6장에서는 교직원의 성장과 전문성 개발, 학교 운영의 투명성과 공공성 강화, 민주적 학교 문화 조성, 회복 탄력적인 조직 구축 방안을 제시하였다. 학교를 단순한 운영의 공간이 아닌 '함께 성장하는 공동체'로 바라보며, 학교장의 리더십이 조직의 건강성과 지속가능성을 결정하는 핵심 요소임을 강조하였다.

마지막으로 제7장에서는 포스트 팬데믹 시대, 디지털 전환, 학생 중심 학습 조직 등 미래 교육 환경 속에서 요구되는 새로운 학교장 리더십 모델을 제안하였다. 학교자치와 협력 생태계를 기반으로 한 미래학교 운영, 디지털 전환 시대에 따른 학교장의 역할 변화, 학생 중심 학습조직 구축, 인공지능(AI) 시대의 자기주도성과 창의성 강화 등 미래형 학교장의 방향성을 제시하였다.

이상의 각 장의 논의를 종합해 보면, 이 책이 전달하고자 하는 메시지는 분명하다. 학교장의 리더십은 '권한의 크기'에서 비롯되는 것이 아니라, '방향성'과 '실행력'에서 출발한다는 점이다. 변화하는 시대 속에서 학교장이 수행해야 할 본질적 역할을 다시 성찰하고, 실제 학교 현장에서 이를 어떻게 실천할 것인지 고민하는 기회가 되기를 바란다.

2026년 2월

집필진

참고문헌

[1] OECD. (2024). *Leadership for better learning: School leaders in the spotlight*. OECD Publishing.

[2] UNESCO. (2024). *AI and Digital Transformation in Education: Country Case - Korea*. Global Education Monitoring Report.

[3] Leithwood, K., & Azah, V. N. (2023). Characteristics of effective leadership in challenging school contexts. *Educational Administration Quarterly, 59*(1), 3-36.

[4] 한국교육개발원. (2024). 학교 자율성과 교육책임의 균형 방안 연구. 세종: 교육부 정책연구 보고서.

[5] Riley, P. (2024). *Australian Principal Occupational Health, Safety and Wellbeing Survey 2024*. Monash University, Institute for Positive Psychology and Education.

고려대학교 교육학과 교수 조대연

권한보다는 책임이 막중한 현실에서 그래도 건강한 학교조직을 경영하는 데 교장의 리더십은 가장 중요한 투입요인이다. 이 책은 세 분의 학교장 경험을 토대로 함께 해결방안을 고민하고 그 방향성을 제시하였다. 수평적, 협업, 공감의 리더십을 통해 건강하고 지속가능한 학교를 만들고 미래형 리더십 모델로 창의적 자기주도 리더십을 제안하였다. 이는 오늘 그리고 미래의 교장선생님들께 큰 인사이트를 줄 것으로 기대하며 어려움 속에서도 교장님들이 더욱 교장으로서 교육리더십을 발휘하실 수 있도록 박수와 아이디어를 공유할 수 있기에 모든 교육가족들에게 강력히 추천드리고자 한다.

전) 서울교육대학교부설초등학교 교장 전병식

좋은 학교에는 학교구성원들의 신뢰와 사랑, 학교장의 리더십 그리고 전문성을 갖춘 교사들의 열정이 있다는 공통점이 있다. 학교장은 미래를 내다보는 통찰력과 변화하는 시대에 대응할 수 있고 학교구성원간의 합의된 비전을 창출할 수 있는 통합적 리더십을 갖추어야 한다. 학교장은 학교에서 어떤 학생을 기르려고 하는지, 어떤 교육과정을 마련하고 있는지, 어떤 교사가 어떻게 학생들을 지도하고 있는지, 어떤 교육 조건을 마련해 주고 있는지, 학교 경영을 위하여 자신의 리더십을 어떻게 발휘하고 있는지에 대한 질문을 던져 볼 필요가 있다. 학교장은 오케스트라의 지휘자와 마찬가지이다. 교사인 연주자는 각기 다른 악기를 가지고 있고 그 악기의 소리 또한 제 각각이다. 지휘자인 교장은 연주자인 교사가 자기의 소리를 내기 위해 최선을 다하도록 리더십을 발휘해야 한다. 학교장의 비전과 리더십은 학교 경영의 성패를 가늠하는 필수 요건이다. 이 책은 학교장의 위상과 역할, 함께 만들어 가는 학교조직, 조정자로서의 실천적 리더십, 이해당사자들의 협력, 민주적 학교경영 그리고 미래사회에 필요한 학교장의 리더십 등을 실천적 측면에서 접근하여 미래형 학교장의 방향성을 제시하고 있어 학교 경영에 크게 도움이 될 것으로 확신되어 적극 추천드린다.

서울마천초등학교 교장 정지양

이 책의 제목을 보는 순간, 먼저 위로가 되고 곧 깊은 공감이 밀려온다. 그리고 이내 '권한 없는 무한 책임'이라는 학교장의 현실이 묵직하게 다가온다. 저자들은 학교 경영의 실제 사례와 치밀한 진단을 토대로, 미래형 학교경영과 실천적 교육 리더십 전략을 제시한다. 수업 혁신, 조직 문화 개선, 갈등 조정, 학부모·지역사회와의 소통 등 구체적 예시를 통해 권한과 책임의 불균형 속에서도 학교장이 발휘할 수 있는 전문적 리더십의 길을 보여준다. 학교 경영의 어려움 속에서 균형 잡힌 시각과 현실적인 해법을 찾고자 하는 모든 교육 리더에게 이 책을 자신 있게 추천드린다.

서울서이초등학교 장경아 교장

오늘날 학교장의 자리는 결코 가볍지 않다. 급변하는 교육 정책과 디지털 전환, 그리고 날로 커지는 사회적 요구 속에서, 학교장은 '권한은 줄어드는데 책임만 커지는' 구조적 모순에 직면해 있다. 교육 현장의 최전선에서 고군분투하는 모든 동료 교장 및 예비 교장 선생님들께, 이 책은 단순히 현실을 한탄하는 것을 넘어 리더십의 본질을 회복하고 실질적인 돌파구를 제시하는 귀한 나침반이 될 것이다.

이 책이 던지는 핵심 질문과 해답은 '학교장의 리더십은 권한의 크기가 아니라, 방향성과 실행력에서 시작된다'는 명쾌한 메시지를 중심으로, 현직 교장이 겪는 딜레마를 구조적으로 분석하고 현실적인 해결책을 안내한다. 리더십에 대한 근본적인 성찰과 성장을 위한 리더십의 전환을 탐색하고, 실질적인 돌파구에 해법을 제시한다.

특히, 개인적으로 '조직의 최종 책임자는 누구인가'라는 질문을 던지며, 교사, 학부모, 교육청 사이의 다중 관계 속에서 학교장이 느끼는 압력 구조를 객관적으로 분석한 1장을 통해 현재 교장들이 직면한 문제가 단순히 개인의 역량 부족이 아닌 구조적 문제임을 깨달으며, 위안을 받았다.

마지막으로 직접 실천한 사례와 함께 많은 주변 사례를 수집하여 수록함으로써, 단순히 읽고 끝내는 이론서가 아니라, '권한 없는 책임'의 현실 속에서 학교장이 '함께 성장하는 공동체'의 설계자이자 '변화의 방향타'로서 역할을 회복할 수 있도록 돕는 실천적 지침서로서의 역할을 한다. 학교 경영의 깊이 있는 성찰과 현실적인 해법을 찾고 계신 모든 교장님들께 이 책을 추천드린다.

부평동중학교 교감 김영권

학교를 둘러싼 환경이 빠르게 달라지는 지금, 학교장의 역할 또한 새롭게 바라봐야 할 때다. 무거운 책임 속에서도 교직원의 마음을 모아 학생들의 성장을 이끄는 일이야말로 학교장의 진정한 리더십이기 때문이다. 이 책은 학교장을 '권한이 부족한 관리자'가 아닌, 학교 문화를 만들어가는 중심 존재로 다시 비추어 준다. 변화의 시대를 살아가는 모든 교육자들에게, 학교를 더 따뜻하고 의미 있는 배움의 공간으로 이끌어가는 길을 조용히 일러주는 책이다.

인천부광고등학교 교장 박진성

책임만 있고 권한이 줄어든 현재의 학교 현장에서 학교 문화를 개선하고, 교육주체와의 공감을 통해 급변하는 학교 문화에 적응하고자 하는 열망을 갖고 교육 현장에 다가갔지만, 이론적이고 추상적인 개념과 현실의 벽은 학교 경영의 뚜렷한 길을 제공하지 않아 고민 중이었다. 그러던 중 이 책을 받고, 이론이 아닌 실제 학교 현장에서 적용할 수 있는 경험을 토대로 한 실천적 리더십을 정립해 갈 수 있었다. 교직원과 함께 공감과 협업을 기반으로 한 수평적 리더십으로 지역사회를 아우르는 학교 조직을 이해하고, 스스로 성장하는 학교 문화를 구축하며, 급변하는 미래 사회에 대처하는 교장의 리더십을 원한다면 이 책을 강력히 추천드린다.

차 례

제 1 장

권한 없는 리더: 학교장의 역할 재조명

1.1 학교장의 법적 · 제도적 권한 변화

1.1.1 학교장의 법적 권한과 제도적 기반

학교는 단순한 배움의 공간을 넘어 끊임없이 변화하는 사회적 요구와 교육적 이상이 교차하는 살아 있는 생태계라 할 수 있다. 이러한 생태계의 중심에서 학교를 이끄는 학교장의 역할은 시대적 흐름과 함께 법과 제도의 변화에 따라 지속적으로 재정의되어 왔다. 제1장의 제목인 「권한 없는 리더」가 시사하듯, 과거 학교장이 지녔던 절대적이고 배타적인 권한은 오늘날 다양한 교육 구성원에게 분산된 형태로 변화하였다. 이러한 권한 구조의 변화는 학교장에게 리더십의 본질이 무엇인지, 그리고 변화된 환경 속에서 학교장의 역할을 어떻게 실천해야 하는지에 대한 깊은 성찰을 요구한다.

학교장은 교육 생태계의 중심에서 학교 운영의 큰 방향을 설정하는 내비게이터이다. 단순한 행정 관리자를 넘어 학교 교육의 비전을 수립하고 전략적 목표를 설계하는 책임을 지니며, 이를 실현하기 위한 교육 환경을 소성하는 역할을 수행한다. 또한 교사의 전문성 성장을 지원하고, 학생들이 최적의 조건에서 배울 수 있도록 학교 전반을 책임 있게 이끌어 가는 존재이다.

현행 법규에서 학교장은 교무를 총괄하는 책임자이자 교직원을 지도

·감독하는 관리자이며, 학생 교육과 생활지도를 담당하는 교육공무원으로서의 법적 지위를 지닌다. 교육기본법과 초·중등교육법을 비롯한 관련 법령에 따라 학교장은 교육과정과 학사 운영, 교육계획 수립, 교직원 복무 관리와 업무 분장, 인사 관리, 예산 집행, 학생 생활교육 등 학교 운영 전반에 걸친 주요 권한과 책임을 부여받고 있다.

그러나 법적으로 규정된 권한과 달리, 실제 학교 현장에서 학교장이 이를 온전히 행사하기는 쉽지 않다. 교육청과 상급 기관의 지침, 각종 위원회의 심의와 의결, 교원단체와 노동조합, 학부모회 등 다양한 이해관계자와의 협의 과정은 학교장의 의사결정에 일정한 제약을 가한다. 이러한 구조는 학교장의 자율성을 제한하는 동시에 행정적 부담을 가중시키는 요인으로 작용하고 있다.

이처럼 법적 권한과 현실적 제약 사이의 간극 속에서 학교장은 복잡한 조정과 선택을 요구받는 위치에 놓여 있으며, 이는 학교장 리더십의 성격과 한계를 이해하는 중요한 맥락이 된다. 이에 다음 절에서는 학교장의 권한과 책임을 구체적으로 규정하고 있는 관련 법령을 중심으로, 학교장 권한 구조의 제도적 기반을 살펴보고자 한다.

가. 교육기본법 제5조(교육의 자주성 등)

제5조(교육의 자주성 등)

① 국가와 지방자치단체는 교육의 자주성과 전문성을 보장하여야 하며, 국가는 지방자치단체의 교육에 관한 자율성을 존중하여야 한다. 〈신설 2021. 9. 24.〉

② 국가와 지방자치단체는 관할하는 학교와 소관 사무에 대하여 지역 실정에 맞는 교육을 실시하기 위한 시책을 수립·실시하여야 한다. 〈개정 2021. 9. 24.〉

③ 국가와 지방자치단체는 학교운영의 자율성을 존중하여야 하며, 교직원

· 학생 · 학부모 및 지역주민 등이 법령으로 정하는 바에 따라 학교운영에 참여할 수 있도록 보장하여야 한다. 〈개정 2021. 9. 24.〉

「교육기본법」 제5조(학교의 자주성 등)는 학교장이 법령에 따라 학교교육의 자주성을 지키고, 교육 전문성을 바탕으로 학교를 운영하며, 지역 실정에 맞는 자율적인 교육을 펼칠 수 있음을 명시하고 있다. 동시에 학교 공동체의 다양한 구성원들이 학교운영에 참여하도록 보장하고 이를 조정하는 것이 학교장의 중요한 역할임을 보여주며, 민주적 리더십의 필요성을 강조한다고 볼 수 있다.

나. 교육기본법 제16조(학교 등의 설립자 · 경영자)

제16조(학교 등의 설립자 · 경영자)

① 학교와 평생교육시설의 설립자 · 경영자는 법령으로 정하는 바에 따라 교육을 위한 시설 · 설비 · 재정 및 교원 등을 확보하고 운용 · 관리한다. 〈개정 2021. 9. 24.〉

② 학교의 장 및 평생교육시설의 설립자 · 경영자는 법령으로 정하는 바에 따라 학습자를 선정하여 교육하고 학습자의 학습성과 등 교육의 과정을 기록하여 관리한다. 〈개정 2021. 9. 24.〉

③ 학교와 평생교육시설의 교육내용은 학습자에게 미리 공개되어야 한다. 〈개정 2021. 9. 24.〉

「교육기본법」 제16조(학교 등의 설립자 · 경영자)는 학교장이 학교운영에 필요한 물리적 · 인적 자원을 효율적으로 확보하고 관리하며, 학생 선정에서 교육과 학습 성과 관리에 이르는 전 과정을 책임지는 존재임을 규정한다. 또한 교육 내용을 투명하게 공개하는 등 교육 현장의 운영과 관리 전반에 막중한 권한과 책임을 지고 있음을 강조한다. 다만

이 조항은 학교장의 실질적인 경영 자율권을 구체적으로 명시하지 않아, 실제 해석과 적용 과정에서 한계가 있다는 점도 함께 드러낸다[1].

다. 초·중등교육법

초·중등교육법

제19조(교직원의 구분)

① 학교에는 다음 각 호의 교원을 둔다. 〈개정 2019. 12. 3.〉

1. 초등학교·중학교·고등학교·고등공민학교·고등기술학교 및 특수학교에는 교장·교감·수석교사 및 교사를 둔다. 다만, 학생 수가 100명 이하인 학교나 학급 수가 5학급 이하인 학교 중 대통령령으로 정하는 규모 이하의 학교에는 교감을 두지 아니할 수 있다.
2. 각종학교에는 제1호에 준하여 필요한 교원을 둔다.

② 학교에는 교원 외에 학교운영에 필요한 행정직원 등 직원을 둔다.

③ 학교에는 원활한 학교운영을 위하여 교사 중 교무(校務)를 분담하는 보직교사를 둘 수 있다.

④ 학교에 두는 교원과 직원(이하 "교직원"이라 한다)의 정원에 필요한 사항은 대통령령으로 정하고, 학교급별 구체적인 배치기준은 제6조에 따른 지도·감독기관(이하 "관할청"이라 한다)이 정하며, 교육부장관은 교원의 정원에 관한 사항을 매년 국회에 보고하여야 한다. 〈개정 2013. 3. 23.〉

제20조(교직원의 임무)

① 교장은 교무를 총괄하고, 민원처리를 책임지며, 소속 교직원을 지도·감독하고, 학생을 교육한다. 〈개정 2021. 3. 23., 2023. 9. 27.〉

초·중등교육법 제19조(교직원의 구분)와 제20조(교직원의 임무)는 학교장이 학교라는 조직 안에서 교원과 직원을 함께 관리하고 이끌어 가는 책임 있는 리더임을 분명히 보여준다. 이 규정은 학교장이 다양한 역할을 가진 구성원들을 조율하며 학교운영의 흐름을 총괄하는 사람이라는 점을 강조한다. 결국 학교장은 핵심 인적 자원을 효과적으로 배치하고 지원하며, 학교 공동체가 하나의 방향을 향해 나아가도록 만드는 중심적 역할을 수행하여야 한다[2].

초 · 중등교육법

제24조(수업 등)

③ 학교의 장은 교육상 필요한 경우에는 다음 각 호에 해당하는 수업을 할 수 있다. 이 경우 수업 운영에 관한 사항은 교육부장관이 정하는 범위에서 교육감이 정한다. 〈신설 2020. 10. 20.〉

1. 방송 · 정보통신 매체 등을 활용한 원격수업
2. 현장실습 운영 등 학교 밖에서 이루어지는 활동

제30조의8(학생의 안전대책 등)

② 학교의 장은 학생의 안전을 위하여 다음 각 호의 사항을 시행하여야 한다.

1. 학교 내 출입자의 신분확인 절차 등의 세부기준수립에 관한 사항
2. 영상정보처리기기의 설치에 관한 사항
3. 학교주변에 대한 순찰 · 감시 활동계획에 관한 사항

[본조신설 2012. 1. 26.]

제30조의9(시설 · 설비 · 교구의 점검 등) ① 학교의 장은 학교의 시설 · 설비 · 교구가 적절하게 관리되고 있는지를 정기적으로 점검하여야 한다.

② 학교의 장은 제1항에 따른 점검 결과 시설 · 설비 · 교구가 노후화되거나 훼손되었을 때에는 지체 없이 보수 또는 교체 등 필요한 조치를 하여야 한다.

[본조신설 2021. 3. 23.]

제30조의10(학교민원 처리 계획의 수립 · 시행 등) ③ 학교의 장은 학교민원 처리의 방법 및 절차에 관한 사항을 학생 및 보호자에게 정기적으로 안내하여야 한다.

[본조신설 2024. 12. 20.]

초·중등교육법 제24조(수업 등)는 교육상 필요가 있으면 학교장은 원격수업, 학교 밖 활동(현장실습 등) 형태의 수업을 선택하여 실시할 수 있는 권한이 있음을 규정하고 있다. 하지만 이 경우 수업 운영에 관한 사항은 '교육부장관이 정하는 범위에서 교육감이 정한다.'라고 되어 있으므로, 학교장은 원격수업/학교 밖 활동 수업을 실시할지 여부에 대해 재량이 있지만, 운영 방식(절차·기준·인정 범위 등)은 교육부·교육감 기준을 따라야 한다. 즉, 실시 여부는 학교장 재량으로 권한을 부여하였으나 운영 기준은 상급기관 범위 내로 제한하고 있다고 할 수 있다.

제30조의8(학생의 안전대책 등), 제30조의9(시설·설비·교구의 점검 등), 제30조의10(학교민원 처리 계획의 수립·시행 등)은 안전·시설관리 영역의 법정 관리책임자, 학교 민원 처리 절차를 학교 실정에 맞게 구체화·운영할 책임과 권한을 규정하고 있다. 이 조항들에서의 "학교장 권한"은 학교운영에서 수업 형태 결정(일부 재량)과 학생 안전·시설관리·민원절차 운영(대부분 의무)의 최종 책임과 집행권을 의미한다. 다만 이 권한은 교육부/교육감 기준과 관련 법령(개인정보, 안전, 회계 등) 안에서 제한적으로 행사되는 권한이라고 할 수 있다.

라. 지방교육자치에 관한 법률

제3장 교육감

제1절 지위와 권한 등

제18조(교육감) ① 시·도의 교육·학예에 관한 사무의 집행기관으로 시·도에 교육감을 둔다.

② 교육감은 교육·학예에 관한 소관 사무로 인한 소송이나 재산의 등기 등에 대하여 해당 시·도를 대표한다. 〈개정 2021. 3. 23.〉

제19조(국가행정사무의 위임) 국가행정사무 중 시·도에 위임하여 시행하는 사무로서 교육·학예에 관한 사무는 교육감에게 위임하여 행한다. 다만, 법령에 다른 규정이 있는 경우에는 그러하지 아니하다.

제20조(관장사무) 교육감은 교육·학예에 관한 다음 각 호의 사항에 관한 사무를 관장한다. 〈개정 2021. 3. 23.〉

1. 조례안의 작성 및 제출에 관한 사항
2. 예산안의 편성 및 제출에 관한 사항
3. 결산서의 작성 및 제출에 관한 사항
4. 교육규칙의 제정에 관한 사항
5. 학교, 그 밖의 교육기관의 설치·이전 및 폐지에 관한 사항
6. 교육과정의 운영에 관한 사항
7. 과학·기술교육의 진흥에 관한 사항
8. 평생교육, 그 밖의 교육·학예진흥에 관한 사항
9. 학교체육·보건 및 학교환경정화에 관한 사항
10. 학생통학구역에 관한 사항
11. 교육·학예의 시설·설비 및 교구(敎具)에 관한 사항
12. 재산의 취득·처분에 관한 사항
13. 특별부과금·사용료·수수료·분담금 및 가입금에 관한 사항
14. 기채(起債)·차입금 또는 예산 외의 의무부담에 관한 사항
15. 기금의 설치·운용에 관한 사항
16. 소속 국가공무원 및 지방공무원의 인사관리에 관한 사항
17. 그 밖에 해당 시·도의 교육·학예에 관한 사항과 위임된 사항

제35조(교육장의 분장 사무)

교육장은 시·도의 교육·학예에 관한 사무 중 다음 각 호의 사무를 위임받아 분장한다. 〈개정 2019. 12. 3.〉

1. 공·사립의 유치원·초등학교·중학교·고등공민학교 및 이에 준하는 각종학교의 운영·관리에 관한 지도·감독
2. 그 밖에 조례로 정하는 사무

과거에는 교육부의 직접적인 지시에 따라 학교가 움직이는 경향이 강했지만, 2019년 이후는 시·도 교육청과 교육감의 교육 철학과 정책이 단위학교에 더 큰 영향을 미치고 있다[3]. 학교급 예산과 주요 현안에 대한 결정권이 교육청으로 넘어가면서 학교장의 재정·인사 권한은 실질적으로 축소되었고, 학교장은 자연스럽게 교육청의 지시와 통제를 받는 구조로 변화하게 되었다.

마. 학교운영위원회 설치·운영에 관한 법률

초·중등교육법 제4장 학교

제2절 학교운영위원회 〈개정 2012. 3. 21.〉

제31조(학교운영위원회의 설치) ① 학교운영의 자율성을 높이고 지역의 실정과 특성에 맞는 다양하고도 창의적인 교육을 할 수 있도록 초등학교·중학교·고등학교·특수학교 및 각종학교에 학교운영위원회를 구성·운영하여야 한다. 〈개정 2022. 10. 18.〉

제32조(기능) ① 학교에 두는 학교운영위원회는 다음 각 호의 사항을 심의한다. 다만, 사립학교에 두는 학교운영위원회의 경우 제7호 및 제8호의 사항은 제외하고, 제1호의 사항에 대하여는 자문한다. 〈개정 2021. 9. 24.〉

1. 학교헌장과 학칙의 제정 또는 개정
2. 학교의 예산안과 결산
3. 학교교육과정의 운영방법
4. 교과용 도서와 교육 자료의 선정
5. 교복·체육복·졸업앨범 등 학부모 경비 부담 사항
6. 정규학습시간 종료 후 또는 방학기간 중의 교육활동 및 수련활동
7. 「교육공무원법」 제29조의3제8항에 따른 공모 교장의 공모 방법, 임용, 평가 등
8. 「교육공무원법」 제31조제2항에 따른 초빙교사의 추천
9. 학교운영지원비의 조성·운용 및 사용

10. 학교급식
11. 대학입학 특별전형 중 학교장 추천
12. 학교운동부의 구성 · 운영
13. 학교운영에 대한 제안 및 건의 사항
14. 그 밖에 대통령령이나 시 · 도의 조례로 정하는 사항

② 삭제 〈2021. 9. 24.〉
③ 학교운영위원회는 제33조에 따른 학교발전기금의 조성 · 운용 및 사용에 관한 사항을 심의 · 의결한다. [전문개정 2012. 3. 21.]

제34조(학교운영위원회의 구성 · 운영) ① 제31조에 따른 학교운영위원회 중 국립학교에 두는 학교운영위원회의 구성과 운영에 필요한 사항은 대통령령으로 정하고, 공립학교에 두는 학교운영위원회의 구성과 운영에 필요한 사항은 대통령령으로 정하는 범위에서 시 · 도의 조례로 정한다.
② 사립학교에 두는 학교운영위원회의 위원 구성에 관한 사항은 대통령령으로 정하고, 그 밖에 운영에 필요한 사항은 해당 학교법인의 정관으로 정한다.
[전문개정 2012. 3. 21.]

학교운영위원회 설치 · 운영에 관한 법률에 따라 모든 학교에 학교운영위원회가 설치되면서, 학교장은 여전히 학교를 총괄하는 책임을 지지만 예산, 교육과정, 학생 지도와 같은 주요 사안은 반드시 학운위의 심의를 거쳐야 한다고 명시되어 있다[4]. 이는 학교장의 단독 의사결정이 제한되고, 학교 공동체의 참여와 협의가 더욱 중요해졌음을 보여준다.

이어서 소개하는 '학교운영위원회와 충돌', 학교 인사권과 의사결정 구조의 한계, 학교장의 권한과 자율성의 한계 등은 실제 학교 현장에서 어떻게 구체적으로 실천되어야 하는지를 보여주며, 학교장의 권한과 역할이 다양한 외부 요인과 절차에 의해 제약받는 현실을 보여준다.

• 학교운영위원회와 충돌

○○초등학교에서는 2020년 신학기 급식업체 선정 과정에서 학교장과 학교운영위원회의 판단이 엇갈리는 상황이 있었다. 학교장은 그동안 급식 운영을 총괄해 온 경험과 예산 운용의 안정성을 고려해, 기존 거래 실적이 있고 비용 구조가 안정적인 특정 업체와 계약을 추진하고자 했다. 이 업체는 조리 인력 관리와 식재료 공급 체계가 비교적 안정적이라는 평가를 받아 왔고, 학교장은 이러한 점을 종합적으로 판단해 계속 계약하는 것이 학생들에게도 유리하다고 보았다.

그러나 학운위 측에서는 학부모 의견 수렴 결과를 토대로 다른 업체를 추천했다. 해당 업체는 친환경 식재료 사용 비율이 높고, 학부모의 선호도가 높다는 점이 강점으로 제시되었다. 일부 위원들은 기존 업체에 대한 만족도가 낮다는 학부모 의견도 전달하며, 급식 질 개선을 위해 변경이 필요하다는 의견을 제안하였다.

이 과정에서 학교장은 자신의 판단과 다른 결과가 나오더라도, 학교운영위원회 심의 결과는 법적으로 반드시 존중해야 한다는 점을 확인했다. 「초·중등교육법」 및 관련 시행령에 따르면, 급식업체 선정은 학교운영위원회의 심의 사항에 해당하며, 학교장은 심의 결과를 따르는 것이 원칙이다. 이에 따라 학교장은 학교운영위원회에서 추천한 업체와 계약을 진행했고, 이후 급식 운영이 원활히 이뤄지도록 업체와 세부 조율을 진행하였다[5].

• 학교 인사권과 의사결정 구조의 한계

인천시의 ○○여고에서는 남성교사의 성차별 발언 등 부적절한 발언 사건이 발생하자, 학교장은 해당 교사를 병가 조치해 수업에서 배제했으며 문제의 발언이 아동복지법상 아동학대에 해당하는지에 대한 의뢰를 하는 등 신속한 대응을 위해 해당 교사의 전보를 요청했다. 그러나 인사권이 교육청에 있어 즉각적인 조치는 어려웠고, 인사분과 심의와 법령 검토 등 여러 절차를 거치느라 사건 발생 후 수개월이 지나서야 전보가 이루어졌다[6]. 이와 유사하게, 2021년 학교운영위원회에서도 교원 인사와 관련해 학교장의 단독 요구가 수용된 비율은 20.2%에 불과한 것으로 나타났다. 이는 학교장이 인사 문제에서 갖는 권한의 한계와 교육청 중심의 의사결정 구조를 보여 준다고 할 수 있다.

• 학교장의 권한과 자율성의 한계

경기도의 한 혁신초등학교는 자체적으로 교육 프로그램 예산을 편성해 보았지만, 교육청의 예산 집행 지침에 부합하지 않는다는 이유로 사용 승인을 받지 못했다[7]. 이로 인해 전체 예산 중 약 13%가 집행 불가 판정을 받았고, 학교는 교육청 심사와 사전 승인 절차를 처음부터 다시 거쳐야 했다. 결국 학교가 자율적으로 추진하려던 계획은 행정 절차에 막혀 재조정될 수밖에 없었다.

이처럼 학교장에게 법적으로 인사권・재정 집행권・운영권이 부여되어 있음에도 실제 최종 의사 결정권은 교육청 등 상위기관에 분산되어 있어 현장에서 권한을 온전히 행사하는 데에 어려움이 있다. 교육청, 학교운영위원회, 교원단체와 학부모 등 다양한 주체의 참여가 늘고 외부 통제가 강화되면서 학교장의 자율적 의사결정 범위는 점점 좁아지고 있다. 그 결과 학교장은 "책임은 막대하지만, 권한은 극히 제한적이다"라는 지속적인 비판 속에서 여전히 어려움을 겪고 있다.

1.1.2 학교장 권한의 역사적 전개와 제도 변화

교육 패러다임이 빠르게 변화하는 오늘, 학교장의 역할은 어느 때보다 복합적이고 중요해지고 있다. 이제 학교장은 단순히 규정을 집행하는 위치를 넘어, 창의적이고 혁신적인 교육 리더십을 발휘해야 하는 시대적 요구와 마주하고 있다.

학교장 권한의 변화는 교육 시스템의 구조와 운영 방식 전반에 큰 영향을 미친다. 권한이 제한되거나 여러 주체에게 분산되면, 학교장이 전략적 리더십을 발휘하는 데 어려움이 생길 수 있다. 권한의 분산만큼 학교장의 학교운영에 대한 유연성과 신속한 의사결정 능력이 낮아질 수 있으며, 이는 결국 교육의 질과 학교혁신 역량에도 부정적인 결과를 가져올 수 있다.

권한의 변화는 단순한 제도 조정을 넘어 교육 생태계의 권력 구조와 의사결정 흐름 자체를 다시 짜는 일과도 같다. 학교장의 리더십이 약해지면 현장의 창의성과 대응력이 떨어질 수 있고, 구성원들 간의 관계에도 변화가 생긴다. 이러한 여파는 한 학교에만 그치지 않고, 국가 교육 시스템 전반에 파급될 만큼 중요한 영향력을 가진다.

학교장의 권한은 시대의 변화와 교육정책의 흐름에 따라 늘거나 줄어왔다. 한국 근대교육 초기에는 학교장이 학교운영의 전반을 주도하며 비교적 넓은 자율성을 가졌지만, 국가 주도의 교육체제가 자리 잡아 가면서 교육부와 시·도교육청의 통제가 강화되었고, 학교장의 자율권은 점차 줄어들게 되었다.

가. 1940~1960년대: 국가 교육정책의 집행자로서의 학교장

광복 이후 1949년 「교육법」이 제정된 뒤, 학교장은 국가가 임명하는 구조 속에서 중앙정부가 주도하는 교육 정책을 그대로 집행하는 역할을 맡았다. 학교 운영 역시 중앙집권적 체제에서 이루어졌기 때문에 학교장의 자율권은 매우 제한적일 수밖에 없었다.

나. 1970~1980년대: 중앙정부와 교육청 통제 강화, 학교장 재량 축소

1981년 「교육공무원법」이 개정되면서 교장·교감의 자격과 임용 기준이 한층 강화되었다. 이 과정에서 관료적 행정 문화가 더욱 심화되었고, 학교장의 단독 재량은 오히려 줄어드는 방향으로 작용하였다.

다. 1990~2000년대: 자율화와 참여 중심 운영의 확산, 학교장 권한의 분산

1991년 「지방교육자치에 관한 법률」이 시행되면서 교육감과 지역교육청의 권한이 대폭 강화되었고, 인사와 예산 집행권이 교육청으로 이관되면서 학교장의 권한은 이전부터 약화되는 결과를 가져왔다.

1995년 5·31 교육개혁을 통해 학교운영위원회가 법적으로 도입되면서 주요 학교 운영 사항은 학교운영위원회의 심의·의결을 거쳐야 하는 구조로 의무화되었다[8]. 이는 학교장의 단독 결정권을 크게 제한한 조치였다.

2005년 교육부는 '학교자율화 5대 과제'를 발표하고, 2010년에는 '자율학교'를 도입했지만, 주요 인사와 재정 권한이 여전히 교육청에 집중되어 있어 학교장의 자율성 확대에는 한계가 있었다.

라. 2020년대: 혁신학교·자율형공립고 등 다양한 자율 실험의 확산

2020년 「초·중등교육법」 개정으로 자율학교와 혁신학교 등 다양한 유형의 학교운영 방식이 확대되었다[9]. 또한 학부모회, 학생회, 교직원협의회 등 내부 의사결정 기구(자율협의체)의 구성이 의무화되면서 학교 구성원의 공동 거버넌스가 강조되었다. 이러한 변화 속에서 학교장의 권한은 여러 구성원에게 분산된 상태로 유지되고 있다.

우리나라 학교장의 권한은 법으로 명확히 규정되어 있지만, 제도적·행정적 환경과 역사적 변화의 영향 속에서 현장에서는 여러 가지 제한을 받고 있다. 학교장은 여러 가지 법률의 제·개정에도 불구하고 "책임만 있고 권한은 없는 리더"라는 딜레마 상황으로 존속해 오고 있다.

학교장 권한의 변화는 책임과 권한 사이에 구조적 불균형을 만들어 왔다. 학교운영의 최종 책임은 여전히 학교장에게 있지만, 정작 핵심 의사결정 권한은 점점 축소되는 제도적 모순이 두드러지고 있다. 이러한 상황은 학교장에게 복합적인 리더십 딜레마를 가져온다. 운영 결과와 책무는 모두 학교장에게 돌아오지만, 중요한 결정의 순간에는 제한된 역할만을 수행할 수 있는 모순적 상황에 놓이기 때문이다.

이러한 모순을 타개하는 변화의 핵심은 학교장의 단순한 권한 축소에 문제 해결의 방점을 두기보다는 교육 거버넌스에 대한 패러다임을 전환하는 데에 그 해결 방법이 있다. 오늘의 학교장은 독점적 결정권자가 아니라, 다양한 교육 주체들과 협력하고 조율하는 촉진자로 변화해야 한다. 학교장은 학교운영위원회의 도입, 교육 관련 법률의 지속적인 개정, 교육 민주화의 흐름을 바로 읽고 권위에 기대기보다는 이해관계자들과의 협력적인 리더십을 발휘할 수 있어야 한다.

따라서 미래의 학교장은 제한된 권한 속에서도 혁신적 비전을 제시하고, 다양한 이해관계자들을 효과적으로 조율할 수 있는 협력적 리더십 역량이 요구된다. 빠르게 변화하는 교육 환경에서 협력적이고 전략적인 리더십은 학교장이 반드시 갖추어야 할 중요한 역량이 될 것이다.

1.2 교육 자치와 현장 통제의 이중성

1.2.1 자율성과 공동책임의 교육 자치

교육 자치란 학교와 지역사회, 교원, 학부모, 학생 등 다양한 교육 주체가 교육 활동 전반에 자발적으로 참여하고, 학교 운영과 교육과정 편성에 실질적인 권한을 행사하는 제도적·문화적 흐름을 말한다. 이는 중앙집권적 교육행정이 만들어낸 획일성과 경직성을 넘어, 각 학교의 특수성과 다양성, 그리고 현장 교사의 전문성을 존중하기 위한 현대적 교육 자치의 필요성에서 출발했다[10]. 21세기에 들어 사회가 빠르게 변화하면서 단일한 국가 기준만으로는 학교 현장의 요구와 학생 개별성에 충분히 대응하기 어려워졌고, 그 결과 현장 중심의 자치와 분권, 협력적 거버넌스가 필수 가치로 자리 잡게 되었다[11].

교육 자치는 단순히 학교에 더 많은 권한을 주자는 것을 의미하는 것이 아니다. 중앙에서 일괄적으로 관리하는 체제가 지닌 경직성과 한계를 극복하고, 각 학교가 지닌 고유한 특성과 교사들의 전문성이 살아날 수 있도록 지원하는 데 그 의의가 있다. 교육의 효과성과 질적 성장은 결국 교사들의 자율적 판단과 창의적 실천에서 비롯된다. 학교 단위의 자율성이 보장될 때, 교사들은 지역과 학생의 특성에 맞는 맞춤형 교육과 혁신적인 프로그램을 개발할 수 있다. 농어촌 학교와 도시 학교, 각 학교의 설립 취지와 문화적 배경이 서로 다르듯, 자율성은 교육을 획일화가 아닌 다양성의 틀로 이끄는 핵심 자원이 된다[12].

하지만 자율성이 확대될수록 교육 주체들은 더 큰 책임을 함께 져야 한다. 자율권은 공동체의 목표와 가치를 실현하기 위한 수단이지 무한한 자유가 아니기 때문이다. 학교의 자율적 운영에는 학생의 학습권 보호,

교원의 전문성 존중, 교육 기회의 평등 보장이 기본적으로 전제되어야 가능하다. 따라서 교육 자치(자율성의 확대)는 반드시 공동책임 체계 구축과 함께 이루어져야 한다[13].

공동책임이란 각 주체가 자율적 결정을 내리는 만큼, 학교 전체의 성과와 교육적 결과에 함께 책임을 지는 것을 뜻한다. 이는 교육 주체 간의 신뢰와 협력을 바탕으로 한다. 학교운영위원회, 교직원 회의, 학부모회, 학생자치회, 각종 위원회 등 다양한 협의체에서 각자의 의견이 존중될 때, 자율성이 무책임이나 혼란으로 변질되는 것을 막을 수 있다.

구체적으로는 학교 비전, 인재상, 연간 운영 목표 등 공동의 목표를 설정하고, 그 이행 과정에서 모든 구성원이 함께 논의하고 결정을 내리며, 결과에 대한 평가와 피드백을 함께 수행하는 절차적 체계가 필요하다. 또한, 교육 성과와 학교 운영을 투명하게 공개하고, 정책 집행 과정에서 민주성을 확보하며, 주기적인 모니터링과 평가를 시행하는 것도 필수적이다. 이러한 요소들은 핀란드가 자율성과 책무성을 균형 있게 관리하는 방식과 유사하다. 국내에서도 교육 자치가 확산되고 있으나, 행정적 제약과 인식 차이로 실행에 어려움이 있다는 점을 보여준다.

• 자율성과 책임의 균형: 핀란드 교육 자치 사례와 국내 실천 현황

해외 선진국의 교육 자치 사례를 살펴보면, 핀란드는 학교와 교사에게 매우 높은 수준의 자율권을 부여하는 대표적인 국가로 자주 언급된다[14]. 핀란드의 교사들은 국가가 정한 핵심 교육과정(Core Curriculum)을 기반으로 하되, 학교별 상황에 맞게 교육 내용을 재구성하고 자체적으로 교과서를 개발할 수 있다. 평가 방식 역시 학교와 교사가 주도적으로 설계하며, 표준화된 시험에 지나치게 의존하지 않는다. 그러나 이러한 자율성은 국가 차원의 질 관리 시스템과 밀접하게 연결되어 있다. 국가 차원에서 명확한 교육 목표와 기본 방향을 제시하고, 학교는 그 큰 틀 안에서 자율적으로 실행하는 구조이기 때문에, 자율성과 공공성·책무성이 균형을 이루는 것이 특징이다. 즉, 핀란드의 자치는 "무한한 자유"가 아니라, 전문성과 신뢰, 그리고 공동 목표 위에서 이루어지는 고도의 시스템이라고 볼 수 있다.

국내에서도 혁신학교, 자율학교, 학교운영위원회 등 여러 형태의 교육 자치 모델이 도입되며 학교 중심의 자치가 꾸준히 확산되고 있다. 특히 혁신학교의 경우, 교사가 학교 변화의 핵심 주체가 되어 교육과정을 재구성하고, 수업 방식과 학교 문화 전반을 개선해 왔다. 이 과정에서 학생과 학부모의 참여가 확대되었고, 학교가 지역사회와 협력하며 교육 생태계를 확장하는 움직임도 이어졌다. 이는 한국 교육에서 '학교 중심 자치'가 현실화될 수 있다는 중요한 가능성을 보여준다.

그러나 실제 현장에서 교육 자치를 실천하는 과정은 여전히 쉽지 않다. 일부 지역에서는 행정 절차가 엄격해 학교 자율적 시도를 뒷받침하기 어렵고, 제도적 기반이 충분히 마련되지 않아 자치의 실행력이 떨어지는 경우도 있다. 또한 학교 구성원의 인식 차이나 변화에 대한 문화적 저항, 책임과 권한 분담 구조의 미비 등은 자치를 안정적으로 정착시키는 데 장애가 되고 있다. 이러한 이유로 많은 학교가 교육 자치의 이상을 공감하면서도, 실제 운영에서는 제도적·행정적 제약에 부딪혀 어려움을 겪는 사례가 지속적으로 나타나고 있다.

1.2.2 통제와 조화를 통한 학교장 리더십

학교장은 교육 자치의 중심에서 학교의 자율성을 키우는 동시에, 학교 운영의 질과 책무성을 확보해야 하는 이중의 과제를 떠안고 있다[15].

전통적으로 행정과 관리에 머물렀던 역할은 이제 '교육적 리더'이자 '변혁적 리더'로 확장되었다.

오늘날의 학교장은 학교의 비전과 방향을 제시하고, 구성원 간의 소통을 촉진하며, 자발적 참여가 이뤄질 수 있는 문화를 만들어야 한다. 동시에 외부의 정책 · 법령 · 지침을 학교 상황에 맞게 해석하고 적용하여 교육의 질과 공공성이 흔들리지 않도록 하는 일도 중요하다.

현장에서 완전한 자치만을 추구하는 것이 반드시 바람직한 것은 아니다. 자율성의 그림자에는 학교 간 격차나 교육 불평등, 공공성 약화, 변칙적 운영 같은 문제가 생길 수 있기 때문이다[16]. 따라서 일정 수준의 통제 · 감독과 기준 제시는 교육의 방향성을 유지하기 위한 최소한의 장치로 필요하다. 이러한 통제는 억압만을 의미하는 것이 아니라, 구성원이 책임 있게 행동하도록 이끌고 제도적 안전망을 제공하는 기능도 함께 갖는다.

정부와 교육청은 국가 교육 기준과 공통 정책을 마련하며 학교가 이를 따를 수 있도록 지도 · 감독한다. 학교장은 이 틀 안에서 자율성과 외부 통제의 균형점을 찾아야 하는 조정자의 역할을 맡는다. 학교장의 효과적인 리더십은 이 두 요소를 조화롭게 연결하는 데서 출발한다[17]. 이를 위해서는 다음과 같은 전략적 접근이 요구된다.

첫째, 학교장은 가치 중심의 리더십을 실천해야 한다. 학교의 철학과 미션, 공동체적 가치를 분명히 하고, 이를 구성원들과 꾸준히 공유 · 소통하는 과정이 필수적이다.

둘째, 문제 중심의 협의 · 합의형 의사결정 문화를 구축해야 한다. 자율성이 무질서로 변하지 않도록 규정과 절차는 민주적이고 투명하게 마련되어야 하며, 구성원 모두가 자신의 역할과 책임을 정확하게 인식해야 한다.

셋째, 교원의 전문성을 강화하고 자율적 실천이 교육적 성과로 이어지도록 학교장은 적절한 피드백과 지원을 제공해야 한다. 이는 학교 자체평가, 전문학습공동체, 계획-실행-평가(Plan-Do-See) 체계 등과 자연스럽게 연결된다.

넷째, 외부 통제를 내적 동기로 전환할 수 있는 노력이 필요하다. 교육청이나 국가의 평가나 규정이 단순한 점검 절차가 아니라 학교 혁신과 학생 성장에 도움이 되는 과정임을 학교 안에서 재해석하고 내면화하는 태도가 중요하다.

실제 혁신학교나 자율학교의 성공 사례를 보면, 학교장은 교사의 자율성과 실행력을 존중하면서도 공동 목표 관리, 책임성 확보, 정기적 점검, 외부와의 소통을 원활하게 이끌어간다. 성공적인 학교들의 공통점은 민주적 리더십 아래 다양한 의견을 경청하고, 현장의 성과를 토대로 실천적 피드백을 제공하는 학교장이 있다는 것이다. 이어서 소개할 '학교 교육과정 디자인', '교장실 문턱 낮추기', 그리고 '자율과 통제 사이에서: 학교장의 조정자 리더십' 사례는 학교장이 통제와 조화를 이루며 학교 자치를 이끌어가는 방식이 어떻게 구체적으로 실천되었는지를 보여준다.

• 학교 교육과정 디자인

교장에 취임하기 전, 많은 학교장은 새로 부임할 학교로부터 경영관과 학교 비전 체계도를 요청받는다. 학교장의 교육철학을 담은 비전을 전달하면, 해당 학교의 교육과정부장은 교육 목표 체계도부터 학교 미션 일체를 전달받은 자료를 바탕으로 기존의 학교교육계획서를 새롭게 디자인한다. 이후 학교 비전은 네이밍되어 슬로건처럼 학교 곳곳에 자리 잡게 된다. 필자 역시 교육과정부장과 교감을 지내면서 이 과정을 누구보다 열심히 해 왔다.

임용된 학교의 교육계획서를 처음 보았을 때, 학교의 특성에 맞게 교육과정이 잘 구성되어 있었고, 무엇보다 개교 이후 40여 년 동안 교훈에 기반해 교육목표가 안정적으로 유지되어 비전으로 자리 잡고 있다는 점이 인상적이었다. 2월 임용발령 당시, 이미 해당 교육 가족들이 12월 내내 수차례에 걸쳐 함께 논의하여 완성한 교육과정이 있었으나, 새로 임용된 학교장의 비저너리로 일방적으로 변경하게 되는 결과가 되는 것이다. 학교장이 되어서 가장 하고 싶었던 일이 학교 비전을 교직원 모두와 함께 만들어가는 일이었다. 의례적으로 파일 하나 보내 교육계획 체계도를 송두리째 바꾸고 싶지 않았기에, 필자의 경영관만 반영해 달라고 요청했고, 학생·학부모·교직원 앞에서 인사말을 할 때 이를 공약처럼 약속했다.

한 해를 마친 뒤에는 [그림 1-1]과 같이 전 교직원의 의견을 모아 교육목표의 작은 문구 하나까지 함께 정하는 작업을 진행했다. 학교의 특성에 맞고 교직원들이 좋아하는 교육활동은 더 활성화하거나 확대하려고 노력했다. 숙의 과정이 필요한 주제는 안건 선정 단계부터 의견을 넓게 수렴하고, 다시 부장회의에서 이를 재정리한 뒤 전체 논의로 이어갔다. 구성원과 함께 의논한 내용은 교육적 의미를 해치지 않는 한 최대한 반영하려고 했다.

교육자치의 장점 중 하나는 학교 기본운영비를 학교의 특색에 맞게 예산으로 책정해 운영할 수 있다는 점이다. 필자는 취임한 학교에서 저학년은 생태체험관이라는 지역 특성을 살려 숲 해설사 연계 생태체험을 통해 인성교육을 하고, 중학년은 문화예술활동 중심의 사회정서교육을, 고학년은 진로나 사회참여 활동으로 확장해 나가는 등 다양한 체험활동을 설계하여 운영하였다. 학교가 자체적으로 아이들에게 꼭 필요한 교육을 만들어가는 모습은 참으로 신나고 멋진 일이었다.

[그림 1-1] 교육 구성원 참여에 기반한 학교교육 비전 수립

무엇보다 중요한 것은 학교와 교사, 학부모가 우리 학생들에게 정말 필요한 교육이 무엇인지 '스스로' 고민하고 만들어 간다는 점이다. 교육 자치는 정해진 틀을 따르는 것이 아니라, 학교의 개성과 학생들의 특성에 맞는 창의적인 교육을 가능하게 한다는 데 그 의미가 있다.

• 학생자치를 통해 만들어진 소통과 신뢰

학부모와 가장 가까이에서 소통하는 길은 의외로 학생자치를 성공적으로 운영하는 데서 시작된다. 학생자치가 잘 이루어지려면 학교장의 적극적인 참여와 지지가 무엇보다 중요하다. 필자는 월별 학생자치 간담회를 열어 학생들의 의견을 직접 듣는 시간을 가졌다. 회의를 마친 뒤 자치위원들이 교장실을 찾아오면, 그 자리에서 제안과 건의 사항을 경청하고 질문하며 함께 해결책을 고민했다. 학생들이 필요한 시설이나 개선

점을 말하면, "그렇구나, 우리 학생들이 이렇게 생각했구나!" 하고 먼저 공감해 주며, 예산이나 현실적인 문제도 함께 이야기했다. 이 과정에서 학생들은 "교장선생님이 정말 우리의 의견을 소중하게 생각하시는구나" 하는 믿음을 갖게 되었고, 졸업식 날 학부모들로부터 "아이들의 리더십을 키워주는 경험을 하게 해주셔서 감사하다"는 말을 듣기도 했다.

공식적인 회의 외에도 편안한 분위기에서 학생들과 자연스럽게 만나는 자리도 중요하다. 급식에 대한 민원이 커졌을 때 급식실에서 학생들과 함께 식사하며 "오늘 급식 어땠어?"와 같은 가벼운 이야기부터 "우리 학교가 더 좋아지려면 어떤 점을 바꾸면 좋을까?"라는 질문까지 확대하여 나누었다. 그러면 학생들은 예상치 못한 참신한 의견들을 내놓곤 했다.

학교사랑주간, 학교폭력예방 캠페인, 기후변화 대응 캠페인, 봉사활동 등과 같은 학생들이 직접 기획한 활동에는 [그림 1-2]와 같이, 함께 참여하려고 노력했다. 학교장이 학생자치에 '함께 한다'는 것은 지시하거나 감독하는 위치에 서는 것이 아니라, 학생들의 자율성과 성장을 존중하며 옆에서 걸음을 맞추어 주는 일임을 느낄 수 있었다.

[그림 1-2] 학교폭력예방 캠페인에 함께 참여하기

• 자율과 통제 사이에서: 학교장의 조정자 리더십

학교는 수많은 학생의 안전과 미래를 책임지는 공간이며, 국가 교육이라는 큰 방향 속에서 움직여야 한다. 따라서 일정 수준의 '현장 통제'는 불가피하며, 때로는 반드시 필요하다.

학교 공간 혁신 사업으로 저학년 교실 환경개선을 진행할 때의 일이다. 교실에서 매일 아이들과 생활하는 교사들이야말로 '교실사용 전문가'이기 때문에, 교사들과 외부 전문가가 함께 협의해 개선안을 만들 수 있도록 시스템을 바꾸었다. 교사들의 다양한 의견을 세심하게 수렴·조율해 설계에 반영하게 하였다. 최종안을 확정하는 협의회 날, 학교장에게도 참여 기회가 주어졌다. 실제로 교사들의 의견이 충실히 반영된 설계안이었지만, 한 가지—교사 책상 앞에 파티션을 설치하는 안—에 대해 고민이 생겼다.

교사들은 업무 공간 확보와 사생활 보호를 이유로 파티션 설치를 원했다. 그 의견은 충분히 이해되었지만, 학교장으로서 몇 가지 우려도 있었다. 초등학생에게 선생님은 늘 가까이 다가갈 수 있는 존재이어야 하고, 파티션이 설치되면 교실의 개방성이 줄어들어 친밀감 형성이 어려워질 수 있다고 느꼈다. 더 중요한 것은 안전 문제였다. 어린 학생들은 스스로 해결하기 어려워 도움을 요청하는 일이 많다. 파티션이 시야를 가리면 교사는 학생의 움직임과 표정을 즉시 살피기 어렵고, 학생 역시 선생님에게 바로 다가가기 힘들 수 있다.

초등 교실에서 파티션 설치는 신중해야 한다고 판단했고, 필요하다면 시야를 가리지 않는 낮은 높이로 조정해 달라고 요청했다. 당시 일부 교사는 불편함을 표현했지만, 이듬해 타학년 환경개선공사에서는 "실제로 파티션이 학생들과 교육활동을 하는 데 불편했다"며 더 낮은 높이를 요청하였다.

앞으로의 학교장은 단순한 행정 관리자(Administrator)가 아니라, '조정자(Coordinator)', '학습공동체의 촉진자(Facilitator)', '창의적 혁신의 동력(Motivator)'으로서의 역할을 더욱 강화해야 한다. 이를 위해 다양한 전문성과 조직관리 능력, 갈등관리 역량, 그리고 효과적인 소통 능력 등 현대적 리더십이 필수적이다.

교육 자치와 통제는 서로 대립하는 개념이 아니라 서로 보완하는 개념으로 이해해야 한다. 어느 한쪽으로 치우치면 현장은 혼란과 비효율, 혹은 지나친 경직성에 빠질 수 있다[18]. 학교 교육의 질적 도약을 위해서는 자율성 강화와 공동책임 확립, 그리고 학교장의 균형 잡힌 리더십이 핵심이다. 더불어 지속적인 제도 개선과 현장 지원, 그리고 교육 주체들 간의 신뢰와 협력 문화가 함께 뒷받침되어야 한다.

1.3 조직의 책임 주체

1.3.1 학교장의 법적 지위와 권한 구조

학교 조직의 최종 책임자는 단연 '학교장(교장)'이다. 학교장은 학교 운영과 교육 활동 전반을 총괄하며, 학교를 대표하는 최고 책임자로서 법적·행정적·교육적 의사결정권을 지닌다. 이는 단순히 학교를 관리하는 역할을 넘어, 학교가 지향해야 할 철학과 방향성을 제시하고 구성원들이 안정적으로 교육 활동에 전념할 수 있도록 환경을 조성하는 책무를 포함한다. 이러한 점에서 학교장은 학교의 일상적 운영을 세심하게 살피는 동시에, 학교가 어떤 모습으로 성장해 나갈 것인지를 장기적 관점에서 조망하며 공동체의 미래를 책임지는 자리라고 할 수 있다.

한편, 학교장의 신분과 법적 지위는 학교의 설립 유형에 따라 달라진다. 〈표 1-1〉에서 제시하듯이, 국·공립학교의 학교장은 교육부 또는 중앙정부 소속의 국가공무원으로 임용된다. 반면 사립학교의 경우, 국가가 아닌 학교법인이 임용 주체가 되며, 학교장은 해당 학교법인의 정관과 임원 규정에 따라 교원 신분을 갖는다[19]. 이처럼 학교의 설립 유형에 따라 학교장의 법적 지위와 책임, 임면 절차는 상이하게 규정되며, 이러한 제도적 차이는 학교 운영 방식과 의사결정 구조에도 일정한 영향을 미치게 된다.

〈표 1-1〉 학교장의 법적 지위 구분

구분	해당 법령	임명 주체	법적 신분
국공립	초·중등교육법, 교육공무원법	교육감/교육부장관	공무원
사립	사립학교법, 민법	학교법인	사립교원

학교장은 법적으로 학교를 대내외적으로 대표하며, 모든 운영의 총책임을 맡는 자리다. 「초·중등교육법」 제20조는 "학교장은 학교를 대표하며, 소속 교직원을 감독한다"고 규정해 그 법적 지위와 감독권을 분명히 하고 있다. 사립학교장 역시 「사립학교법」에 따라 학교법인 산하에서 임명되며, 권한과 책임의 범위가 명확히 정해져 있다[20].

학교장은 학교 경영자일 뿐 아니라 초·중등교육이라는 국민교육의 한 축을 담당하는 교육 전문가로서 미래를 열어갈 인재를 육성할 책임과 역할을 요구받고 있다. 교육자로서의 전문성과 인성, 경영자로서의 철학과 소신, 기관장으로서의 책무성과 도덕성을 갖추어야 하고 교육공무원으로서 올바른 역사관과 청렴한 봉사 정신을 가져야 한다[21]. 또한 전문성과 책임감을 바탕으로 학교 교육의 현안을 진단하고 이를 개선하며 특히 학교가 위기에 봉착했을 때, 정확히 판단하고 문제 상황을 해결할 수 있는 결단력과 리더십이 필요하다. 학교장이 되면 학교 전체의 관점에서 생각하는 입장이라 시야가 넓어지게 마련이다. 따라서 교사, 교감이 보지 못한 것, 또 교사 때, 교감 때 미처 보이지 않았던 것들도 눈에 들어오게 된다. 그래서 학교의 최종 결정권자이자 최고 책임자로서 모든 여건을 아우르는 큰 그림을 그려내며, 소통과 화합으로 이를 완성해 가는 것이 학교장의 역할이다. 학교장은 학교 조직 안에서 다양한 권한을 행사한다. 〈표 1-2〉는 이러한 권한이 어떤 구조로 이루어져 있으며, 누가 어떤 범위에서 행사하는지 한눈에 볼 수 있도록 요약한 것이다. 각자의 역할과 책임이 어떻게 연결되어 있는지, 학교 운영의 흐름을 이해하는 데 도움이 될 것이다[22].

〈표 1-2〉 학교장의 주요 권한 구조

권한 유형	구체적 내용	행사 범위 및 제한
인사권	교원의 임용·복무 지도, 교직원 평가 등	교육청 승인 필요, 경우에 따라 추천권에 제한
예산 및 행정권	예산 편성·집행, 각종 학교 행정처리	학교운영위원회 심의, 예산 집행 지침 따라야 함
교육과정 운영	연간 학사일정, 교육과정 편성, 수업관리	교육과정 기준, 시도교육청 교육과정 적용 규정
학생·교직원 관리	징계권, 생활지도, 복무관리	생활교육위원회, 교직원인사위(징계위), 일부는 교육청 보고 필요
대외 대표권	학교 대표 공식 행위(방문, 협약, 대관 등)	규정과 상급기관 교육 지침 범위 내에서 행사

학교장은 학교 구성원의 인사와 관련해 폭넓은 권한을 갖는다. 교원과 직원의 복무 상황을 살피고 근무를 배치하며, 교원 평가에 참여하는 일까

지 학교장의 책임이자 권한이다. 인사와 관련한 최종 추천권이나 평가권을 갖는 경우도 많다.

예산과 행정도 학교장의 중요한 역할이다. 예산을 편성하고 집행하며 결산하는 모든 과정에 책임을 지고, 급식 예산이나 기자재 구입, 시설 유지보수처럼 학교 운영에 필요한 예산을 실질적으로 결정한다.

교육과정 운영 역시 학교장이 중심이 된다. 학교 교육과정을 개발하고 수립하며 운영하는 전 과정에 관여한다. 연간 교육계획이나 교과목 배분, 특별활동 지도 같은 주요 사항을 결정하기도 한다.

또한, 학교장은 학생징계권과 학생 생활지도권을 바탕으로 학교의 규율과 질서를 유지하는 역할을 수행한다. 학생의 생활 전반을 살피고 학교가 안정적으로 운영되도록 책임을 다하는 것이다. 교장은 교원 및 직원의 복무 상황, 근무 배치, 교원 평가 등에 폭넓은 권한을 행사하며, 인사 관련 최종 추천권 또는 평가권을 갖는 경우가 많다. 뒤이어 소개할 '학교시설 사고가 보여 준 학교장의 최종 책임'과 '학교장의 조정 능력' 사례는 학교장이 학교의 최종 책임자로서 위기 상황을 해결하는 과정과 그에 따른 책임을 지는 모습을 보여 준다.

• 학교시설 사고가 보여준 '학교장의 최종 책임'

2023년 여수 ○○초등학교에서는 체육관 천장 구조물이 무너지는 안타까운 사고가 발생했다. 체육수업이 한창 진행되던 중, 높이 15m 천장에 붙어 있던 석고보드 수십 장이 한꺼번에 추락해 교사 1명과 학생 13명이 부상을 입었다. 사고 이후 당국의 조사 결과, 체육관 공사 과정에서의 부실시공이 직접적인 원인으로 밝혀졌다[23].

2020년 12월에 제정된 '교육 시설 등의 안전 및 유지관리 등에 관한 법률'에 따르면, 학교장은 연간 두 차례 이상 시설 안전점검을 실시하고 그 결과를 상급 기관에 보고해야 한다[24]. 또한 같은 법 시행령에서는 교육시설의 결함에 대한 보수·보강 등 유지관리 기준을 포함하도록 규정하고 있다. 이번 사고에서는 담당 행정직원이 관련 부서 보고를 누락한 사실이 있었으나, 최종적인 관리 책임은 결국 학교장에게 있다는 점이 강조되었다. 이는 법적으로 학교장에게 최종적으로 책임이 있음을 보여주는 대표적 사례다.

• 학교장의 조정 능력

경기도의 한 중학교에서는 학생인권조례가 시행되던 초기, 학생 두발 자유화를 둘러싸고 교사·학생·학부모 간 의견이 첨예하게 갈렸다. 교사들은 생활지도의 혼란을 우려했고, 학생들은 자율성 확대를 요구했으며, 학부모들 사이에서도 규율과 자율을 둘러싼 관점 차이가 명확했다. 학교장은 이러한 상황을 단순한 찬반 갈등으로 보지 않고, 학교운영위원회를 통해 사안을 공식적으로 논의하도록 했다. 여러 차례 의견을 수렴하며 각 집단의 우려와 요구를 면밀하게 조정하였다. 두발 자유화의 적용 범위와 시행 방식 등 구체적 실행 방안을 마련해 나갔다. 충분한 협의 끝에 학교장은 두발 자유화 안을 최종 확정하고 학교 현장에 도입했다. 이 사례는 학교장의 권한 구조뿐 아니라, 다양한 이해관계를 조율하며 합의를 이끄는 조정 능력이 실제 학교 운영에서 얼마나 중요한지를 보여주는 대표적 사례로 평가된다[25].

1.3.2 학교장의 책임과 최종의사 결정권

가. 학교장의 책임

학교장은 학교 운영 전반에 걸친 법적·교육적·윤리적 책임을 맡는다. 교육의 질을 보장하고 안전한 학교 환경을 조성하며, 관련 교육법령과 지침을 준수하는 일 모두가 학교장의 중요한 책임이다. 학교에서 어떤 사고나 문제가 발생했을 때 가장 먼저 책임을 지는 이도 학교장이다. [그림 1-3]은 이러한 책임을 영역별로 나누어, 학교장이 어떤 부분을 구체적으로 맡고 있는지를 한눈에 보여 준다. 학교장은 학생과 교직원을 보호하기 위해 각종 사고나 위기 상황이 발생했을 때 법적·행정적 책임을 지게 된다. 식중독이나 시설물 사고처럼 학교에서 일어나는 문제들에 대해 가장 먼저 책임을 져야 하며, 동시에 초·중등교육법과 행정지침, 학교 규정 등 관련 법령을 준수해야 하는 의무도 갖는다[26].

교육 및 윤리적 책임도 학교장의 중요한 역할이다. 학생의 학습권을 보장하고, 방과 후 학교나 기초학력 지원처럼 학교생활의 질을 높이는 모든 과정에 책임을 진다. 또한 인사나 예산, 학생 지도를 수행할 때는 학교장의 결정이 곧 조직의 기준이 되기 때문에 도덕적 모범을 보여야 할 윤리적 책임도 뒤따른다.

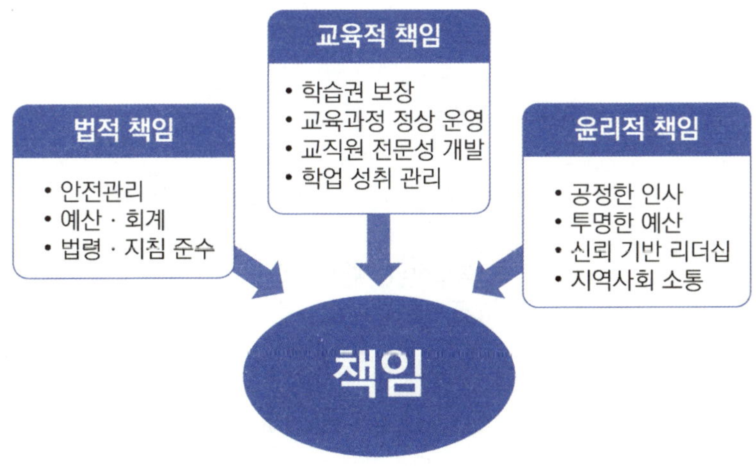

[그림 1-3] 학교장의 주요 책임 유형

학교장의 책임 구조는 기존의 피라미드 형태로 이해할 수 있다. [그림 1-4]와 같이 가장 위에는 학교 운영 전반을 총괄하는 최종 책임자로서의 학교장이 자리한다. 학업과 생활지도, 안전관리뿐 아니라 예산·인사·행정에 이르는 영역까지 학교장의 책임은 폭넓게 확장되어 있으며, 이러한 법적·윤리적 책임이 학교 운영의 핵심축을 이뤄 피라미드의 상단을 견고하게 구성한다.

학교장의 결정과 책임 아래에는 교직원과 학생, 학부모, 그리고 지역사회가 위치한다. 이들은 각자의 역할을 수행하며 학교 운영에 참여하지만, 전체 구조를 지탱하는 기준과 방향은 궁극적으로 학교장의 책임과 권한을 중심으로 정리된다. 따라서 이 피라미드 구조는 학교장의 책임이 학교 공동체 전반과 어떻게 연결되어 있는지를 시각적으로 보여준다.

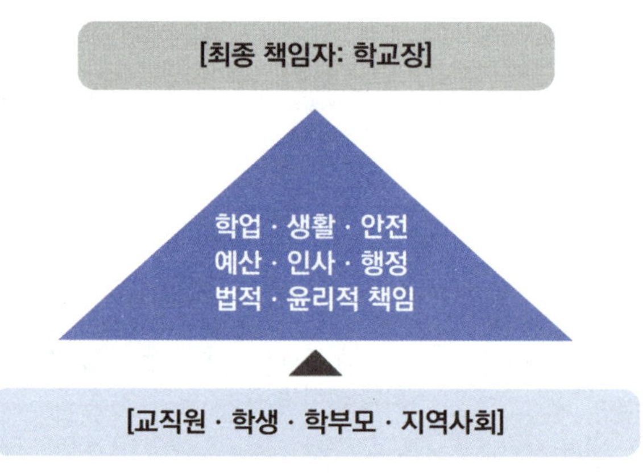

[그림 1-4] 학교장의 책임 구조(피라미드)

학교장의 피라미드 책임 구조는 학교 내에서 학교장이 최상위 책임자로서, 학생·교사·학부모 등 다양한 이해관계자에 대한 책임과 권한이 계층적으로 분배되는 구조로 이해한다. 최상위 학교장은 교육과정 운영, 인사, 재정 등 학교 전반의 정책과 관리 책임을 총괄하고 교장 아래 교감,

부장교사 등 관리자들이 각 부서별로 실무적 책임을 분담하며, 학생 지도와 교육 활동의 실질적 운영을 담당한다. 학생과 학부모는 학교 운영에 직접적으로 참여하거나 의견을 제시할 수 있으나, 최종 의사결정은 학교장과 관리자에 의해 이루어진다. 학교장은 상위 책임자, 교직원·학생·학부모는 하위 책임자로 구분되어, 각 단계별로 역할과 책임이 명확히 나뉘는 이러한 구조는 학교 내 계급적 위계와 불평등, 학생 간 경쟁 심화 등 사회적 문제를 야기할 수 있다는 비판이 있다[27]. 필자는 이러한 의미의 피라미드 구조로 이해하기보다는 학교장으로서 학교의 최종 책임자로 이해하기를 기대한다. 뒤이어 소개할 '학교 실내 공기질 문제 해결'과 '교장의 소통 리더십' 사례는 이러한 리더십이 실제 학교 현장에서 어떻게 구체적으로 실천되어 학교의 교육력 제고를 이끌었는지를 잘 보여준다.

• 학교 실내 공기질 문제 처리

○○중학교에서는 교실 내 미세먼지 농도가 기준을 초과하는 일이 반복되면서 학부모들의 민원이 커졌다. 교육지원청은 관련 규정에 따라 이 사안의 관리 책임이 학교장에게 있음을 확인했고, 이에 교장은 즉각적인 조치에 나섰다. 자체 예산을 활용해 공기정화기를 추가로 확보하고, 정기 점검을 누락한 교직원에게는 경고를 내려 관리 체계를 바로잡았다. 이 사례는 학교 현장에서 발생하는 환경·안전 문제 역시 최종적으로 학교장의 책임과 대응 능력에 의해 해결된다는 점을 잘 보여준다[28].

• 교장의 소통 리더십

2021년 경기도 ○○고등학교에서는 학생회장 선거를 앞두고 일부 학생들이 특정 후보를 조직적으로 지원하려 한다는 소문이 돌면서, 선거의 공정성을 두고 우려가 커졌다. 학교장은 사안을 단순한 학생 갈등으로 보지 않고, 학생 자치의 신뢰를 지키는 중요한 문제로 판단했다. 이에 학생회 대표들과 학부모회 임원들을 한자리에 초청해 간담회를 직접 주재하며, 선거 규정의 적용 방식과 감시 절차, 온라인 선거 환경에서의 부정 방지 방안을 하나씩 조정해 나갔다. 이러한 논의를 통해 모든 후보에게 동일한 정보 접근권을 보장하고, 선거운동 방식과 기간을 명확히 규정하는 등 투명성을 높이는 장치들이 마련되었다. 그 결과 선거 과정은 큰 잡음 없이 진행되었고, 학생 자치와 학교운영에 대한 신뢰도도 한층 강화되었다. 이 사례는 학교장이 갖는 조정 능력과 리더십이 학생 자치 문화의 성숙에 얼마나 중요한지를 잘 보여주는 예로 언급된다[29].

나. 학교장의 최종 의사결정권

학교장은 [그림 1-5]에서 보듯 여러 내부·외부 조직과 의견을 나누지만, 핵심 사안의 최종 결정권을 가진다. 교사와 교직원, 학생, 학부모로부터 다양한 의견이 수렴되면, 이는 교무회의나 관련 분과위원회에서 검토되고 조정된다. 이후 안건은 학교운영위원회로 넘어가 자문·심의·의결을 거치게 된다. 이러한 과정을 모두 통과한 최종 안건은 결국 학교장의 판단과 결재로 확정되며, 학교운영의 중요한 방향이 결정된다. 즉, 학교 내 주요 의사결정은 여러 단계의 논의를 거치지만, 마지막 책임과 결정은 학교장에게 귀속된다[30].

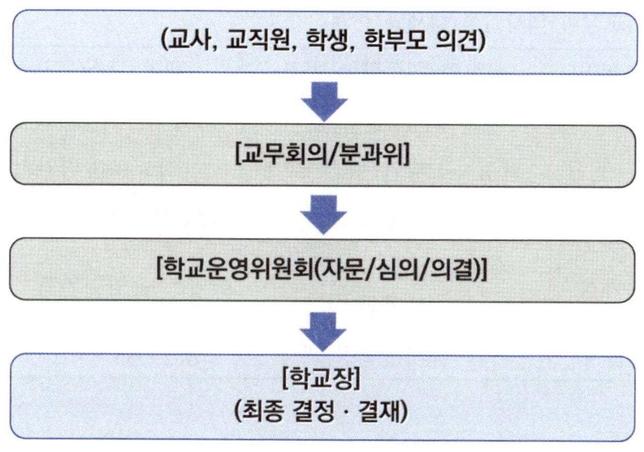

[그림 1-5] 학교 내 주요 의사결정 흐름

〈표 1-3〉은 학교장이 주요 사안에 대해 최종 의사결정권을 갖고 있으면서도, 동시에 여러 절차와 규정의 제한을 받는다는 점을 보여준다. 인사 배치, 예산 편성 · 집행, 학생 징계, 학교 규칙 제 · 개정과 같은 핵심 결정은 교장이 최종 결재하거나 승인할 수 있지만, 교육청의 기준, 학교운영위원회의 심의, 생활교육위원회의 검토 등 필수적인 의견 수렴과 절차적 과정을 거쳐야 한다. 또한 위기 상황에서는 학교장이 즉각적으로 결정을 내릴 수 있으나, 사안에 따라 상급 기관에 사전 또는 사후 보고를 해야 하는 책임이 뒤따른다. 결국 학교장은 강한 권한을 갖는 동시에, 법령과 절차를 기반으로 한 명확한 제한과 책임 구조 속에서 의사결정을 수행한다[31].

〈표 1-3〉 학교장의 의사결정 실제와 한계

의사결정 분야	교장의 최종권한 범위	제한 요소(의견수렴 등)
인사 배치	최종 결재	교육청 기준, 교원노조 협의
예산 편성 · 집행	편성 · 집행의 실질 권한	학교운영위원회 심의
학생 징계	최종 결정권	학생징계위원회 심의, 타당성
규칙 제 · 개정	제정 · 개정 신청권 및 운영권	운영위원회 의결
위기초동결정	즉각적 의사결정 가능	상급기관 사전 · 사후 보고

1.4 교사 · 학부모 · 교육청 사이의 압력

1.4.1 다중 관계 속 학교장의 위치와 역할

학교는 더 이상 단일한 목적과 이해관계를 지닌 폐쇄적 조직이 아니다. 오늘날 학교는 다양한 이해관계자가 얽혀 있는 개방적 조직으로 변화하였으며, 각 집단은 자신의 요구와 기대를 학교장에게 적극적으로 표출한다. 이러한 환경 속에서 학교장은 내부의 교직원뿐 아니라 외부의 학부모, 그리고 상급 기관인 교육청으로부터 지속적인 요구와 압력을 받는 위치에 놓여 있다[32]. 이들 요구는 때로 상충하거나 갈등을 야기하여 학교 운영을 어렵게 만드는 요인으로 작용하며, 학교장은 이들 사이에서 충돌하는 이해관계를 조정해야 하는 상당한 부담을 경험한다[33].

학교장이 직면하는 압력은 크게 세 가지 축으로 구분할 수 있다. 첫째는 학교 교육의 직접적인 실행 주체인 교사 집단이다. 교사들은 교육 전문성과 자율성, 교권 보호에 대한 기대를 바탕으로 다양한 요구를 제기한다. 교사의 사기 진작과 안정적인 교육 환경 조성은 학교장의 중요한 과제이지만, 특정 교육 정책의 현장 적용에 대한 반발이나 인사 문제에 대한 불만과 같은 집단적 요구는 학교장에게 적지 않은 압력으로 작용한다.

둘째는 학생의 학부모이다. 학부모는 자녀 교육의 핵심 이해관계자로서 교육의 질과 안전, 학교 운영의 투명성에 대해 높은 기대를 갖는다. 최근 학부모의 권리 의식이 강화되면서 학교에 직접 민원을 제기하는 사례가 증가하였고, 이 가운데 일부는 학교와 교직원에게 과도한 부담을 주는 이른바 '악성 민원'으로 이어지기도 한다. 학부모의 정당한 요구와 비합리적 요구를 구분하여 대응하는 일은 학교장의 중요한 역할이자 대표적인 압력 지점이다. 특히 일부 학부모가 학교의 공식적 의사결정보다 직접적인 개입을 통해 변화를 요구하는 경우, 이를 조율하는 과정에서 학교장은 큰 어려움을 겪게 된다.

셋째는 학교를 지도·감독하고 정책을 수립하는 교육청이다. 교육청은 교육과정 준수, 예산 집행의 효율성, 각종 행정 지침의 이행을 요구하며, 이는 학교장에게 또 다른 형태의 압력으로 작용한다. 교육청의 정책과 학교 현장 사이에 괴리가 발생할 경우, 학교장은 정책 이행과 학교 자율성 사이에서 균형을 모색해야 하는 난제에 직면한다. 예를 들어, 특정 지표 달성에 대한 압박이나 경직된 예산 구조는 학교장이 교육 본연의 역할보다 행정적 부담을 더 크게 느끼게 만드는 요인이다. 2023년 「중앙일보」 보도에서 교권 침해 사안을 은폐하거나 축소한 학교장에 대해 교육감이 징계를 내릴 수 있도록 하는 움직임이 언급된 바와 같이, 이는 학교장에 대한 책임성과 통제가 강화되고 있음을 보여준다[31].

이처럼 다층적인 압력 구조는 학교장의 리더십 발휘를 더욱 어렵게 만든다. 학교장은 단순한 행정 관리자를 넘어 교육 전문가이자 분쟁 조정자, 그리고 소통의 촉진자로서 복합적인 역할을 수행해야 한다. 다양한 이해관계가 교차하는 지점에서 학교를 안정적으로 운영하고 공동체의 균형을 유지하는 일은 학교장에게 부과된 무거운 책임이다. 결국 학교장이 경험하는 압력의 구조를 정확히 이해하는 것은 학교장의 위치와 역할을 재정의하고, 효과적인 관계 조율과 리더십 전략을 모색하는 데 중요한 출발점이 된다.

가. 학교장의 삼중적 위치

학교장의 가장 큰 특징은 여러 이해관계 사이에서 '교차로' 역할을 한다는 점이다. 교사들은 전문성과 자율성이 보장되기를 기대하고, 학부모는 학교 정책과 교육 활동에 적극적으로 참여하고자 하며, 교육청은 정책 집행자로서 학교장의 관리 능력과 행정의 정확한 수행을 요구한다[35]. 이처럼 서로 다른 목소리가 동시에 제기되기 때문에, 학교장은 상황에 따라 중재자, 방패막이, 대변인 역할을 오가며 조정해야 한다[36].

학교장은 교사·학부모·교육청 사이에서 균형을 찾는 중재자의 위치에 있다. 교사들은 전문성과 자율성 보장을 요구하고, 학부모는 자녀 교육과 관련된 다양한 민원을 제기하며, 교육청은 정책 추진과 행정 효율성을 강조한다. 이들의 요구가 충돌할 때마다 학교장은 갈등을 조정하고 합의를 도출해야 하는 중심적 역할을 수행한다.

또한 학교장은 외부의 압력으로부터 구성원을 보호하고, 내부 의견을 외부로 전달하는 완충지대의 역할도 맡는다. 학부모의 과도한 민원으로부터 교사를 보호해 교육 활동에 집중하게 해야 하며, 교육청의 지침을 학교 현실에 맞게 조정해 전달하는 책임도 있다. 흔히 학교를 다양한 배경과 성향의 학생들이 모여 생활한다는 의미에서 '작은 사회'라고 부른다. 학생 관점에서 바라본 학교의 평가로는 적절하다고 할 수 있다. 그러나 학교에는 학생만 있는 것이 아니다. 학교장·교감과 같은 관리자, 흔히 부장이라 불리는 보직교사, 평교사와 행정실 공무원을 비롯하여 교육공무직원, 학교보안관 · 급식조리사까지 다양한 직위 · 직급 · 신분의 사람들이 학교라는 공간에서 어울려 살아간다. 또한 직접 학교에 소속되지는 않더라도, 소속 학생들의 보호자, 학교 인근에 살고 있는 주민들, 방과후수업을 담당하는 강사, 학교와 계약을 체결한 업체 등 다수의 사람이 학교와 얽혀 있다. 그렇기에 학교는 그저 '작은 사회'가 아니라 '사회 그 자체'라고 할 수 있다. 이렇게 다양한 사람들은 각자의 이해관계를 가지고 있고, 그러한 이해관계를 추구하다 보면 자연스럽게 갈등과 분쟁이 발생한다[37].

이러한 갈등과 분쟁은 학교에 대한 민원으로 이어지기도 한다. 즉 학교에서 발생하는 갈등과 분쟁, 그리고 이에 따른 민원의 발생은 사실 필연적인 일이다. 그런데도 학교는 민원이 발생하면 당황하여 어쩔 줄 몰라 한다. 민원인을 교사나 학교 관리자 등이 직접 대면해 어떻게든 해결해 보려고 노력한다. 이런 과정에서 민원인은 민원인대로 학교를 신뢰하지 못하고, 민원을 처리해야 하는 담당자는 고통을 호소한다. 이런 학교에 대한 민원을 공식적으로 처리하는 방법을 담은 법률이 있다.

「민원 처리에 관한 법률(이하 '민원처리법')」이 그것이다. 본래 「민원처리법」은 행정기관에 대한 민원 처리방법을 규정한 법이다. 그런데 여기에서 말하는 '행정기관'에는 「초 · 중등교육법」에 따른 각급학교가 포함되어 있다(사립학교 포함, 「민원처리법」 제2조 제3호). 따라서 학교로 제기되는 민원의 공식적인 처리방법도 「민원처리법」의 규정에 따른다. 「민원처리법」에 따른 학교 민원 처리는 민원에 대한 대응을 더욱 체계적으로 진행할 수 있게 하고, 민원에 대한 답변 역시 학교의 공식적인 입장으로 이루어지므로, 민원 처리 실무 담당자가 그만큼 부담을 덜 수 있는 등 다양한 장점이 있다. 2024년 개정된 「초 · 중등교육법」 등 관계 법령에 따라 교원의 교육활동 보호 및 학생 생활지도에 관한 제도적 근거가 보완되었으며, 학교는 교육부 · 시도교육청의 민원 대응 지침에 따라 학교장이 민원 대응을 총괄하고 필요한 경우 민원 대응 전담기구(민원대응팀 등)를 구성 · 운영하여야 한다.

또한 「교원의 지위 향상 및 교육활동 보호를 위한 특별법」 등 관계 법령에 따른 교권침해 사안 처리 과정에서 학교장이 사실을 은폐 · 축소하거나 필요한 조치를 게을리한 경우, 관할교육감은 감사 · 조사 결과에 따라 징계(또는 징계요구) 등 필요한 조치를 할 수 있다. 이는 학교장이 더 이상 외부 압력에서 벗어난 존재가 아니라, 갈등의 중심에서 직접적인 해결을 요구받는 위치에 있음을 보여준다.

마지막으로 학교장은 학교의 교육 비전을 제시하고 구성원의 역량을 모아내는 비전 제시자의 역할을 담당한다. 학교가 나아갈 방향을 명확히 설정하고, 구성원들이 그 목표를 향해 함께 나아가도록 동기부여해야 한다. 이는 상급기관의 정책을 단순히 이행하는 차원을 넘어서, 학교의 특성과 구성원의 요구를 반영한 고유한 교육철학을 마련하는 책임까지 포함한다.

나. 학교장의 역할 변화

전통적으로 학교장은 교무행정과 학사 운영을 담당하는 '관리자'로 인식되었으나, 최근에는 '지도자(leader)'로서의 역할이 더욱 강조되고 있다[38]. 학교장은 이제 '학습공동체 구축자', '비전 제시자', '갈등 조정자', '관계망 형성자' 등 다양한 역할을 수행해야 하며, 특히 교사 · 학부모 · 교육청이 얽힌 다중적 관계 속에서 요구되는 '관계 조정' 능력은 학교의 안정적 운영과 발전을 위해 필수적인 요소로 주목된다.

학교장의 역할은 그가 상호작용하는 이해관계자에 따라 미묘하게 달라진다. 우선 교사와의 관계에서 학교장은 교사의 전문성을 존중하고 교권 확립을 지지하는 역할을 해야 한다. 교사들이 교육 활동에 전념할 수 있도록 안정적인 환경을 마련하고, 전문성 개발을 위한 지원도 아끼지 않아야 한다. 또한 교직원 간 소통을 촉진하고 협력 문화를 조성하여 학교가 학습공동체로 자리 잡도록 이끄는 역할도 맡는다. 필자는 저학년 대상 그림책 읽어주기 인성교육, 중학년 대상 메타버스 기반 학교폭력예방교육, 고학년 대상 AI 활용 생태전환교육 등에 참여하고 있다. 이러한 활동은 코로나19 이후 형성된 교실 수업 기피 문화를 개선하고, 학생들과 소통을 회복하는 데 긍정적 역할을 하고 있다. 단순한 수업 참여를 넘어 교사들의 수업 고민과 생활교육의 어려움을 함께 나누고 성장할 기회가 되었다는 점에서도 의미가 크다.

학교장은 학부모와의 건전한 파트너십을 형성하는 데도 힘써야 한다. 이를 위해 학교 교육 활동 전반을 투명하게 안내하고, 학부모의 참여를 독려하며, 그들의 목소리에 귀 기울이는 태도가 필요하다[39]. 특히 학부모 민원에 효과적으로 대응하는 것은 학교장의 핵심 역할 중 하나이다. 학부모의 요구를 정당한 요구, 학교 업무는 아니지만 대응 가능한 불만성 요구, 무리한 악성 민원으로 구분해 각각에 맞는 전략을 마련하는 것이 필요하다. 예를 들어, 학생의 학습지체와 관련된 요청은 정당한 요구로, 검사와 지원책 마련 등을 통해 적극적으로 대응해야 한다. 논란이 있는 사안의 경우 학교 내 협의나 학부모·전문가가 참여하는 학생맞춤통합지원협의회를 통해 결정하는 과정이 필요하다. 이러한 절차는 처음에는 복잡해 보이지만, 장기적으로 학교와 교사의 부담을 줄이고 긍정적 관계를 유지하는 데 도움이 된다.

학교장은 교육청 정책을 학교 현장에 효과적으로 구현하는 집행자 역할도 담당한다. 동시에 학교의 특성과 구성원의 요구를 교육청에 전달해 학교운영의 자율성을 확보하려는 소통과 협의도 요구된다. 학교는 교육청의 하부 기관이면서 독자적인 교육 주체이기 때문에, 학교장은 이 두 가지 성격 사이에서 균형을 잡는 지혜를 발휘해야 한다. 이는 위기 상황에서 학교장이 보다 주도적이고 적극적인 역할을 수행해야 함을 의미한다.

이처럼 학교장은 다양한 이해관계자 속에서 복합적인 위치를 차지하고 있으며, 각 관계의 특성을 고려한 맞춤형 리더십을 발휘해야 한다. 이는 학교장이 직면한 다층적 압력을 효과적으로 관리하고, 학교 공동체 전체의 성장을 도모하기 위한 필수적인 역할이다.

1.4.2 학교장의 관계 조율

학교장이 다중 관계 속에서 발생하는 압력을 효과적으로 관리하고 학교를 안정적으로 운영하기 위해서는 뛰어난 관계 조율 능력과 소통 전략이 필수적이다. 각 이해관계자의 특성을 파악하고 그에 맞는 소통 방식을 적용함으로써 갈등을 최소화하고 협력적인 학교 공동체를 구축할 수 있다. 뒤이어 소개할 '투명한 소통과 협력을 통한 위기 극복' 사례는 학교장이 관계 조율 리더십을 통해 학교 현장에서 위기를 어떻게 해결했는지를 구체적으로 보여준다.

가. 교사와의 소통

학교장은 학교의 교육 비전과 목표를 교사들과 함께 공유하고, 주요 운영 사안에 대해 교사들의 의견을 수렴하는 자리를 자주 마련해야 한다. 교사들이 학교운영의 주체로 참여하고 있다고 느낄 때 학교장에 대한 신뢰가 형성되고 교육 활동에 대한 동기도 높아진다.

또한 교사의 교육 활동을 방해하는 요인(예: 악성 민원)으로부터 교사를 보호하고, 전문성을 존중하는 태도를 보여주는 것이 중요하다. 교원의 지위 향상 및 교육활동 보호를 위한 특별법(약칭: 교원지위법) 개정으로 교권 침해 사안을 은폐하거나 축소한 학교장이 징계를 받을 수 있게 된 상황에서 학교장의 교권 보호 의지는 매우 중요한 역량이다. 교직원 간 갈등이나 분쟁이 발생했을 때, 학교장은 공정하고 합리적인 중재자로서 문제 해결에 나서야 한다.

나. 학부모와의 소통

학교장은 교육과정, 학생 평가, 학교 행사 등 주요 정보를 학부모에게 투명하고 시의적절하게 제공해야 한다. 정기 가정통신문, 학교 홈페이지, SNS 등 다양한 소통 채널을 활용하는 것이 효과적이다. 학부모의 민원과 건의 사항을 단순히 '처리해야 할 업무'로 보지 않고, 진심을 담아 경청하고 공감하는 태도를 갖는 것도 중요하다. 학부모의 입장을 이해하려는 노력은 불신을 줄이고 긍정적인 관계 형성에 기여한다.

2013년 일본 문부과학성 조사에서 교장의 고충 1위가 '학부모 대응'이었을 정도로 교장들도 학부모와의 소통에 어려움을 겪고 있다. 우리나라 학교장들도 마찬가지일 것이다.

괴물 학부모(몬스터 패런츠) 문제로 어려움을 겪어온 일본의 학부모 민원 해법 전문가(오노다 마사토시 오사카대 명예교수)의 제안은 우리에게 시사하는 바가 크다. 그가 한 제안의 요지는 학부모들을 괴물 취급하지 말 것, 민원의 유형에 따른 적절한 대응을 할 것으로 요약된다. 먼저 해야 할 것은 무엇이 악성 민원인지, 학부모의 요구사항을 어디까지 수용해야 할지에 대한 사회적 합의 도출이다.

오노다 마사토시는 학부모의 요구를 첫째, 정당한 요구, 둘째, 학교의 업무 영역은 아니지만 대응 가능한 불만성 요구, 셋째, 무리한 요구, 즉

악성 민원 등 세 가지로 분류하고 각각에 적절히 대응해야 함을 강조한다. 가령, 학교가 수용할 수 있는 범위의 학생 특성 배려는 정당한 요구에 속한다. 아이가 학습지체 현상을 보이니 수업 진행 시 배려해 달라고 하는 경우에는 검사를 통해 확인하고, 이에 상응하는 대응책을 마련해 지원해 주는 것이 바람직하다. 물론 요청 사항이 정당한지에 대해 논란이 있을 경우는 학교 차원에서 먼저 협의를 하고, 필요시에는 학부모와 관련 전문가를 참여한 확대 협의회를 개최하여 결정할 필요가 있다. 이러한 과정을 거치면서 정당한 요구 사례가 쌓이고, 범위가 어느 정도 확정되면 결정 과정에 소요되는 시간이 크게 줄어들 것이다. 언뜻 보기에는 너무 번거로워 보이지만, 큰 흐름에 비춰보면 이러한 과정을 밟는 것이 학교와 교사의 시간과 에너지 허비를 줄이는 방법이다.

'학교 학생들이 우리 아파트 주차장에서 많이 노는데 위험하니 못하게 해달라'는 요구는 '학교의 업무 영역은 아니지만 대응 가능한 **불만성 요구**'에 해당한다. 학교가 도울 수 있는 방법을 찾아볼 필요가 있다. '졸업 앨범에서 우리 아이 사진을 한 가운데 배치해 달라'는 것은 '무리한 요구, 즉 **악성 민원** 등에 해당'하니 사진 배치 원칙을 설명은 해주되, 요구는 들어주지 말아야 한다. 이러한 원칙을 깨면 교사 학부모 공동체에 금이 가기 시작한다[40]. 정당한 요구에는 적극적으로 지원하고, 불만성 요구에는 학교의 역량 안에서 소통하며 해결을 모색해야 한다. 반면 악성 민원은 절차에 따라 단호하게 대응해야 하며, 필요할 경우 '학교 악성민원대응팀' 가동이나 지역교육지원청의 전문가 지원을 활용할 수도 있다. 학교장이 민원에 대하여 최종 책임을 지는 구조는 이러한 대응의 중요성을 더욱 강조한다.

다. 교육청과의 소통

학교장은 교육청의 정책을 수용하되, 학교 현장과 학생들의 요구를 반영할 수 있도록 유연하게 적용하거나 개선을 제안하는 적극적인 소통이 필요하다. 이는 상급 기관의 지시를 수동적으로 따르는 것을 넘어, 학교가 주체적 교육기관임을 인정받는 과정이기도 하다.

또한 학교의 교육성과나 우수 사례를 교육청과 공유해 협력적 관계를 유지하고, 교육청이 요구하는 행정 절차와 보고를 성실하게 처리하여 신뢰를 구축할 수 있어야 한다. 학교의 교육철학이나 학생 교육권을 침해할 우려가 있는 정책에 대해서는 논리적 근거를 바탕으로 학교장이 소신 있는 목소리를 내야 한다. 학교장은 위기 상황에서 학교를 대표하여 주도적이고 강력한 역할을 해야 한다.

• 투명한 소통과 협력을 통한 위기 극복

서울시 ○○초등학교에서는 학생들이 하교 후 아파트 주차장에서 놀다가 사고가 날 뻔한 일이 발생했다[41]. 학부모들은 크게 불안해하며 학교에 강하게 항의했고, 책임을 묻는 목소리도 높아졌다. 이때 학교장은 즉시 학부모 전체 간담회를 열어 사건 경위를 투명하게 설명하고, 학부모들이 느낀 우려와 불안을 충분히 듣는 자리를 마련했다. 간담회에서는 "학교 학생들이 아파트 주차장에서 자주 노는데…"와 같은 구체적인 학부모 의견이 제시되었고, 학교장은 이를 단순한 민원 처리 수준에서 끝내지 않았다.

학교장은 학부모, 지역사회 인사, 교사 대표가 함께 참여하는 '학교 안전 협의체' 구성을 제안했다. 협의체에서는 주차장 안전 수칙을 마련하고, 하교 후 학생들의 안전한 활동 공간을 확보하는 방안, 학교와 아파트 간 협력 체계를 구축하는 방안 등을 논의하며 실제적 해결책을 도출했다.

초기에는 강경한 태도를 보였던 학부모들도 학교장의 적극적인 소통과 문제 해결 의지에 신뢰를 보내기 시작했고, 학교와 함께 해법을 찾는 파트너십이 형성되었다. 이는 학교장이 민원의 최종 책임자로서 어려움에 직면한 상황에서도, 투명한 정보 공유와 공동 문제 해결 노력을 통해 위기를 성공적으로 극복한 사례이다.

[그림 1-6] 학교장의 투명한 소통과 협력

[그림 1-6]과 같이 교사, 학부모, 교육청이라는 세 축과의 관계 속에서, 소통의 기술과 리더십을 발휘하여 협력적인 학교 공동체를 구축해야 한다. 단순한 권한 행사로는 충분하지 않으며, 각 이해관계자의 입장을 이해하고 설득하며, 때로는 양보와 희생을 선택할 수 있는 유연한 리더십이 요구된다. 이러한 리더십은 학교장이 다양한 관계 속에서 효과적으로 갈등을 조율하고, 공동의 목표를 향해 나아가도록 만드는 핵심적인 요소이다.

참고문헌

[1] 교육기본법, 법률 제20663호 (2025. 1. 21. 일부개정).

[2] 초·중등교육법, 법률 제20862호 (2025. 4. 1. 일부개정).

[3] 지방교육자치에 관한 법률, 법률 제19343호 (2023. 4. 18. 일부개정).

[4] 초·중등교육법, 법률 제20862호 (2025. 4. 1. 일부개정).

[5] 경기도교육청. (2021). 혁신학교 예산 집행 관련 지침. 수원: 경기도교육청.

[6] 경기도교육청. (2022). 학교감사자료. 수원: 경기도교육청.

[7] 경기도교육청. (2023). 혁신학교 예산 집행 관련 지침. 수원: 경기도교육청.

[8] 교육개혁위원회. (2005). 5·31 교육개혁 방안. 서울: 대통령자문교육개혁위원회.

[9] 국준봉, 김갑성. (2025). 학교자치의 개념과 원리 탐색. 교육행정학연구, 43(1), 455-491.

[10] 이동엽, 김혜진, 이승호, 강호수, 박희진. (2021). 학교자치 관점에서 본 교원 정책의 쟁점과 과제. 한국교육개발원 정책연구, 2021(5), 271-275.

[11] 이영희, 윤지현, 윤정현. (2024). 지역사회 연계 교육의 실천 과정에서 나타난 마을교육공동체 구성원의 인식 조사 연구: 마을결합혁신학교 사례를 중심으로. 문화교류와 다문화교육, 13(6), 393-421.

[12] 서울특별시교육청 혁신학교지원과. (2022). 서울형 혁신학교 사례집. 서울: 서울특별시교육청.

[13] 임경희. (2025). 참여적 지역 거버넌스를 통한 교육협력 발전 방안에 관한 연구. 한국교원대학교 대학원 석사학위논문.

[14] OECD. (2023). *Education policy and governance in the 21st century*. Paris: OECD Publishing.

[15] 이성회. (2022). 지방교육자치를 위한 교육분권화의 쟁점과 발전과제: 관계적 관점을 중심으로. 교육정치학연구, 29(1), 123-149.

[16] 교육정책연구소. (2023). 혁신자치학교 3년차 성과분석 연구. 서울: 교육정책연구소.

[17] 박수정, 박정우. (2022). 학교자치와 학교성과의 관계에 대한 탐색적 연구. 교육행정학연구, 40(1), 665-690.

[18] 박수정. (2025). 지방교육자치의 현실과 전망. 지방교육경영학회 학술대회 자료집.

[19] 초·중등교육법, 법률 제20862호 (2025. 4. 1. 일부개정).

[20] 엄용주. (2025). 교원의 법적 지위와 권한. 서울: 브런치.

[21] 경상북도교육청. (2024). 학교지원종합자료집. 안동: 경상북도교육청.

[22] 우한솔, 서지희, 엄문영, 이수지. (2023). 학교장 리더십, 학교풍토, 교사 협력, 교사 의사결정 권한 사이의 구조적 관계 분석. 교육행정학연구, 173-198.

[23] 중앙일보. (2023년 5월 12일). 왜 자꾸 무너지나… 여수 초등교 체육관 천장 붕괴. 중앙일보.

[24] 교육시설 등의 안전 및 유지관리 등에 관한 법률(교육시설법). (2024). 법률 제20181호 (2025. 2. 7. 시행).

[25] 경기도교육청. (2018). 학생인권조례 시행 사례집. 수원: 경기도교육청.

[26] KBS. (2019년 6월 5일). 식중독 사고 책임 논란 관련 보도자료. KBS.

[27] Illich, I. (2023). 학교 없는 사회 (안희곤 역). 서울: 사월의 책. (원저 출판 1971)

[28] 우명숙, 김민희. (2022). 통합운영학교 예산운용 실태 및 쟁점 분석: 2개 도교육청 사례연구. 학습자중심교과교육연구, 22(3), 635-653.

[29] 경기도교육청. (2021). 학생인권조례 시행 관련 학교 사례집. 수원: 경기도교육청.

[30] 교육부. (2020). 초·중등교육법 및 시행령 해설. 세종: 교육부.

[31] 이영우. (2021). 학교운영위원회와 학교장의 의사결정 관계 고찰. 학교경영연구, 44(2), 101-128.

[32] 최신수. (2019). 학교장의 역할 갈등과 리더십. 현대교육, 56(3), 110-126.

[33] 김영기. (2022). 학부모 · 교사 · 교장의 관계에서 나타나는 학교장 리더십. 교육문화연구, 28(1), 105-129.

[34] 중앙일보. (2023년 8월 27일). 교장, 학부모 민원에 압사… 민원 은폐 시 징계 검토. 중앙일보.

[35] 이영석, 박진서, 심은경. (2017). 학교장의 다중역할과 관계 조정능력 향상을 위한 방안. 한국교육행정학회지, 35(3), 220-244.

[36] 정미현. (2023). 학교장의 다중 관계와 소진 경험. 학교행정연구, 41(2), 56-78.

[37] 한국교육신문. (2023년 12월 5일). 학부모 민원, 당당하게 대응할 순 없을까?. 한국교육신문.

[38] Walker, A., & Bryant, D. (2019). School leaders' leadership styles and teacher participative decision-making. *Asia Pacific Education Review, 20*(4), 569-580.

[39] 정일환. (2020). 학교장의 리더십 유형과 조직문화의 관계. 교육사회학연구, 30(1), 21-49.

[40] 박남기. (2023년 7월 1일). 학교(교사)주도의 학부모와의 적극적인 소통 필요. 네이버 블로그.

https://blog.naver.com/PostView.naver?blogId=ngpark60&logNo=223144022996

[41] 윤상혁. (2023년 12월 8일). 위기에 처한 학교와 교장의 역할: 교육의 자주성과 전문성을 수호해야 한다. Brunch.
https://brunch.co.kr/@ysh2084/185

제 2 장

학교장 리더십의 필요성과 역할

2.1 함께 만드는 건강한 조직

2.1.1 감정과 관계를 이해하며 갈등을 슬기롭게 해결

학교는 겉으로만 보면 매우 정돈되고 체계적으로 운영되는 구조물처럼 보인다. 아침 시작종이 울리면 학생들은 자연스럽게 차분한 발걸음으로 교실로 향하고, 교사들은 정해진 시간표에 맞춰 수업을 시작한다. 복도는 질서 있게 조용하며, 학생들은 정해진 규칙을 어김없이 잘 지킨다. 수업과 평가는 미리 계획된 절차에 따라 반복적으로 진행되고 있다. 이러한 학교의 일상적인 모습만 보면 학교가 마치 잘 조율된 기계처럼 안정적으로 움직이는 것처럼 느껴진다.

그러나 이 안정적인 겉모습 뒤에는 겉으로 드러나지 않는 복잡하고 역동적인 인간관계, 그리고 미묘하게 얽혀 있는 감정의 흐름이 존재하고 있다. 학교는 단순히 건물과 시설로 이루어진 물리적 공간이나 고정된 규칙과 절차로만 운영되는 시스템이 아니다. 서로 다른 배경과 경험, 그리고 각기 다른 가치관을 가진 사람들이 하루의 대부분을 함께 보내며 관계를 맺고 유지하는 살아 있는 사회적 공동체이다. 교사와 학생뿐만 아니라 행정직원, 복지사, 상담사, 실무사, 영양사 등 다양한 직종의 사람들이 각자의 역할을 수행하며 학교라는 공간을 지탱하고 있다. 이들은 세대, 경력, 교육 철학 등에서 차이를 보이는데, 이러한 다양성은 서로 배우고 협력할 수 있는 기회를 제공하기도 하지만 때로는 갈등의 원인이 되기도 한다. 예를 들어, 어떤 교사는 학업 성취를 가장 중요한 목표로 여기지만, 다른 교사는 학생의 정서적 안정과 인성 발달을 우선시할 수 있다. 이러한 관점 차이는 교육 목표와 수업 방식에서 의견 충돌을 일으키고, 나아가 학교 조직 내부의 긴장과 갈등으로 확대될 수 있다고 하였다[1].

국내 연구에 따르면, 교사들이 학생, 동료 교사, 학부모 등 다양한 관계 속에서 발생하는 갈등을 원만하게 풀어가기 위해서는 단순한 의사소통 기술 그 이상이 필요하다고 보고되고 있다. 특히, 자신의 감정을 세심하게 인식하고, 상황에 적절하게 표현하며, 타인의 감정을 이해하고 공감하는 능력이 핵심이라고 강조되고 있다[2]. 이러한 정서 지능은 단기적인 불화를 해결하는 데만 그치지 않고, 장기적으로는 신뢰와 협력을 회복하는 데 중요한 역할을 한다. 실제로 일부 교육청에서는 이러한 필요성을 반영하여 '갈등 관리 코칭'이나 '관계 회복형 대화법'과 같은 실습 중심의 전문 연수를 운영하고 있다. 이를 통해 교사들은 갈등 상황에서도 감정에 치우치지 않고 중립적인 태도를 유지하면서, 서로가 받아들일 수 있는 협력적인 해결책을 찾는 역량을 기를 수 있다.

국외 연구에서도 교사의 정서 지능은 학교의 안정성과 건강한 관계 형성에 필수적인 기반으로 평가된다. 예를 들어, 미국과 핀란드에서는 학교 내 갈등을 단순한 징계나 통제로 해결하기보다, '관계 회복'을 중심에 둔 프로그램을 적극적으로 도입하고 있다. 이러한 프로그램은 교사가 규칙 위반을 제재하는 역할에만 머무르지 않고, 문제 상황 속에서 손상된 관계를 복원하고 신뢰를 회복하는 촉진자 역할을 하도록 설계되어 있다[3]. 캐나다와 영국의 비교 연구에 따르면, 정서 지능이 높은 교사는 갈등의 표면적인 원인뿐 아니라 그 뒤에 숨어 있는 구조적·관계적 원인을 찾아내고, 단기적인 봉합이 아니라 장기적인 신뢰 회복을 목표로 대응

한다[4]. 이러한 접근은 교사-학생 관계, 교사-교사 관계를 강화할 뿐만 아니라 학교 전체의 유대감을 높이고 구성원 모두의 심리적 안전감을 향상시키는 데 기여한다.

이처럼 국내외 연구를 종합해 보면, 학교는 단순히 지식을 전달하는 공간을 넘어, 다양한 사람들의 감정과 이해관계, 가치관이 끊임없이 얽히고 풀리는 역동적인 사회적 생태계라는 사실을 알 수 있다. 구성원의 감정을 정확하게 읽어내는 능력은 건강하고 안정적인 학교 운영의 출발점이며, 갈등은 종종 조직의 구조나 문화 속에서 나타나는 문제를 드러내는 신호가 된다. 이를 잘 인식하는 교사는 갈등을 회피하거나 단순히 무마하는 데 그치지 않고, 관계를 재조율하고 신뢰와 협력을 회복하며 나아가 학교 문화를 긍정적으로 변화시키는 계기로 삼을 수 있다.

다음에 소개할 '갈등을 협력으로 전환한 업무분장 혁신'과 '생활지도 철학의 갈등 조율과 공감대 형성' 사례는 이러한 접근이 실제 학교 현장에서 어떻게 적용되고, 조직 문화를 어떻게 변화시키는지를 보여주는 생생한 예가 될 것이다.

• 갈등을 협력으로 바꾼 업무분장 혁신

경기도의 ○○초등학교에서는 매 학기 초마다 교사들 사이에서 업무분장 문제로 갈등이 반복됐다. 중요한 업무가 특정 교사에게만 집중되는 경향이 있었고, 분장 기준이 명확하지 않아 많은 교사들이 불만을 느꼈다. 이러한 불만은 시간이 지날수록 누적되어 협력적인 분위기를 해치고, 교사 간 신뢰 악화로 이어졌다.

학교장은 이 상황을 단순한 개인 간 감정싸움이 아닌, 학교 운영 구조에서 비롯된 근본적인 문제로 보았다. 따라서 단기 처방이 아닌 체계적이고 지속 가능한 해결책 마련에 나섰다. 우선 전 교직원이 참여하는

'업무분장 협의회'를 정기적으로 열어, 업무분장에 관한 구체적이고 명확한 기준을 함께 만들었다. 또한 각 교사가 자신의 의견을 충분히 개진하고, 그 의견이 실제 업무분장에 반영될 수 있도록 절차를 세심하게 설계해, 누구도 소외되지 않는 구조를 마련했다.

[그림 2-1] 업무분장에 대한 갈등을 해소하기 위한 마음 나누기 주간 운영

더불어 학교장은 [그림 2-1]과 같이 '마음 나누기 주간'이라는 새로운 프로그램을 도입하였다. 이는 1학기 초반, 교무분장이 마무리되고 교직원들이 새로운 학기를 준비하는 시점에 운영되었다. 이 기간 동안 교직원들은 편안한 분위기 속에서 서로의 생각과 감정을 솔직하게 나누며, 평소 쌓였던 오해나 거리감을 해소하는 시간을 가졌다. 이러한 소통은 교사들 사이의 신뢰를 회복하고, 서로를 이해하는 기반을 다지는 데 큰 도움이 되었다. 또한 학년과 교과를 넘나드는 공동 프로젝트를 추진하여, 과거에 업무분장 문제로 갈등을 겪었던 교사들이 실제로 함께 협력해 목표를 달성하는 경험을 쌓도록 하였다. 이 과정을 통해 교사들은 서로의 입장을 자연스럽게 이해하고, 신뢰와 협력의 문화를 점차 만들어 나갔다.

이 같은 여러 노력 덕분에 교사들 사이의 갈등은 점차 줄어들었고, 정기적으로 실시한 교직원 설문조사에서도 '서로에 대한 신뢰가 회복되었고, 협력하는 분위기가 이전보다 훨씬 좋아졌다'는 긍정적인 평가가 많이 나타났다. 이 사례는 학교장이 단순히 갈등 상황을 중재하는 데 그치지 않고, 학교 내의 관계 구조를 다시 설계하며 조직 문화를 건강하게 변화시킨 모범적인 리더십의 좋은 예로 평가받는다[5]. 학교장의 세심한 관심과 체계적인 접근이 학교 구성원 모두가 더 나은 협력과 신뢰 속에서 일할 수 있는 환경을 만드는 데 큰 역할을 한 것이다.

• 생활지도 철학 갈등 조율과 공감대 형성

인천시의 ○○중학교에서는 생활지도를 바라보는 관점의 차이 때문에 신규 교사와 경력 교사 사이에 갈등이 생겼다. 신규 교사들은 학생들의 자율성과 감정 회복을 중요하게 생각하며, 공감과 대화를 중심으로 한 생활지도를 선호했다. 반면, 경력 교사들은 규칙과 일관된 지도를 강조하며 보다 엄격한 생활지도를 지향했다. 이처럼 서로 다른 교육 철학과 지도 방식의 차이는 시간이 지나면서 학년 회의 자리에서 갈등으로 드러났고, 결국 학교 전체 분위기와 학생들의 생활에도 혼란을 초래하기 시작했다[6].

이 문제를 마주한 학교장은 갈등을 그냥 두지 않고 적극적으로 해결하려 노력했다. [그림 2-2]와 같이 회의 자리에서 학교장은 "누구의 생각이 틀렸다고 할 수 없다"라는 말을 꺼내면서, 서로의 의견과 방식이 다를 수 있음을 인정하고 존중하는 태도를 보였다. 이로써 교사들은 자신의 입장을 자유롭게 표현할 수 있는 분위기가 조성되었다. 또한, 학교장은 생활지도를 주제로 한 워크숍을 제안했다. 이 자리에서는 교사들이 각자의 교육 철학과 생활지도에 대한 생각을 솔직하게 나누었고, 서로 다른 관점을 이해하는 데 큰 도움이 되었다.

[그림 2-2] 생활지도 방식을 둘러싼 교사 간 갈등 중재

이 대화는 단발성 행사에 그치지 않고 1학기 동안 지속적으로 이어졌다. 학교는 학생부와 학년부를 중심으로 생활지도 기준을 함께 만들어 가기 위한 소위원회를 구성했다. 교사들은 소위원회에서 서로 의견을 조율하며 공통된 방향을 모색했다. 이런 협의 과정을 통해 생활지도에 대한 공감대가 형성되었고, 교실 내 분위기도 점차 안정되기 시작했다. 더불어 교사들 사이의 협력과 신뢰도 눈에 띄게 높아졌다.

이 사례는 학교장이 생활지도 과정에서 나타난 갈등을 회피하거나 묵인하지 않고, 교사들의 다양한 의견을 적극적으로 수렴하여 새로운 합의를 도출함으로써 학교 조직 문화를 긍정적으로 변화시킨 모범적인 리더십 사례로 평가된다. 그는 원활한 소통과 협력을 이끌어 조직 내 신뢰와 안정감을 높였으며, 이러한 변화는 궁극적으로 학생들의 생활지도에도 긍정적인 영향을 미쳤다.

2.1.2 변화의 흐름을 이끌고 조직의 안정을 지켜내는 역할

오늘날 학교 현장은 교권 침해, 학생들의 정서 불안, 학교폭력의 복잡화, 디지털 학습 환경의 빠른 확산, 그리고 교사 이직률의 증가 등 크고 작은 변화가 동시다발적으로 일어나고 있다. 이러한 변화는 단순히 교육 방식이나 수업 형태의 변화를 의미하는 것이 아니다. 이는 학교라는 조직 전체의 안정성과 지속 가능성에 직접적인 영향을 미치며, 교육의 질과 학교 공동체의 결속력에도 심대한 파급 효과를 불러일으킨다.

이처럼 불확실성과 변화가 일상화된 환경 속에서 학교가 안정성과 건강한 조직 문화를 유지하려면, 구성원의 감정과 관계, 업무의 흐름과 갈등 상황을 세심하게 살피고 균형 있게 조율할 수 있는 리더가 필요하다. 그리고 그 중심에 서 있는 인물이 바로 학교장이다.

학교장은 더 이상 단순히 서류를 결재하거나 규칙 준수를 감독하는 전통적 의미의 행정관리자에 머무르지 않는다. 학교 안팎의 다양한 변화와 갈등의 흐름을 읽어내고, 사람과 구조, 교육활동을 유기적으로 연결하며, 때로는 갈등을 완화하고, 때로는 변화를 촉진하는 조율자의 역할을 수행해야 한다. 특히 예측이 어려운 상황과 복합적인 갈등이 상존하는 오늘날 교육 현장에서는 정서적 리더십이 학교의 방향성과 안정성을 함께 확보하는 핵심 역량으로 주목받고 있다. 정서적 리더십은 리더가 자신과 타인의 감정을 이해하고 공감하며, 이를 긍정적으로 조율하여 조직의 분위기를 건강하게 이끌고 성과로 연결하는 리더십을 의미한다.

실제로 최근 국내 연구들에서도 이러한 정서적 리더십의 중요성이 재확인되고 있다. 예를 들어, 2024년 발표된 농산어촌 소규모 중학교 교장에 대한 심층 연구에서는 '통찰력', '신뢰', '나눔'을 핵심 개념으로 하는 리더십이 구성원 간 관계 회복과 학교 운영의 안정화에 긍정적인 영향을 미친다고 분석하였다[7]. 또한 2025년에는 교장 리더십의 특성을 체계적으로 진단할 수 있는 검사 도구가 개발되어, 실제 연수 및 양성과정에 적극 활용되고 있다[8].

해외 연구에 따르면 정서적 리더십은 교육 리더십의 핵심 요소로 주목받고 있다. 예를 들어 호주와 뉴질랜드에서는 학교장을 '조율자형 리더'로 정의하며, 변화와 안정을 동시에 이끌어가는 리더십 모델을 제시한다. 또한 리스우드(Leithwood), 해리스(Harris), 홉킨스(Hopkins)는 학교장이 변화 관리와 관계 회복을 병행할 때 교직원의 자발성과 공동체 의식이 더욱 강화된다고 강조하였다[9]. 필리핀의 사립학교 사례 또한, 학교장의 정서 역량이 높을수록 조직 내 혁신성과 행정 성과가 향상되며, 이러한 역량이 리더 선발의 주요 기준이 되어야 한다는 점을 제시하고 있다[10]. 중국에서는 363명의 교장을 대상으로 정서 지능과 갈등 해결 방식 간의 관계를 분석한 연구에서, 정서 지능이 높은 교장은 문제 해결 중심의 접근을 택하는 반면, 낮은 경우 회피하거나 강압적으로 대응하는 경향이 높다는 결과가 도출되었다[11]. 이는 학교장의 감정 조절 능력이 갈등 상황의 질적 대응에 직결된다는 사실을 뒷받침한다. 미국 오하이오 지역의 공립학교를 대상으로 한 연구에서도 정서적 리더십의 효과가 확인되었다. 이 연구에서는 정서적 리더십이 교사의 소진을 줄이고, 직무 만족도와 업무 몰입도를 높이는 데 중요한 역할을 한다고 분석하였다[12]. 또한 예일대학교 감성지능센터의 보고에 따르면, 학교장이 구성원에게 심리적 안전감을 제공하고 정서적으로 지지할수록 교사의 스트레스가 감소하고, 이직률 또한 낮아지는 것으로 나타났다[13].

이처럼 국내외 다양한 연구들은 학교장이 변화와 안정을 동시에 조율하고, 구성원의 감정과 관계를 세심하게 살피는 역량이 학교 경영에서 필수적임을 공통적으로 강조하고 있다. 이러한 인식 아래 일부 시·도교육청에서는 정서 지능 기반의 리더십 연수와 위기 대응 및 갈등 중재 역량 강화를 위한 실천 중심 훈련을 정례화하며, 학교장의 전문성을 체계적으로 강화해 나가고 있다.

[그림 2-3] 학교장의 핵심 리더십 요소

이러한 맥락에서 [그림 2-3]이 보여주듯, 학교장은 단순히 업무를 지시하거나 결정을 내리는 관리자가 아니다. 학교는 끊임없이 변화하는 유기체이며, 학교장은 그 중심에서 사람들의 감정과 관계, 구조와 흐름을 정밀하게 읽고 조율하는 정서적·전략적 중심축으로 기능해야 한다. 이를 통해 학교는 조화롭고 건강하게 운영될 수 있으며, 예측 불가능한 교육 환경 속에서도 흔들림 없이 앞으로 나아갈 수 있다.

교직원 신뢰 회복과 협력 문화 정착 사례와 뉴질랜드의 정서적 리더십 적용 사례는 변화와 안정을 동시에 이끌어가는 학교장의 중심 역할이 실제 교육 현장에서 어떻게 실현되고 구체화되는지를 잘 보여주는 예라 할 수 있다. 구체적인 내용은 다음과 같다.

• 교직원 신뢰 회복과 협력 문화 정착

서울시의 ○○고등학교에서는 교사들 간의 갈등을 해소하고, 서로 협력할 수 있는 건강한 분위기를 만들기 위해 체계적인 노력을 기울였다. 학교장은 이러한 갈등이 단순한 성격 차이나 일시적인 오해에서 비롯된 것이 아니라, 의사소통 방식, 역할 분담, 조직 구조 등 학교 전체 시스템의 문제에서 기인한다고 보았다. 이에 따라 갈등 해결은 개인 간 관계 조정에 그칠 것이 아니라, 학교 전체가 함께 변화하는 방향으로 접근해야 한다고 판단하였다.

우선, 학교장은 담임교사, 부장교사, 교감, 교장 등 직책에 관계없이 누구나 참여할 수 있도록 [그림 2-4]의 '신뢰 회복 워크숍'을 정기적으로 운영하였다. 이 워크숍은 일상적인 학교생활에서 발생하는 오해와 갈등을 솔직하게 나누고, 서로의 생각과 입장을 공유할 수 있는 장을 마련하였다. 이를 통해 교직원 간 상호 이해를 높이고, 학교 내 신뢰 회복의 중요한 기반을 다졌다.

[그림 2-4] 신뢰 회복 워크숍 진행

또한, 경력 교사 역량 강화 연수를 도입하여, 교사들이 갈등 상황에서 상대의 말을 경청하는 방법, 비난하지 않고 자신의 생각을 전달하는 법, 그리고 문제를 윈윈(Win-Win) 방식으로 해결하는 소통 기술을 체득하도록 했다[14]. 이러한 활동은 일회성에 그치지 않고 학교 문화로 뿌리내릴 수 있도록 지속적으로 운영되었다.

프로그램에 참여한 교사들은 점차 서로의 감정과 입장을 깊이 이해하게 되었고, 감정적인 거리도 자연스럽게 좁혀졌다. 그 결과, 과거에 갈등을 겪었던 교사들 간에도 공동 프로젝트를 기획하고 수업이나 업무를 협력 수행하는 사례가 늘어났다. 회의는 이전보다 수평적이고 열린 분위기 속에서 진행되었으며, 수업 나눔 모임과 실천 공유 활동도 활발하게 이루어졌다.

학교장은 정기적인 설문을 통해 교직원들의 의견을 수집하고, 회의에서 갈등의 변화 양상과 개선이 필요한 사항을 점검하였다. 같은 문제가 반복되지 않도록 후속 조치도 꾸준히 실시하였다. 이러한 노력은 단순히 갈등을 잠재우는 것을 넘어, 교직원 간 신뢰와 협력을 회복하고 함께 성장하는 건강한 학교 문화를 만드는 데 결정적인 역할을 했다.

이 사례는 교직원 간 소통을 제도화하고, 갈등을 공동의 학습 기회로 전환함으로써 긍정적인 조직 문화를 만들어낸 학교장 리더십의 모범적인 예로 볼 수 있다.

- **정서적 리더십의 적용**

뉴질랜드의 한 초등학교 교장은 교사들의 업무 과중과 정서적 피로가 교육과정 운영과 학생 지도에까지 영향을 미친다는 점을 인식하였다. 그는 교사들이 정서적으로 안정되지 못하면 새로운 수업 혁신이나 변화 관리가 어려울 뿐 아니라, 학생과의 관계에서도 긍정적인 에너지를 전달하기 힘들다고 판단하였다. 이에 따라 교장은 매일 아침 정규 회의가 시작되기 전에 5분을 따로 마련하여 "Well-Being"이라는 활동을 도입하였다[15].

[그림 2-5] Well-Being 체크인을 통한 정서적 리더십 형성

[그림 2-5]와 같이 체크인은 형식적인 보고 시간이 아니라 교사들이 자신의 감정을 솔직하게 나누는 시간으로 설계되었다. 교장은 화이트보드에 "오늘 기분을 날씨로 표현하면 어떤가요?" "어제 가장 힘들었던 순간은 무엇이었나요?" 같은 간단한 질문을 적어 두었고, 교사들이 돌아가며 답하도록 하였다. 참여는 강제하지 않았으며, 말하기 어렵다면 조용히 넘어가도 괜찮다는 원칙을 분명히 했다. 중요한 점은 교장이 먼저 자신의 감정을 공개했다는 것이다. 그는 종종 "저는 오늘 흐린 날씨 같아요. 어젯밤 늦게까지 보고서를 쓰느라 피곤합니다"라고 말하며, 자신의 약한 모습도 숨기지 않았다. 이런 모습은 교사들에게 "이 자리에서는 솔직해도 된다"는 메시지를 주었고, 결과적으로 심리적 안전감이 형성되었다.

시간이 지남에 따라 교사들은 점차 마음을 열고 자신의 상태를 표현하기 시작했다. 어떤 교사가 수업 준비가 잘되지 않아 걱정된다고 털어놓으면, 다른 교사가 "제가 자료를 같이 찾아드릴까요?"라며 자발적으로 도움을 제안했다. 교장은 이런 순간을 놓치지 않고 "이런 작은 배려가 우리 학교 문화를 더 따뜻하게 만든다"고 격려했다. 이처럼 교장이 적극적으로 인정하고 칭찬함으로써 교사들 사이에 신뢰와 지지가 쌓여 갔다. 교무실은 예전보다 훨씬 부드럽고 협력적인 분위기로 바뀌었으며, 교사들은 서로의 상황을 이해하고 돕는 데 익숙해졌다.

이러한 변화는 교사 개인의 수업 태도와 학생과의 관계에도 파급 효과를 미쳤다. 교사들이 아침부터 감정을 점검하고 동료의 이야기를 들으면서 정서적으로 안정되자, 수업 시간에도 여유와 인내심을 더 많이 발휘할 수 있었다. 학생이 실수하거나 지연되더라도 짜증을 내기보다는 격려의 말을 먼저 건네는 경우가 많아졌다. 작은 성취에도 즉각적으로 칭찬을 해 주면서 학급 분위기가 밝아졌고, 학생들의 참여도와 몰입도 역시 눈에 띄게 향상되었다.

학부모들 또한 이러한 변화를 체감하였다. 학부모 설문조사에서 많은 이들이 "교사들이 이전보다 아이들에게 더 친근하고 안정적으로 다가온다"고 응답했다. 어떤 학부모는 "아이의 담임 선생님이 요즘 더 밝아지고, 아이 이야기를 귀 기울여 들어주는 모습이 눈에 띈다"고 언급하기도 했다. 하루 5분의 Well-Being 체크인이 단순한 대화 시간을 넘어, 교사들의 정서적 안정, 동료 간 신뢰 강화, 교무실 문화 개선, 학생과의 관계 향상, 학부모 신뢰 증가까지 이어지는 다층적인 변화를 만들어낸 것이다. 이 사례는 정서적 리더십이 학교 현장에서 구체적으로 어떻게 적용될 수 있는지를 보여주는 대표적 실천으로 평가된다.

2.2 교육과정을 이끄는 책임

2.2.1 교육과정을 설계 · 운영하며 방향성을 제시

학교장의 교육과정 리더십은 학교 구성원이 함께 교육 목표를 공유하고, 그 목표를 실현하기 위한 구체적인 구조를 설계하는 문화적 · 전문적 리더십을 의미한다. 이는 단순히 교육과정을 계획하는 수준을 넘어, 학교의 교육 비전을 명확히 하고 교사들이 자율성과 책임감을 바탕으로 교육활동에 적극 참여할 수 있도록 제도적 기반과 환경을 갖추는 데 초점을 둔다. 다시 말해, 학교장은 학교의 방향을 제시하는 나침반이자, 그 방향으로 나아가기 위한 길을 설계하는 역할을 수행한다.

교육과정의 설계와 운영 단계에서 학교장은 학년 간, 교과 간 연계를 조정하여 교육과정이 단절되지 않고 자연스럽게 이어지도록 돕는다. 또한 학교의 특성과 지역사회의 인적 · 물적 자원을 적극적으로 반영해, 학생들에게 보다 풍부하고 의미 있는 배움의 기회를 제공한다. 이 과정에서는 학생들의 요구와 관심사를 면밀히 분석하고, 교사들이 협력하여 교육과정을 일관되게 운영할 수 있는 구조를 마련한다. 이렇게 함으로써 교육과정은 학교의 상황과 학생들의 필요에 맞게 '살아 있는 구조'로 기능하게 된다.

국내 여러 시 · 도교육청의 연구 결과에 따르면, 교육과정 리더십은 교사의 전문성을 높이고 교육활동 참여를 촉진해 학교 교육의 질을 전반적으로 향상시키는 핵심 요소로 작용한다. 예컨대, 2024년 경기도교육연구원은 교장이 주도하는 '교육과정 운영 협의체'가 교사 간 협력과 교육과정 재구성을 촉진하여 학교의 특색 있는 교육 운영을 활성화했다고 보고했다[16]. 2023년 전라북도교육청 연구는 교장이 교육과정 설계 · 운영 전반에 참여했을 때 학년·교과 간 통합이 강화되고, 학생들의 수업 참여도와 만족도가 높아졌다고 밝히고 있다[17]. 2025년 서울특별시교육청의 사례 연구는 학교 비전에 기반한 프로젝트형 교육과정에서 교장의 자원 배분과 조정 역할이 수업 혁신의 지속성을 높이는 데 핵심적이라고 평가했다[18].

국제 연구들 역시 학교장의 교육과정 리더십이 갖는 중요성을 일관되게 시사한다. 영국 케임브리지대학교의 '배움을 위한 리더십 프로젝트(Leadership for Learning Project)'는 교장을 배움의 문화를 형성하는 핵심 인물로 정의하고 있으며, 이러한 리더십을 통해 교사의 역량이 강화되고 학생의 학습 환경이 개선된다고 강조하고 있다[19]. 미국의 교육지도자 전문표준(PSEL, 2020 개정판)에서도 교장이 교사와 협력하여 전문적 학습 문화를 조성해야 한다는 점을 분명히 하고 있다[20]. 중국 첸 외(Chen et al.)의 연구는 교육과정 리더십이 교사의 수업 몰입과 학생의 학업 성취에 긍정적인 영향을 미친다고 보고하였다[21]. 미국의 가렛 외(Garret et al.)는 교장의 높은 가시성과 질 높은 상호작용이 교사와의 신뢰를 형성하고 수업에 대한 몰입도를 높이는 데 중요한 역할을 한다고 밝혔다[22]. 터키의 오즈도그루 외(Özdoğru et al.)는 혁신적인 리더십이 교사의 전문적 성장에 기여하며, 교장-교사 관계가 중요한 매개 변인으로 작용한다고 분석하였다[23]. 레소토의 라레베세 외(Ralebese et al.) 역시 교육과정 개혁 과정에서 교장이 비전 제시, 수업 관리, 학교 분위기 조성 등을 통해 실질적인 변화를 이끈다고 보고하였다[24].

이러한 국내외 연구를 종합해 보면, 학교장의 교육과정 리더십은 학교가 지향해야 할 목표를 명확히 설정하고, 이를 실현 가능한 구조로 설계하며, 구성원 간 신뢰를 바탕으로 학습공동체를 활성화하는 데 핵심적인 역할을 한다. 즉, 학교장은 교육과정의 '설계자'이자 '촉진자'로서, 학교 전체가 지속 가능한 방식으로 성장할 수 있도록 토대를 마련하는 중심인물이라 할 수 있다.

뒤이어 소개할 '교육환경과 교육과정의 변화, 학생 성장의 밑거름 실천'과 '교육과정 일체화를 통한 학교 교육 역량 강화' 사례는 이러한 교육과정 리더십이 실제 학교 현장에서 어떻게 구체적으로 실천되어 학교의 성장을 이끌었는지를 잘 보여준다.

• 교육환경과 교육과정의 변화, 학생 성장의 밑거름

필자가 교감으로 처음 이 학교에 부임했을 때, 가장 먼저 눈에 들어온 것은 낡고 오래된 학교의 모습이었다. 지난 30년간 단 한 차례의 리모델링도 이루어지지 않은 탓에, 교실과 복도, 특별실 곳곳은 시간이 멈춘 듯한 풍경이었다. 아이들이 하루의 절반 이상을 머무는 공간이라고 하기엔 너무나 열악했고, 교사들에게도 결코 쾌적한 교육 환경은 아니었다.

문제는 눈에 보이는 시설뿐만이 아니었다. 교육과정 운영 역시 체계가 부족했다. 학년 간의 위계는 물론, 상급학교와의 연계도 전혀 고려되지 않았고, 교육과정 대토론회는 한 번도 열리지 않아 교사들조차 논의의 절차나 방식에 익숙하지 않은 상태였다. '전문적 학습공동체'는 이름만 남아 있었고, 실질적인 교육과정 개선으로는 이어지지 못하고 있었다.

이러한 상황을 개선하기 위해, 교장 선생님과 머리를 맞대고 지속적인 논의를 이어갔다. 결국 도달한 결론은 분명했다. 교육환경과 교육과정의 변화 없이는 학생의 성장을 기대할 수 없다는 것이었다. 학교를 변화시키기 위해서는 눈에 보이는 것과 보이지 않는 것을 동시에 바꾸어야 했다.

[그림 2-6] 학교 변화와 성장 전략

[그림 2-6]과 같이 우리는 먼저 교육과정부터 새롭게 손보기로 했다. 학년 간 위계성과 상급학교와의 연계성을 반영한 새로운 교육과정을 구성한 후, 이를 전 교직원과 공유하고자 강당에서 첫 교육과정 대토론회를 열었다. 교사들의 자발적인 참여를 유도하기 위해 부드럽고 편안한 분위기를 조성하고, 작은 선물도 준비했다. 낯설고 어색했던 첫걸음이었지만, 예상보다 따뜻한 반응이 이어졌고 교사들은 점차 자신의 생각과 의견을 솔직하게 나누기 시작했다.

교육과정이 실제로 작동하기 위해서는 교육환경도 함께 바뀌어야 했다. 우리는 방학 기간을 활용해 3년에 걸쳐 교실, 특별실, 교무실을 전면 정비했다. 전자교탁, 전자칠판, 단초점 프로젝터 등 최신 ICT 장비를 도입하고, 수업의 목적과 활동에 맞춰 공간을 재구성했다. 그 결과, 미디어 스튜디오, 자율 동아리실, 실험 중심 과학실, 창작 활동이 가능한 기술실, 주제통합 프로젝트실, 교사 회의실, 학부모 카페, 체력 단련실, 그리고 작은 음악회도 가능한 음악실까지, 학교 곳곳에 새롭고 다양한 공간이 조성되었다. 이는 학생 중심 수업이 안정적으로 이루어질 수 있는 중요한 기반이 되었다.

교육과정 편성과 실행 단계에서도 변화를 시도했다. 학년 협의회와 교과 협의회를 활성화하여 교사들의 자율적 참여를 장려했고, 그 결과 학년 간 수직적 연계, 교과 간 수평적 연계, 진로 교육과 꿈끼 탐색주간 간의 유기적 연결이 가능해졌다. 수업에서는 프로젝트형, 주제통합형, 탐구 기반 수업 등 학생 참여 중심의 수업 문화를 정착시키기 위해 다양한 교수학습 전략을 도입했다. 또한 '수업 나눔의 날', 공개수업, 교사 연구회 등을 통해 교사들의 전문성도 함께 성장해 나갔다. 그동안 형식에 머물던 전문적 학습공동체는 점차 실질적인 변화의 주체로 자리 잡기 시작했다.

학생들의 자율성과 창의성을 키우기 위한 동아리 활동도 새롭게 변화시켰다. 자율 동아리 신청제를 도입하자 학생들은 스스로 주제를 정하고 활동을 기획했으며, 활동 보고서 작성과 발표회를 통해 서로의 성과를 나누고 성찰하는 기회도 가질 수 있었다. 이처럼 동아리는 단순한 취미 활동을 넘어 정규 교육과정과 연계되어 학습의 폭을 넓히고, 진로 탐색과 공동체 의식 형성에도 긍정적인 영향을 주었다.

우리는 교실 안의 변화에 머무르지 않고, 교실 밖의 교육도 적극적으로 열어갔다. 지역사회 및 외부 기관과의 연계를 강화하여, 마을교육공동체와 함께 진로 탐색 프로그램을 운영하고, 지역 기관과 연계한 생태환경 교육도 실시하였다. 이는 학생들에게 실생활과 연결된 배움의 기회를 제공하였고, 자기주도성과 실천 역량을 키우는 데 큰 도움이 되었다. 이러한 교육과정 리더십의 실천 결과는 학교 안팎에서 긍정적인 반향을 일으켰다. 인근 초등학교에서의 입학생 수가 증가하였고, 졸업생들은 고등학교 진학 이후에도 높은 학업 성취를 유지하고 있다는 피드백을 받았다. 이러한 노력의 결과로 교육환경 개선, 교육과정 운영 및 수업 문화 혁신, 동아리 활동 활성화, 지역사회 연계 교육이라는 네 가지 핵심 축을 바탕으로 '아름다운학교 교육과정 부문' 대상도 수상하였고, 지속 가능한 학교 발전 모델을 성공적으로 실현한 사례라고 볼 수 있다.

• **교육과정 일체화를 통한 학교 교육 역량 강화**

경기도의 한 신설 ○○고등학교에서는 학교장이 개교 초기부터 교육과정을 학교 운영의 중심에 두겠다는 분명한 방향을 제시하고, 수업-평가-기록이 분절되지 않고 하나의 유기적인 흐름으로 작동할 수 있도록 전 교직원과 함께 체계적인 통합을 추진하였다[25]. 학교장은 교육과정이 단지 문서나 행정 절차가 아니라, 실제 수업과 평가, 기록까지 연결되는 학교 운영의 실질적 축이 되어야 한다고 강조하였다.

이를 실현하기 위해 학교는 [그림 2-7]과 같이 교과별 교육과정을 설계하는 단계에서부터 수업의 내용, 평가 방법, 그리고 기록 방식이 논리적으로 연계되도록 구조를 정비하였다. 교과협의회를 중심으로 공통 평가 도구와 루브릭을 개발하였고, 피드백 양식 역시 학교 전체가 일관되게 사용할 수 있도록 표준화하였다. 이러한 일체화는 교사의 자율성과 전문성을 해치지 않으면서도, 학교 차원의 교육 품질을 높이기 위한 기반으로 작용하였다.

또한 전문적 학습공동체와 수업 포럼을 정기적으로 운영하여, 교사들이 서로의 수업 사례와 평가 결과를 지속적으로 공유하고 성찰할 수 있는 기회를 마련하였다. 이 과정에서 교사들은 각자의 수업 전략과 평가 방식에 대해 피드백을 주고받으며, 실제 수업 장면에서의 문제를 함께 해결하고 새로운 대안을 모색하는 협력적인 문화가 자리 잡게 되었다.

[그림 2-7] 교육과정 · 수업 · 평가 · 기록을 논리적으로 연결

학생에게는 국제 교육 평가나 언어 평가와 만족도 조사를 활용하여 자신의 학습을 스스로 평가할 수 있는 기회를 제공하였고, 교사는 이를 바탕으로 보다 정밀한 피드백을 제공하였다. 이러한 구조는 학생이 학습의 결과뿐 아니라 과정 전체를 돌아보며 자신의 성장 가능성을 인식하게 하는 데 효과적이었다. 특히 학교는 학교생활기록부의 특기사항 작성 방식에도 변화를 주었다. 교사들은 단편적인 성과 중심의 서술을 지양하고, 수업과 평가 과정에서 수집된 학생 개개인의 성장 자료를 근거로 정성적이고 서술적인 기록을 남기도록 하였다. 이와 같은 실천은 '기록은 성장의 과정'이라는 철학을 학교 전체에 확산시키는 계기가 되었으며, 교사들 사이에서도 기록이 교육의 연장선상에 있는 중요한 과정이라는 인식이 정착되었다.

이러한 전반적인 노력은 교육청으로부터도 긍정적인 평가를 받아, 개교 2년 만에 해당 학교는 장학 평가에서 '수업혁신 우수학교'로 선정되는 성과를 거두었다. 더불어 2024년 이후에는 경기도교육청이 운영하는 '교육과정-수업-평가-기록 일체화 시범학교'로 지정되어, 지역 내 공교육 혁신의 대표 사례로 자리매김하고 있다. 이 사례는 학교장이 명확한 철학을 바탕으로 교육과정의 실질적 실행을 주도하고, 수업과 평가, 기록을 일체화함으로써 학교 전체의 교육 역량을 강화한 우수한 리더십 사례로 볼 수 있다.

2.2.2 교육과정을 모니터링하고 교사를 지원하는 역할

교육과정 모니터링 및 지원은 단순히 교육과정을 설계하고 운영한 이후에 마무리되는 부차적인 단계가 아니라, 학교 교육의 질을 유지하고 장기적으로 발전시키기 위해 반드시 체계적이고 전략적으로 접근해야 할 중요한 과정이다. 이 단계에서는 실제 수업이 교육과정의 목표에 부합하게 이루어지고 있는지, 그 결과가 학생의 학습 성과와 어떻게 연결되고 있는지를 면밀하게 점검하고 분석하는 일이 중심이 된다.

즉, 단순히 수업이 계획된 절차나 규정을 잘 따랐는지를 확인하는 데 그치는 것이 아니라, 수업의 질과 효과성, 나아가 학교 전체 교육의 방향성에 대한 전략적이고 지속적인 리더십이 필요한 시점이다. 교육과정 운영은 그 자체로 끝나지 않고, 실행 이후의 성찰과 조정, 개선을 통해 비로소 학교 교육의 지속가능한 성장이 가능해진다. 이와 관련하여 리스우드(Leithwood)와 선(Sun)은 교육과정 실행 이후의 모니터링을 효과적으로 수행하기 위한 조건으로 몇 가지 핵심 요소를 제시하고 있다. 이들은 먼저 학교가 달성하고자 하는 교육적 목표를 명확히 설정하고, 해당 목표의 성취 여부를 평가할 수 있는 구체적이고 실질적인 성과 지표를 마련할 필요가 있다고 강조한다. 이어서, 수업과 학습이 현장에서 어떻게 이루어지고 있는지를 지속적으로 관찰하고, 그 과정을 정기적으로 분석하며, 필요시 즉각적으로 피드백을 제공하는 순환 구조를 갖추어야 한다고 지적하였다[26].

이렇게 축적된 수업 및 학습 관련 데이터는 단순한 평가 도구로서의 기능을 넘어, 데이터 기반의 교육 의사결정을 가능하게 하고, 교사별로 상이한 상황에 맞춘 맞춤형 지원을 제공하는 데 효과적으로 활용될 수 있다. 이는 곧 교육과정의 실행력을 높이고, 학교 내 수업 개선 문화를 내재화하는 데에도 긍정적인 영향을 미친다.

국내 사례에서도 이러한 모니터링·지원 체계의 성과가 구체적으로 확인된다. 예를 들어, 2024년 경기도교육연구원이 수행한 연구에서는 교실 수업을 직접 관찰한 기록과 학생들의 학습 데이터를 종합적으로 분석하여, 교사 개별 수준과 학년 단위별로 구체적인 피드백을 제공하였다. 이와 같은 정교한 환류 구조를 통해 교사들이 자발적으로 교육과정을 재구성하려는 참여도가 높아졌고, 수업 혁신이 일시적이지 않고 장기적으로 유지될 수 있는 기반이 마련되었다는 점에서 매우 의미 있는 성과로 평가된다[27]. 또 다른 사례로는 2023년 전라남도교육청의 연구를 들 수 있다. 이 연구에서는 수업 컨설팅 네트워크와 디지털 수업 관찰 플랫폼을 연계하여, 교사들에게 실시간으로 피드백을 제공할 수 있는 체계를 구축하였다. 그 결과, 교사들은 보다 다양한 수업 방식을 시도하게 되었고, 학생들의 수업 참여도 역시 눈에 띄게 향상되는 긍정적인 변화가 나타났다[28].

해외 연구들도 이러한 흐름을 뒷받침한다. 예컨대, 달링-해먼드 외(Darling-Hammond et al) 연구진은 학교장을 '전문성 촉진자'라고 정의하며, 학교장이 단순히 행정적 지도자가 아니라 교사들의 전문성 성장을 적극적으로 지원하는 존재가 되어야 한다고 강조한다. 이를 위해 교장이나 관리자들은 교사들이 자신들의 수업과 평가를 스스로 성찰할 수 있는 협력적 성찰 시간을 정기적으로 마련하고, 수업 코칭과 함께 교사 개별 필요에 맞춘 맞춤형 연수를 제공해야 한다고 제안한다[29]. 2025년 호주 빅토리아주 교육부의 사례 역시 매우 주목할 만하다. 이 지역에서는 학습 분석 시스템과 실시간 수업 관찰 도구를 함께 활용하여 고도화된 모니터링 체계를 구축하였다. 이 체계는 교육과정, 수업, 평가를 유기적으로 통합하여 운영함으로써, 교사와 학교장이 함께 데이터를 기반으로 수업의 문제점을 진단하고, 실시간으로 개선 방안을 도출해 즉각적인 지원을 제공할 수 있도록 했다[30]. 그 결과, 단순한 형식적 점검이 아닌, 수업과 학습의 질적 향상으로 이어지는 실질적인 성과를 거둘 수 있었다.

이처럼 정교하게 설계된 모니터링과 지원 체계는 단일 이벤트로 끝나는 것이 아니라, 성과 점검 → 근거 분석 → 맞춤형 지원 → 재점검이라는 순환 과정을 통해 지속적으로 발전해 나가는 구조를 가져야 한다. 이를 통해 학교는 단순히 문제 상황을 식별하고 지적하는 수준을 넘어, 교사와 학생이 함께 성장하는 자기 조직적 학습공동체로 변화할 수 있다. 특히, 최근 주목받고 있는 성장 중심 평가와 프로젝트 기반 평가를 결합하여 운영하는 사례들은 모니터링과 지원이 단지 행정적인 점검 수단이 아니라, 학교 수업을 변화시키고 교육 문화를 혁신하는 핵심적인 동력임을 분명하게 보여준다.

• 성장 중심 평가 기반 수업 통합 운영

전라북도에 위치한 한 대규모 ○○초등학교에서는 학교장이 '성상 중심 평가'를 학교 교육의 핵심 방향으로 설정하고, 교육과정 · 수업 · 평가 · 기록이 유기적으로 연계되도록 학교 운영 방식을 전면적으로 개편하였다. 학교장은 단순히 학생이 알고 있는 지식의 양을 측정하는 평가는 교육의 본질과 맞지 않으며, 교육은 학생 개개인의 변화와 성장 과정을 중심으로 이루어져야 한다고 보았다[31].

이를 실현하기 위해 학교는 학기 초 교사들과 함께 교과협의회를 구성하여 각 교과의 성취기준을 세분화하고, 단원별 수업계획 단계에서부터 평가 계획을 함께 설계하였다. 특히 정답 중심의 지필평가나 획일적인 문제풀이 방식에서 벗어나, 학생의 학습 활동을 세심하게 관찰하고 이를 근거로 평가할 수 있는 관찰 및 서술형 평가 도구를 교사들과 공동 개발하였다. 모든 교사들은 수업을 준비할 때, 수업에 적용할 평가 항목뿐만 아니라 학생에게 제공할 피드백의 방향과 방식까지 명확히 마련하였다. 이 과정에서 이루어진 평가는 점수나 등급으로 환산하는 방식이 아니라, 학생 한 명 한 명의 배움의 흐름과 변화를 서술형으로 기록하는 형태로 운영되었다.

[그림 2-8] 성장 중심 평가의 실천

[그림 2-8]과 같이 학교는 '수업 공개 주간'을 정기적으로 운영하며, 교사들이 서로의 수업을 참관하고 교수 전략과 수업 내용을 자유롭게 논의하며 상호 피드백을 주고받을 수 있는 기회를 마련하였다. 이러한 활동은 교사 간 수업 전문성을 공유하고 수업 개선 방안을 함께 모색하는 협력적 문화로 발전하였으며, 학생들 또한 평가를 단순한 결과 확인이 아니라 자신의 학습 과정을 성찰하고 발전 방향을 찾는 기회로 인식하게 되었다.

이 모든 과정에서 학교장은 교육과정 모니터링·지원 역할을 적극적으로 수행하였다. 수업 실행과 평가 과정에서 나타난 학생의 학습 데이터와 교사의 수업 실행 정보를 체계적으로 수집·분석하여, 교사별·학급별 맞춤형 피드백과 지원을 제공하였으며, 이를 통해 교육과정이 실제 수업과 평가 속에서 일관성 있게 작동하도록 조율하였다.

학부모들은 서술형으로 기록된 자녀의 성장 과정을 통해 학교 교육에 대한 신뢰를 높였고, 학교는 전라북도교육청 장학 평가에서 우수 사례로 선정되는 성과를 거두었다. 이 사례는 학교장이 체계적이고 전략적인 교육과정 모니터링·지원 역할을 수행함으로써, 교육과정-수업-평가-기록의 통합과 성장 중심 교육 문화를 성공적으로 정착시킨 사례라 할 수 있다.

• 프로젝트 기반 평가를 통한 일체화 구조 실현

서울시 ○○중학교에서는 학교장이 중심이 되어 '과정 중심 평가'를 학교 교육의 핵심 축으로 삼고, 수업-평가-기록이 유기적으로 연계되는 구조가 학교 전반에 정착될 수 있도록 운영 체제를 체계적으로 정비하였다[32]. 학교장은 평가는 단순히 학습 결과를 수치로 환산하는 절차에 그쳐서는 안 되며, 학생 개개인의 학습 과정을 면밀히 관찰하고 이를 토대로 지도와 성장을 지원하는 방향으로 이루어져야 한다는 분명한 철학을 가지고 있었다.

[그림 2-9] 우리는 이렇게 생각해요 프로젝트 수업

이러한 철학을 바탕으로, 학교는 [그림 2-9]와 같이 '우리는 이렇게 생각해요' 프로젝트 수업을 도입하였다. 이 수업은 학생들이 사회적 주제 중 관심 있는 분야를 자율적으로 선택하고, 조사와 발표 과정을 거쳐 문제를 탐구하며 자신의 생각을 구성해 나가도록 설계되었다. 교사들은 수업 과정 전반에서 학생들의 활동을 실시간으로 관찰하고, 사전에 설정된 루브릭 평가 기준에 따라 구체적이고 즉각적인 서면 피드백을 제공하였다. 이러한 평가는 결과 중심 채점을 넘어, 학생의 사고 과정·참여도·표현 방식을 통합적으로 분석하고 지도하는 교육적 평가로 기능하였다.

학교장은 이러한 수업과 평가가 학교 전반에 일관되게 자리 잡도록 전 교사를 대상으로 평가 역량 강화를 위한 정기 연수를 운영하였고, 교과별·학년별 협의회를 통해 성취기준과 평가 기준을 공동 구체화·공유하도록 지원하였다. 이를 통해 전 교과에 걸친 평가의 일관성·신뢰성을 높이는 기반을 마련하였다.

또한, 교사들은 학생이 작성한 중간 산출물, 수업 중 받은 피드백, 최종 발표 자료 등을 포트폴리오 형태로 체계적으로 기록하였으며, 이는 학생의 학습 이력을 입체적으로 보여주는 자료로서 학교생활기록부 평가 항목과도 직접 연계되었다. 이러한 방식은 학생들에게 "결과보다 과정에 성실히 참여하는 것이 중요하다"는 학습 태도를 자연스럽게 형성시켰으며, 교사들에게는 수업과 평가를 통합적으로 설계·운영하는 전문성을 심화시키는 계기가 되었다.

이 모든 과정에서 학교장은 교육과정 모니터링·지원 역할을 적극 수행하였다. 수업 실행과 평가 과정에서 수집된 학생 학습 데이터와 교사 실행 정보를 분석하여, 학급별·교사별 맞춤형 피드백과 자원을 제공하였고, 이를 바탕으로 수업 개선과 평가 정착을 지속적으로 뒷받침하였다. 그 결과, 이 학교는 서울특별시교육청 우수 사례로 선정되었으며, 과정 중심 평가의 철학을 교육과정-수업-평가-기록 전반에 일관되게 정착시킨 대표적 사례로 평가받고 있다.

2.3 지역과 학교를 잇는 다리

2.3.1 지역사회와 협력해 학교 교육을 확장

오늘날 학교는 더 이상 과거처럼 교실 중심, 교사 중심, 시험 중심의 폐쇄적인 공간에 머물러 있지 않다. 과거의 학교는 마치 외딴섬처럼 사회와 단절되어 있었고, 교사는 지식을 일방적으로 전달하며, 학생은 이를 암기하고 시험을 통해 평가받는 구조가 일반적이었다. 그러나 사회가 빠르게 변화함에 따라 교육도 기존의 틀을 벗어나 더 넓고 유기적인 배움의 장으로 확장되고 있다. 현재 학교는 교실을 넘어 지역사회와 소통하고 협력하는 개방형 학습공동체로 변화하고 있으며, 교육이 이루어지는 공간 역시 지역 전체로 넓어지고 있다. 학생들이 배우는 내용도 더 이상 교과서 속에만 머물지 않는다. 지역의 역사, 문화, 산업, 복지, 환경 등 학생의 삶과 밀접하게 관련된 주제들이 교육과정에 자연스럽게 포함되면서, 학생들은 실생활과 연결된 맥락 속에서 배움의 의미를 새롭게 발견하고 있다. 이러한 변화는 교육과정 구성 방식에도 직접적인 영향을 미치며, 최근 교육과정 이론에서는 학교가 지역사회 자원과 네트워크에 적극적으로 연결되어야 할 뿐 아니라, 지역 발전의 파트너로 기능할 필요가 있다는 점을 강조하고 있다[33].

이와 같은 관점에서 교육과정은 학교 내부에서 일방적으로 설계되는 것이 아니라, 지역사회와 함께 기획하고 운영하는 융합형·참여형 구조로 전환되고 있다. 정책적 변화도 이러한 흐름을 뒷받침하고 있다. 2022 개정 교육과정은 각 지역의 고유한 특성과 자원을 존중하며, 지역사회와의 연계·협력을 교육과정 운영의 핵심 요소로 명시하고 있다[34]. 2024년부터 본격 시행된 '늘봄학교' 모델은 지자체와 지역의 공공·민간 교육 자원이 함께 방과 후 교육을 기획하고 운영하는 구조를 기반으로 하여, 지역과 학교가 공동으로 교육을 책임지는 거버넌스를 구현하고 있다[35]. OECD는 이러한 구조가 학생의 학습 동기와 사회적 역량을 강화할 뿐만 아니라, 지역사회의 지속 가능한 발전에도 기여한다고 분석하고 있다[36].

국내에서는 2010년대 이후 '마을교육공동체'와 '혁신교육지구'와 같은 다양한 정책 실험과 연구가 꾸준히 이루어지고 있으며, 특히 학교와 지역이 공동으로 교육을 기획하고 운영하며, 성과를 공유하는 사례들이 지속적으로 확대되고 있다. 해외의 경우, 미국 뉴욕시의 커뮤니티 스쿨

(Community School)이나 영국 루이스햄 지역의 장소기반교육(Local Learning)과 같이, 교육·복지·문화 자원을 통합한 모델이 주목을 받고 있다.

국제기구들은 이러한 학교-지역 연계 구조가 교육 성과뿐만 아니라 지역사회의 사회적·문화적 자본 형성에도 긍정적으로 작용한다고 평가하고 있다. 이러한 흐름 속에서, 학부모와 지역사회가 주도하는 학교 운영, 뉴욕시 커뮤니티 스쿨의 통합 거버넌스, 영국 루이스햄의 장소기반교육 사례는 학교와 지역이 긴밀하게 협력하여 학생들에게 폭넓은 배움의 기회를 제공하고, 동시에 지역사회의 성장을 이끌어낸 사례라고 볼 수 있다.

• 학부모 · 지역사회 주도형 학교

○○초등학교는 학부모와 지역사회가 주체적으로 참여하는 생활 밀착형 교육 활동을 통해 학교 교육의 범위를 교실 안팎으로 확장하고, 공동체 기반의 교육 생태계를 조성한 대표적인 사례다[37]. '맘스북 클럽', '세계 요리 체험'과 같은 프로그램은 단순한 참여를 넘어 학부모가 직접 아이디어를 제안하고 기획·운영 전 과정에 주도적으로 참여하였으며, 이를 위해 지역 도서관, 문화센터, 다문화가족지원센터 등 다양한 지역사회 기관과의 긴밀한 협력이 바탕이 되었다. 이러한 활동은 지역과 학교가 상호 연계하여 교육과정을 공동으로 설계·운영한 구체적 실천 사례로 볼 수 있다.

[그림 2-10]과 같이, 이 활동이 단순한 일회성 행사가 아닌 지속 가능하고 체계적인 교육활동으로 정착할 수 있었던 배경에는 학교장의 분명한 교육 철학과 이를 구체적으로 실행에 옮긴 전략적 행정 리더십이 있었다. 학교장은 학부모와의 면담을 단순한 민원 대응 차원이 아니라 교육

적 파트너십을 강화하는 계기로 인식하였으며, 정기적인 만남을 통해 신뢰 기반을 구축해 나갔다. 또한, 학교운영위원회 등 공식 의사결정 기구 외에도 다양한 비공식 소통 채널을 마련하여 학부모의 의견을 일상적으로 수렴하고 학교 운영에 반영하였다.

[그림 2-10] 학부모를 교육의 동반자로 여기며 함께 교육활동 설계

교육활동의 안정적 운영을 위해 사전 단계에서 프로그램별 예산을 확보하고, 공간 활용 계획을 조율하는 등 행정적 기반을 철저히 마련하였다. 더불어 지역사회 자원을 교육과 유기적으로 연계하기 위해 지역 기관장들과 직접 협의하고, 지역 내 인적·물적 자원을 지도화하여 수업과의 연계 가능성을 체계적으로 분석·정리하였다[38]. 학교장이 예산 확보부터 지역사회 자원 연계까지 체계적으로 준비하며, 학부모와 지역사회를 교육 공동체의 동반자이자 설계자로 인식한 리더십을 잘 보여준다.

• 커뮤니티 스쿨을 통한 지역-학교 통합 거버넌스 구축

뉴욕시에서 운영되는 커뮤니티 스쿨(Community School) 모델은 학교를 단순한 교육기관이 아니라 학생 지원의 중심 허브로 설정하고, 지역 보건소, 복지기관, 공공도서관, 민간단체 등 다양한 지역 기관과 긴밀한 협력 체계를 구축하는 통합적 교육 모델이다[39]. 이 모델은 학생들이 학교 안팎에서 필요로 하는 복지와 교육 지원을 통합적으로 제공하여, 학습에 몰입할 수 있는 안정적인 환경을 조성하는 데 중점을 둔다. 특히 이 과정에서 학교장은 단순한 행정 관리자의 역할을 넘어, 지역 기관과의 연계 구조를 설계하고 학부모가 학교 운영에 실질적으로 참여할 수 있는 참여 기반 거버넌스 체계를 구축하는 핵심적 역할을 수행하였다.

특히 브롱크스 지역의 한 커뮤니티 스쿨 사례를 보면, [그림 2-11]과 같이 학교장은 직접 '학부모 참여 협의체(Parent Leadership Team)'를 구성하여 학부모의 참여를 제도적으로 보장하였다. 이 협의체는 교육과정 편성, 지역 기관 초청, 진로 박람회 운영 등 학교의 주요 활동에 학부모와 지역 기관 관계자가 함께 참여하는 구조를 마련하였으며, 단순한 자문기구를 넘어 학교 운영의 의사결정 과정에 실질적으로 참여하는 핵심 거버넌스 축으로 기능한다. 또한 학부모들은 학생 멘토링, 방과 후 활동, 진로 탐색 수업 등 다양한 프로그램에 직접 또는 간접적으로 참여하며, 학생 지원의 실질적 주체로서 역할을 수행한다. 더불어 학교는 연중 운영되는 가족지원센터(Family Support Center)를 통해 학생과 가정이 생활 및 교육 전반에서 필요한 복지 서비스를 통합 제공함으로써, 학생들이 안정된 환경 속에서 학업에 전념할 수 있도록 지원한다.

[그림 2-11] 학교장이 학부모 참여 협의체를 구성해 학교 참여를 활성화

이처럼 커뮤니티 스쿨 모델은 학교장이 지역사회를 하나의 교육 생태계로 재구성하는 과정에서 학생, 학부모, 지역 기관의 역할을 조율·통합하는 교육정책의 설계자이자 실행자로서 적극적으로 활동하는 것을 전제로 한다. 학교장은 다층적인 협력 네트워크를 효과적으로 운영·관리하여, 학교 안팎의 다양한 자원이 유기적으로 결합되는 구조를 마련하고, 이를 통해 학생의 전인적 성장과 지역사회의 교육 역량 강화에 실질적으로 기여한다. 따라서 커뮤니티 스쿨 모델은 학교장이 지역사회와의 협력을 전략적으로 이끌어내는 리더십을 발휘하고, 교육과 복지를 연계한 혁신적 교육환경을 구축하는 데 있어 중요한 기반이 된다.

• 장소기반교육을 통한 지역-학교 상호 연계

영국 런던 루이스햄(Lewisham) 지역에서는 2018년부터 '로컬 러닝(Local Learning)' 프로젝트를 통해 장소기반교육(Place-Based Education, PBE)을 꾸준히 운영해 오고 있다. 이 프로젝트는 지역 박물관, 자치구청, 대학

등 다양한 지역 기관의 협력 아래 기획되었으며, 초·중학교 학생들이 자신이 거주하는 지역의 역사와 문화를 깊이 있게 배우고 이해할 수 있도록 설계되었다[40]. 교육과정은 학생들이 지역 공동체의 일원으로서 능동적으로 참여할 수 있도록 체계적으로 구성되었으며, 이를 통해 학교와 지역사회 간의 실질적인 연계가 강화하였다.

[그림 2-12] 지역 체험을 기반으로 한 학생 성장과 교사·지역사회 협력

학생들은 [그림 2-12]와 같이 지역 유산을 직접 탐방하고, 주민들과 인터뷰를 진행하며, 도시계획을 주제로 한 모의 토론이나 영상 제작 등 실천적·체험 중심의 활동에 적극적으로 참여하였다. 이러한 활동을 통해 학생들은 지역사회와 자신의 삶이 긴밀히 연결되어 있음을 체감하고, 지역에 대한 소속감과 주체성을 함양하였다. 교사들은 시민교육을 중심으로 수업을 재구성하여 학생 중심의 학습 환경을 조성했고, 학부모와 지역 주민들도 전시회·발표회 등에 참여함으로써 학교와 지역 간의 협력과 소통을 한층 강화하였다.

이 사례는 지역 정체성과 공동체 참여를 교육의 핵심 가치로 삼아,

학생들에게 지역에 대한 소속감과 자기 주도적 학습 능력을 길러주는 대표적인 장소기반교육 실천 모델로 평가받고 있다. 더불어 학교와 지역사회가 긴밀하게 협력함으로써 학생의 전인적 성장뿐만 아니라 지역사회의 지속 가능한 발전까지 함께 추구한 모범적인 지역-학교 연계 사례로 널리 인정받고 있다.

2.3.2 학교장이 교육의 연결자로서 협력 구조를 조율

오늘날 학교장은 더 이상 학교 내부의 수업 운영과 행정 절차를 관리하는 전통적 의미의 '관리자'에 머물지 않는다. 변화하는 교육 환경 속에서 학교장은 지역과 학교를 잇는 전략적 연결 다리로서, 교육과정의 설계와 운영 전 과정에서 지역사회의 인적·물적 자원을 능동적으로 발굴·연계하고 통합하는 핵심 주체가 된다. 이러한 역할은 단순한 외부 협력 수준을 넘어, 학교를 지역 전체의 교육 혁신 허브로 전환시키는 원동력이 된다.

연결 다리로서의 학교장은 지자체, 공공기관, 민간단체, 학부모, 지역 전문가 등과의 신뢰 기반 네트워크를 전략적으로 설계·운영한다. OECD는 이러한 네트워크를 통해 다양한 학습 자원과 공간의 공유, 학교-지역 공동 프로젝트, 지역 현안 해결형 교육과정 개발이 가능해지며, 그 결과 학생의 학습 동기와 참여도가 높아지고 지역사회의 지속가능성도 강화된다고 분석한다[41].

미국의 전문 교육 리더를 위한 기준(PSEL) 2024 개정안 역시 학교장의 이러한 역량을 교육 리더십의 필수 요소로 규정하며, 학부모·지역기관·민간 파트너와의 지속적·체계적인 소통 채널 구축을 통해 교육과정과 수업의 질을 높이고, 교육 혁신의 기반을 다져야 한다고 명시한다[42].

유네스코(UNESCO) 또한 이 같은 '연결형 리더십'이 학교를 지역사회의 평생학습 거점으로 발전시키고, 교육 불평등 해소와 사회 통합, 지속 가능한 발전에 기여한다고 강조한다[43].

국내 연구와 정책도 학교장의 연결 다리 역할이 교육 혁신의 성패를 좌우한다고 보고 있다. '혁신학교', '마을교육공동체', '혁신교육지구' 운영 과정에서 학교장이 지역사회와의 장기적 파트너십과 거버넌스를 주도할 때, 교육과정 혁신 효과가 뚜렷하게 나타난다는 분석이 다수 제시되었다. 평생교육을 통한 학부모 참여 확대, 자유학기제와 연계한 진로·직업 체험 확대, 고교학점제 운영을 위한 지역 대학·기관 협력, 소규모 학교의 지역자원 통합형 교육과정 등은 모두 학교장의 주도적 연계가 있었기에 가능했다. 해외에서도 일본 커뮤니티 스쿨의 '지역협의회 제도'처럼 교육과 지역을 긴밀히 연결하는 사례가 주목받고 있다.

따라서 학교장의 '연결 다리' 역할은 교육과정의 품질 관리와 혁신을 이끄는 것을 넘어, 학교를 폐쇄적 공간에서 개방적·참여형 학습공동체로 재편하고, 학교를 둘러싼 사회·문화적 생태계를 새롭게 구축하는 힘이 된다. 이는 21세기 교육 리더십의 핵심 과제이자, 학생의 배움과 지역사회의 동반 성장을 실현하는 결정적 열쇠로 작용하고 있다.

• '라떼는 갔다' 평생교육, 교육력을 키우다.

필자는 인천 ○○중학교 교감 시절과 인천 ○○○중학교 교장 시절에 유영된 '라떼는 갔다'라는 이름의 학부모 평생교육 프로그램은 학부모를 단순히 학교 안내를 듣는 수동적인 존재가 아니라 교육의 든든한 동반자이자 주체로 바라보는 철학에서 출발했다. 학교장은 학부모가 학교 교육과정과 운영 전반에 능동적으로 참여하고, 변화하는 교육 환경 속에서 자녀를 더 효과적으로 지원할 수 있도록 돕는 것을 핵심 목표로 삼았다.

이를 위해 프로그램은 일방적인 강의 형식이 아니라, 사례 중심 설명·질의응답·토론을 결합해 진행되었으며, 최신 교육정책과 제도의 흐름을 이해하기 쉽게 풀어냈다. 또한 가정에서 바로 적용할 수 있는 학습 지원 방법과 진로 상담 팁을 구체적으로 제시하여, [그림 2-13]과 같이 학부모가 교육 현장의 변화를 생활 속에서 실천하도록 유도했다. 특히 고교학점제와 같이 학생들이 직접 맞이하게 될 교육 제도에 대해서는 조기 이해와 준비를 돕기 위해 실제 학교 운영 사례, 과목 선택 전략, 진로 연계 방법 등을 공유하며, 학교와 가정이 함께 미래 교육을 설계하는 발판을 마련했다.

[그림 2-13] 시즌 1 라떼는 갔다. 학부모 평생교육 프로그램

이러한 프로그램은 학교와 지역사회의 교육력에 뚜렷한 변화를 이끌어냈다. 학부모들은 단순한 참관자가 아닌 의견 제시자·협력자로서 교육과정과 진로 설계 과정에 참여했고, 그 결과 가정에서의 학습 지도와

진로 상담이 더 체계적이고 전문적으로 이루어졌다. 이는 학생들의 학습 태도 변화와 자기 주도성 향상으로 이어졌으며, 학교는 학부모와의 신뢰와 소통을 더욱 깊이 쌓을 수 있었다. 나아가 지역사회에서도 학교 교육에 대한 관심과 지원이 확산되면서, 학교·가정·지역사회가 긴밀히 연결된 교육 공동체가 형성되었다. '라떼는 갔다' 프로그램은 이처럼 세대 간 공감과 협력을 촉진하는 매개체로서, 교육의 장을 학교 울타리 밖으로 넓히고 지역 전체로 확장시키는 중요한 계기가 되었다.

• 자유 학기에 지역사회 연계를 통한 실천 중심 진로 교육

경상남도의 한 농촌 중학교는 2024년 자유학기제를 중심으로 지역사회와 연계한 직업체험 프로그램을 교육과정에 통합함으로써, 실천 중심 진로 교육의 새로운 가능성을 제시한 사례이다. 학교장은 학생들이 보다 실질적이고 의미 있는 현장 체험을 할 수 있도록 지역 농협, 보건소, 도서관, 문화원, 마을기업 등 다양한 기관을 직접 방문해 업무협약(MOU)을 체결하고, 이를 토대로 수업 시간과 방과 후를 활용한 직업체험 기회를 안정적으로 제공하는 체계를 마련하였다.

[그림 2-14] 학교장 중심의 지역사회 · 학부모 협력 네트워크

이 과정에서 학부모는 참관자나 보조자가 아니라, 프로그램 기획 단계부터 주체적으로 참여하여 활동 목표를 설정하고 자문단·운영지원단으로서 학생들의 진로 탐색을 적극적으로 지원하였다. 학교장은 [그림 2-14]와 같이 마을 이장, 지역 기관 관계자, 학부모 대표 등과 정기적인 교육협력 간담회를 운영하며 다양한 주체의 의견을 수렴했고, 이를 교육계획에 반영함으로써 자유학기제가 일회성 체험에 그치지 않고 학생들의 성찰과 성장으로 확장될 수 있도록 교육과정과의 유기적 연계를 강화하였다.

더불어 양산소방서와의 협력을 통해 '미래소방관 체험교실'을 2학기에도 지속 운영하는 등, 지역 기관이 자유학기제 직업체험 활동의 안정적·지속적 운영에 적극 기여하도록 이끌었다. 양산소방서는 화재 진압, 인명 구조, 응급처치 등 실습 중심의 프로그램을 기획하여 학생들에게 높은 만족도를 제공했으며, 학교는 이러한 과정이 원활히 진행되도록 행정적·재정적 지원을 아끼지 않았다[44].

이와 같은 운영 방식은 외부 기관을 단순히 초청하는 수준을 넘어, 지역사회를 학교 교육의 실질적 동반자로 통합하고, 교육 주체로서 참여하도록 유도한 전략적 접근을 보여준다. 특히 학교장은 지역 기관과 교육 현장을 연결하고 조율하는 '연결 다리'로서, 학부모와 지역사회를 교육과정의 공동 설계자이자 실행 파트너로 끌어들였다. 이를 통해 학교장은 설계자·연결자·운영 조정자로서의 역할을 충실히 수행하며, 학교와 지역을 하나의 학습공동체로 통합하는 교육 리더십의 모범을 사례로 평가된다.

• 학교장 주도의 지역 연계 고교학점제 운영

강원도의 ○○고등학교는 2024년 고교학점제를 기반으로 지역사회와 긴밀히 협력하여, 보건 · 심리 · 복지 분야에 특화된 실습 중심 과목을 새롭게 개설함으로써 학생들의 진로 탐색과 역량 강화를 지원한 모범적인 사례로 주목받고 있다.

학교장은 고교학점제를 효과적으로 운영하기 위해 전담 조직을 신설하고, 강원대학교를 비롯한 지역 내 종합병원 · 복지관 등 다양한 기관과 업무협약(MOU)을 체결하였다. 이를 통해 학교 단독으로 개설이 어려운 전문 과목을 외부 기관과 공동 운영할 수 있는 기반을 마련하였으며, 학생들이 교내 수업을 넘어 지역사회 현장에서 실습과 체험을 직접 경험할 수 있는 교육환경을 조성하였다[45].

[그림 2-15] 학교장의 지역-학교-가정 연결 리더십

[그림 2-15]와 같이 학부모는 단순한 참관자에서 벗어나 진로 분야의 전문가로서 수업에 참여하거나 멘토링을 제공하는 등 적극적인 역할을 수행하였다. 학부모 회의체를 통해 교육과정 전반에 대한 의견을 지속적으로 제시하며, 선택 과목 확대와 수업 질 제고를 위한 다양한 제안을

학교에 전달하였다. 학교장은 이러한 의견을 반영하기 위해 고교학점제 운영 설명회를 정기적으로 개최하고, 지역 기관 관계자와 학부모가 함께 참여하는 공개 협의회를 구성하여 학생・교사・지역사회・학부모가 상호 협력하는 교육 생태계를 설계하고 실행하였다.

이 사례는 학교장이 '내부 자원의 한계'를 넘어 지역사회의 전문 인력과 학부모를 교육과정의 실질적인 동반자로 연결함으로써 학교와 지역을 잇는 '연결 다리' 역할을 충실히 수행한 대표적 예라 할 수 있다. 학교장은 전담 조직 신설, 다양한 기관과의 협약 추진, 학부모 및 지역 전문가의 교육과정 참여 등 교육과정 운영 전 과정을 기획・조율하며, 지역사회와 상생하는 고교학점제 운영 모델을 성공적으로 구현하였다.

• 일본 커뮤니티 스쿨의 연결 다리

일본은 2004년 「지방교육행정법」 개정을 계기로, 공립학교를 중심으로 학교장이 지역사회와의 '연결 다리' 역할을 수행할 수 있는 커뮤니티 스쿨 제도를 도입하여 운영해 오고 있다. 이 제도는 학부모, 지역 주민, 기업 등 다양한 지역 구성원이 참여하는 학교운영위원회를 통해 학교 운영과 교육 방향 설정에 실질적으로 관여할 수 있도록 설계되었다. 2023년 기준, 일본 전체 공립학교의 52% 이상이 이 제도를 도입하고 있으며, 특히 초등학교는 58.6%, 중학교는 57.3%, 고등학교는 33.2%의 도입률을 보이고 있다[46].

대표적인 사례로 오카야마현 아사쿠치시에 위치한 여러 초등학교를 들 수 있다. 이들 학교에서 학교장은 학교운영위원회를 중심으로 행정 절차를 간소화하고, 지역사회와의 긴밀한 협력과 논의를 통해 교사의 초과근무 시간을 약 30% 줄이는 성과를 이끌어냈다. 이를 통해 교직원의 행정 부담을 경감시키고, 교사들이 수업 준비와 학생 지원에 집중할 수 있는 교육 환경을 조성하였다. 이러한 변화는 학교장이 지역사회와 교육 현장의 문제를 공동으로 인식하고 해결하는 '연결 다리'로서의 리더십을 발휘한 결과이자, 커뮤니티 스쿨 제도의 긍정적 효과를 보여주는 대표 사례이다.

[그림 2-16] 학교운영위원회 중심 행정 절차 간소화를 통한 수업 집중

이처럼 일본의 커뮤니티 스쿨 제도는 [그림 2-16]과 같이 단순한 자문 역할을 넘어, 학교장이 중심이 되어 학교와 지역사회가 함께 교육을 설계하고 실행하는 제도적 기반으로 확고히 자리 잡았다. 학부모, 지역 주민, 전문가들이 교육과정 개발, 학교 운영 방안, 학생 지원 프로그램 등에 실질적으로 참여하면서, 학교는 지역사회 전체가 함께 키우는 공공 교육의 중심축으로 기능하게 되었다. 그 결과 학생들은 지역사회와 연결된 삶의 맥락 속에서 풍부하고 실질적인 교육 경험을 누리게 되었고, 지역사회 또한 교육의 공동 주체로서 역할과 책임을 나누는 협력적 거버넌스를 실현하게 되었다.

2.4 위기 속 돌봄과 보호

2.4.1 위기 상황을 조기에 인지하고 신속히 대응

학교 현장의 위기 대응 방식은 과거와 비교해 크게 변화하고 있다. 예전에는 사건이나 사고가 발생한 이후에 사후적으로 문제를 처리하는 방식이 주를 이루었지만, 오늘날에는 위험 신호를 사전에 감지하고, 그 징후가 본격적인 위기로 발전하기 전에 선제적으로 대응하는 방향으로 발전해 왔다. 이러한 변화의 배경에는 기술 발전과 안전에 대한 인식 확산이 있다[47].

특히 최근에는 AI 기반 데이터 분석과 학생 출결·심리 상태 패턴 모니터링, 지역사회 안전정보 연계 등과 같은 예측형 모니터링 기술이 학교 현장에 도입되면서, 잠재적인 위험을 조기에 포착하는 시스템이 점점 더 널리 확산되고 있다. 예를 들어, 학생이 갑작스럽게 결석이 잦아진다거나, 온라인 공간에서 위험 행동 징후가 발견되는 경우, 또는 기상·환경 데이터에서 이상 패턴이 감지되는 경우, 이러한 정보가 실시간으로 대시보드에 집계되어 학교장과 담당자가 즉시 상황을 인지할 수 있다. 이를 통해 문제의 조짐이 보이면 신속하게 대응 방안을 마련하고, 사전에 위험을 차단할 수 있다[48].

위기 발생 시의 대응 체계 또한 과거보다 훨씬 강화되었다. 위험이 실제로 발생하면 학교는 신속 대응팀을 즉시 가동하고, 비상 커뮤니케이션 채널을 통해 학부모·교직원·지자체 등 모든 이해관계자와 빠르게 정보를 공유한다. 또한, 사전에 준비된 시나리오 기반 모의훈련을 정기적으로 실시하여, 실제 상황이 닥쳤을 때 교직원과 학생 모두가 침착하게 행동할 수 있도록 대비한다. 이러한 훈련은 단순한 안전교육을 넘어,

현장 중심의 즉각 대응 능력을 높이는 핵심 수단으로 자리 잡았다[49].

국내에서는 2015년 이후 교육부와 시·도교육청이 '학교 안전·위기대응 매뉴얼'과 '학교 위기대응 매트릭스'를 지속적으로 개정·보급하며, 학교장의 조기 인지 역량과 대응 체계 구축을 안전문화 정착의 핵심 과제로 제시하고 있다. 더불어 학교폭력, 정신건강 위기, 기후변화로 인한 재난 등 다양한 분야에서 빅데이터 기반 위험 예측, 지역사회 협력형 경보망, 실전형 모의훈련의 효과를 검증하는 연구가 꾸준히 확대되고 있다[50].

해외 사례도 주목할 만하다. 미국에서는 FEMA(연방재난관리청)와 교육부가 협력하여 학교 비상 운영 계획(SEOP)을 운영하며, 학교의 위기대응 역량을 국가 차원에서 체계적으로 관리한다. 일본은 동일본대지진 이후, 재난·사고·감염병을 모두 아우르는 통합 조기경보 체계를 마련하여, 학교와 지역사회가 함께 대응하도록 하고 있다. 영국은 교육 분야의 안전보호 정책을 통해 학생 보호와 위기 대응을 법적·제도적으로 의무화하고, 이를 교육 전반에 통합시켰다[51].

최근 교육 리더십 연구에서는 이러한 변화 흐름을 사전예방-조기경보-실시간대응-회복의 4단계 순환 모델로 설명하며, 특히 초기 3단계(사전예방, 조기경보, 실시간대응)에 학교장의 역할이 집중되어야 한다고 본다. 이 과정에서 학교장은 단순한 관리자가 아니라, 위기 징후를 신속히 감지하고 자원·정보·인력을 유기적으로 연결하는 전략적 다리로서의 역량을 발휘해야 한다. 실제로 '초코 놀이' 사고에서 나타난 학교장의 신속한 상황 판단과 통합 심리지원 체계 가동은, 조기 인지와 효과적인 대응이 학생 안전과 교육의 연속성을 지키는 데 얼마나 중요한지를 잘 보여주는 대표적인 사례다.

- **'초코 놀이' 사고 발생과 신속 · 체계적 위기 대응**

○○중학교 점심시간, 학교 교실 한쪽에서는 몇몇 학생들이 '초코 놀이'라 불리는 위험한 장난을 하고 있었다. 그러던 중 한 학생이 갑자기 의식을 잃고 쓰러졌다. 놀란 주변 학생들은 재빨리 보건교사와 담임교사에게 상황을 알렸고, 교사들은 지체 없이 119에 신고한 뒤 심폐소생술(CPR) 등 가능한 모든 응급처치를 신속하게 시행했다. 발 빠른 초기 대응 덕분에 학생은 곧바로 구급차로 병원에 이송되었고, 경찰이 현장에 출동해 관련 학생과 학부모의 진술을 확보했다.

사고 소식을 들은 학교장은 교감, 학생부장, 학년부장, 담임교사와 함께 병원을 찾아 의식을 회복한 학생을 위로하고, 보호자에게 치료와 회복 과정에서 학교가 제공할 수 있는 지원을 안내했다. 학교로 복귀한 뒤에는 학생부를 중심으로 사고 경위를 면밀히 조사하고, '초코 놀이'와 같은 위험한 행동이 이전에도 있었는지, 안전교육은 충분했는지 점검했다. 즉시 재발 방지 대책을 마련해 시행했으며, 전 학년과 해당 학년 학생들을 대상으로 특별 안전교육을 실시했다. 학부모에게도 가정통신문을 발송해 가정 내 지도와 예방 협조를 요청했다.

[그림 2-17] 사고 발생에 따른 대응 절차

학교장은 [그림 2-17]과 같이 피해 학생뿐 아니라 목격 학생들이 받은 심리적 충격도 간과하지 않았다. 이에 피해 학생과 목격 학생 모두를 대상으로 Wee클래스와 외부 전문 상담 기관을 연계해 심리 회복 프로그램을 가동했다. 이는 단순한 응급조치에 그치지 않고, 학생들이 안전하게 학교생활로 복귀할 수 있도록 돕는 전인적인 지원이었다.

또한 학교장은 교감, 보건교사, 상담교사, 학년부장 등이 참여하는 학교 자체 위기대응협의체를 운영해 사고 전 과정을 점검하고, 필요할 경우 추가 회의를 열어 대책의 실행 상황을 확인했다. 이번 사건은 위기 상황에서 빠른 발견과 신속한 대응, 그리고 사후 관리까지 이어지는 체계적인 대응의 중요성을 다시 한번 일깨워 준 사례가 되었다.

• 위기학생 통합 심리지원 체계를 이끈 리더십

경기도 ○○초등학교의 학교장은 최근 들어 정서적·행동적 어려움을 겪는 학생들이 점차 증가하고 있는 현실을 예의주시하였으며, 기존의 일회성 상담이나 단편적 개입만으로는 학생들의 근본적인 문제 해결에 한계가 있다는 점을 분명히 인식하였다. 이에 따라 그는 단기적 대응을 넘어, 학생 한 사람 한 사람의 심리적 어려움을 장기적·지속적으로 지원할 수 있는 통합적이고 체계적인 심리지원 시스템을 마련해야 한다는 강한 교육적 신념을 가지고, 이를 구체화하기 위한 준비와 실행에 본격적으로 나섰다[52].

학교장은 [그림 2-18]과 같이 학교 내 Wee클래스를 심리지원의 중심 거점으로 설정하고, 이를 지역 Wee센터 및 외부 전문 심리상담 기관과 유기적으로 연계함으로써, 위기 학생을 위한 지역사회 기반 협력 체계를 구축하였다. 이러한 체계를 통해 단순한 일회성 상담이 아닌, 선별-평가-개입-사후관리의 전 단계를 포괄하는 맞춤형 지원이 가능하도록 절차를 정비하고 운영에 안정성을 더했다. 특히 전문상담교사, 담임교사, 학부모가 함께 참여하는 정기적인 사례회의를 정례화하여, 학생 한 명 한 명의 정서적 상태와 환경을 종합적으로 고려한 개별화된 지원 방안을 공동으로 논의하고 실질적으로 실행하는 구조를 마련하였다.

[그림 2-18] 학교장 중심의 위기학생 통합 심리지원 체계 구축

이러한 체계적인 시스템을 기반으로 학교장은 위기 학생을 조기에 발견하고, 심리상담과 가족 연계를 통해 위기 상황을 안정시키며, 학생이 학교로 복귀한 이후에도 지속적인 적응 지원이 이뤄질 수 있도록 전 과정을 직접 총괄하였다. 이러한 총괄적 리더십 아래, 고위기 학생 334명이 전문 심리지원을 받을 수 있었으며, 학교폭력 피해 경험이 있는 866명의 학생들도 심리적 안정을 회복하고 다시 교실로 복귀하는 데 성공하였다.

더불어 학교장은 실질적인 지원 기반을 마련하기 위해 교육청과 적극적으로 협의하여 예산을 확보하고, 전문 인력과 상담 자원도 충원하였다. 지역 내 외부 전문기관과의 협력 관계를 강화하는 한편, 학부모들의 불안과 우려를 해소하기 위해 정기적인 설명회와 간담회를 개최하여, 학교가 운영 중인 심리지원 체계의 내용과 운영 방식, 기대 효과 등을 투명하게 공유하고 신뢰를 형성하는 데에도 세심한 노력을 기울였다.

이처럼 이는 학교장이 위기 발생 이후의 사후적 대응에 그치지 않고, 위기 학생에 대한 조기 발견, 위기 중 개입, 그리고 회복 이후의 지속적인 관리까지 전 과정을 교육적으로 설계하고 실질적으로 실행한 사례이다. 이는 학교장의 위기 대응 리더십이 관리자 역할을 넘어, 교육 공동체의 회복을 위한 주도적 설계자이자 실행자로서 어떻게 현장에서 발휘되어야 하는지를 잘 보여주는 모범적인 실천 사례이다.

2.4.2 회복을 돕고 지속 가능한 안전망을 마련

위기 상황이 지나간 이후에는 단순히 즉각적인 대응을 마무리하는 것에서 그쳐서는 안 된다. 학교 공동체가 다시 안정감을 되찾고, 무너진 교육 활동과 관계망을 재건하기 위해서는 장기적인 관점에서 전략을 세우고 실행하는 노력이 필요하다. 이 시점에서 학교장의 리더십은 과거처럼 위기 이후 상황을 '관리'하는 수준을 넘어, 앞으로 닥칠 위기까지 대비하는 '설계 중심'의 역할로 변화하고 있다. 즉, 학교장은 회복과 지속 가능한 안전망을 직접 설계하고 이를 운영할 수 있는 체계적 역량을 반드시 갖추어야 한다. 혼란이 끝난 직후부터 학습과 정서 회복을 주도하고, 교육 활동의 연속성을 보장하며, 공동체 구성원 간 신뢰를 회복하는 것은 모두 학교장이 맡아야 할 핵심 임무다[53].

교육부(2022)의 학교 안전관리 매뉴얼 역시 위기 상황에서 학교장이 최종 의사결정자임을 명확히 하며, 회복 단계에서 수행해야 할 세부 역할을 구체적으로 제시하고 있다. 여기에는 대응 조직의 재정비, 유관기관과의 협력 체계 강화, 내부 구성원과의 원활한 소통 전략이 포함된다. 국내에서는 '학교 안전・위기 대응 매트릭스'의 지속적인 개정과 '늘봄학교 안전망 프로젝트'와 같은 정책을 통해 심리 회복 지원, 교육과정 정상화, 지역사회 기반 보호체계 강화가 중요한 과제로 추진되고 있다[54].

해외 사례도 주목할 만하다. 미국의 안전하고 지원적인 학교 프로그램은 재난・폭력・정신건강 위기 이후 학생과 교직원의 학습・정서 회복을 돕는 통합 지원 체계를 운영한다[55]. 일본은 동일본대지진 이후 학교・지역 연계 회복 모델을 도입하여 장기적인 심리 상담과 지원을 제공하고, 동시에 파손된 학교 시설의 재건을 병행했다[56]. 영국의 학교 전체 차원의 정신건강 접근 정책은 학교 전체가 함께 회복 계획을 수립하고, 이를 교육과정과 학교 문화 속에 녹여내어 지속적인 정신건강 지원을 가능하게 한다[57].

오늘날처럼 불확실성과 변화가 일상화된 시대에는, 학교장이 위기를 '특별한 사건'이 아니라 '언제든 발생할 수 있는 지속적 환경'으로 인식하는 것이 중요하다. 이를 전제로, 위기 속에서도 공동체가 흔들리지 않고 성장할 수 있는 기반을 설계해야 한다. 예를 들어, 실험실 화재 이후 안전 문화를 새롭게 정착시킨 사례나, 감염병이 확산되기 전에 선제적으로 대응 체계를 구축한 사례는 장기적인 회복과 안전망 등의 사례로 볼 수 있다.

• 실험실 화재를 통한 학교 안전 문화 혁신

○○중학교에서는 과학 수업 중 화학 실험 도중 발생한 화재로 한 학생이 화상을 입는 사고가 있었다. 사고 직후 조사 과정에서 교내 대응 체계가 충분히 마련되지 않았던 사실이 드러났고, 단순한 응급조치만으로는 학생의 안전을 온전히 보장하기 어렵다는 점이 명확히 확인되었다. 이를

계기로 학교장은 사후 조치에 그치지 않고, 학교 전체 안전 시스템을 근본적으로 점검·개선하며 회복과 지속 가능한 안전망 구축에 나섰다[58].

[그림 2-19] 실험실 화재를 계기로 학교 안전 체계 전면 개편

학교장은 [그림 2-19]와 같이 과학실 내 실험 장비와 안전 설비 전반을 면밀히 조사해, 노후하거나 잠재 위험이 있는 장비는 즉시 교체·보완했다. 이어 외부 안전 전문가를 초청해 과학 교사뿐 아니라 전 교직원을 대상으로 실효성 있는 안전 연수를 실시했다. 연수는 화학물질 취급법, 실험실 사고 예방 수칙, 응급 상황 대응 절차 등 실제 현장에서 필요한 내용을 중심으로 구성되었다.

또한 기존의 형식적인 과학실 안전매뉴얼을 전면 개편하여, 교육청 안전 지침과 함께 실제 학교 사례를 반영한 현실적·실행 가능한 지침을 마련했다. 아울러 '실험실 안전관리 운영위원회'를 신설하여 과학교사, 시설 담당자, 학생 대표가 함께 참여하는 협의 구조를 만들어 안전 논의가 현장 중심으로 이루어지도록 했다.

학생 대상 안전교육도 강화됐다. 매 학기 정기 이론 교육과 함께 화재 상황을 가정한 대피 훈련을 병행하여, 학생들이 실제 위기 상황에서도 침착하게 대응할 수 있는 역량을 길렀다. 이는 단순한 정보 전달을 넘어 체험과 실천을 기반으로 한 실질적 안전 역량 함양에 중점을 둔 조치였다.

이러한 변화는 단발성 대응을 넘어 위기를 학습 기회로 전환하고, 이를 기반으로 구조적 개선과 회복 탄력성 있는 안전망을 구축한 사례로 평가된다. 학교장의 신속하고 체계적인 리더십은 안전 문화를 학교 전반에 정착시키는 전환점이 되었으며, 사전 예방과 지속 가능한 체계 마련의 중요성을 보여주는 실천적 모범이 되었다.

• 감염병 대응 체계의 선제적 구축

2025년에 개정된 학교 감염병 예방·위기대응 매뉴얼이 모든 학교에 적용되면서, 감염병 발생 전후의 대응 절차가 한층 체계적으로 정비되었다. 이 매뉴얼은 감염병 대응팀 구성과 역할, 유증상자 조치, 심리적 지원, 학사 일정 조정 등 전 과정을 포괄하며, 이에 따라 학교장은 단순한 행정 책임자를 넘어, 학교 구성원의 안전과 신뢰를 지키는 핵심 리더로서의 역할을 수행해야 한다[59].

예를 들어, 전라북도의 한 고등학교에서는 [그림 2-20]과 같이 학교장이 주도하여 감염병 대응 체계를 사전에 구축하였다. 보건교사, 행정 담당자, 학년부장으로 구성된 전담팀이 조직되었고, 방역 체계와 격리 지침, 학부모와의 소통 방법, 학사 일정 조정 절차가 미리 설계되었다. 또한 지역 보건소 및 교육청과의 협력망이 평상시부터 유지되어, 실제 상황 발생 시 신속하고 효율적인 대응이 가능하도록 준비되었다.

[그림 2-20] 학교장의 감염병 대응 체계의 선제적 대응

실제로 확진자가 발생했을 당시, 학교장은 학급 단위로 신속히 비대면 수업 체제로 전환하고, 유증상 학생과 밀접 접촉 학생을 분리 조치하며 심리상담을 병행하였다. 학부모에게는 명확하고 일관된 정보가 담긴 안내 자료를 신속히 제공해 불안을 최소화하고, 학교에 대한 신뢰를 유지하는 데 집중하였다.

이 사례는 예측이 어려운 감염병 위기 상황 속에서 학교장이 예방부터 초기 대응, 그리고 사후 회복에 이르기까지 전 과정을 총괄하며 설계하고 조율해야 함을 잘 보여준다. 감염병 대응은 단발적인 조치로 그칠 수 없으며, 평상시부터 위기 대응 문화를 내재화하고, 유관 기관과의 협력망을 공고히 하는 것은 물론, 실제 상황 발생 시에는 신속하고 통합적인 판단을 통해 학교 공동체의 안전과 일상을 회복시키는 리더십이 요구된다. 이러한 역량은 이제 학교장이 갖추어야 할 선택이 아닌 필수적인 자질로 자리 잡고 있다.

참고문헌

[1] 김민정, 이수진. (2019). 교사의 교육철학 차이가 학교 조직문화 인식에 미치는 영향. 한국교원교육연구, 36(2), 101-123.

[2] 박지현. (2020). 교사의 정서지능과 갈등관리 효능감의 관계. 교육심리연구, 34(4), 621-640.

[3] Smith, J., & Johnson, L. (2019). Restorative practices in school conflict resolution: Case studies from the US and Finland. *Journal of Educational Leadership, 27*(4), 310-329.

[4] Brown, T., & Williams, R. (2020). Emotional intelligence and long-term trust in educational settings: A Canada-UK comparative study. *International Journal of Education Research, 45*(1), 55-73.

[5] 박성민. (2022). 초등학교 조직문화 개선을 위한 학교장의 리더십 사례 분석. 한국교육행정학회지, 40(3), 233-256.

[6] ○○중학교. (2025). 학교 현장 생활지도 갈등 해소 사례. 미발표 원고.

[7] 이현정. (2024). 농산어촌 소규모 중학교 교장의 리더십에 관한 사례 연구. 한국교육행정학회지, 42(2), 115-138.

[8] 김서진. (2025). 교장 리더십 진단도구 개발 및 리더십 연수 프로그램 적용에 관한 연구. 서울대학교 대학원 석사학위논문.

[9] Leithwood, K., Harris, A., & Hopkins, D. (2023). *Leadership for learning: What is it and how does it influence student outcomes?* OECD Education Policy Perspectives, No. 53.

[10] Santos, M. A. (2025). The impact of emotional intelligence on private school leadership: A quantitative study. *Philippine Journal of Educational Leadership, 37*(1), 23-41.

[11] Zhang, Y., Chen, R., & Wu, H. (2025). Emotional intelligence and conflict management styles among school principals in China. *Psychology Research and Behavior Management, 18*, 257-272.

[12] Johnson, R. T. (2024). Emotional leadership and teacher retention in public schools: Evidence from Ohio. *Ohio Education Policy Review, 15*(3), 44-60.

[13] Brackett, M. A., & Reyes, M. R. (2023). How principals' emotional support

influences school climate and teacher outcomes. *Yale Center for Emotional Intelligence White Paper*.

[14] 서울특별시교육청. (2023). 2023 갈등 관리 및 조직 문화 개선 프로그램 매뉴얼: 신뢰 회복과 소통 중심 조직 혁신 사례집. 서울: 서울시교육청 교원정책과.

[15] New Zealand Council for Educational Research. (2023). Emotional literacy: The leadership gold dust. *SET: Research Information for Teachers*, (2), 3–10.

[16] 경기도교육연구원. (2024). 교육과정 운영 협의체의 효과와 과제. 수원: 경기도교육청.

[17] 전라북도교육청. (2023). 학교 교육과정 설계 · 운영에 대한 교장의 참여 효과 분석. 전주: 전북교육연구소.

[18] 서울특별시교육청. (2025). 프로젝트형 교육과정 운영과 교장 리더십의 관계 분석. 서울: 서울교육정책연구원.

[19] MacBeath, J., & Dempster, N. (2021). *Leadership for Learning Project*. University of Cambridge.

[20] National Policy Board for Educational Administration. (2020). *Professional Standards for Educational Leaders (PSEL)*. NPBEA.

[21] Chen, Y., Liu, H., & Zhang, L. (2023). The effects of principal leadership on teacher engagement and student achievement. *Asia Pacific Education Review, 24*(2), 134–150.

[22] Garret, T., Smith, D., & Lee, J. (2023). Principal visibility and instructional leadership: Building trust and focus. *Educational Leadership Quarterly, 59*(1), 45–60.

[23] Özdoğru, A. A., Yilmaz, S., & Kaya, M. (2025). Innovative leadership and teacher development: Mediating role of principal–teacher relations. *Turkish Journal of Educational Studies, 42*(1), 75–91.

[24] Ralebese, T., Mokhothu, M., & Thabiso, N. (2025). Leadership for curriculum reform in Lesotho: Vision, management, and school culture. *African Journal of Educational Reform, 18*(3), 112–129.

[25] 경기도교육청. (2025). 2025 교육과정-수업-평가-기록 일체화 시범학교 운영 결과 보고서. 수원: 경기도교육청 교육과정혁신과.

[26] Leithwood, K., & Sun, J. (2023). Effective leadership practices for instructional improvement. *Educational Administration Quarterly, 59*(1),

35–58.

[27] 경기도교육연구원. (2024). 교육과정 운영 실태 및 개선 방안 연구 보고서. 수원: 경기도교육연구원.

[28] 전라남도교육청. (2023). 디지털 기반 수업 모니터링 체계 구축 사례 연구. 목포: 전라남도교육청 교육연구정보원.

[29] Darling-Hammond, L., Flook, L., Cook-Harvey, C., Barron, B., & Osher, D. (2023). *Educator learning to support whole child education*. Palo Alto, CA: Learning Policy Institute.

[30] Victoria Department of Education. (2025). *Integrated Curriculum Monitoring Framework: Case Studies and Outcomes*. Melbourne: State Government of Victoria.

[31] 전라북도교육청. (2023). 2023 학교 자율장학 우수사례집. 전주: 전라북도교육청.

[32] 서울특별시교육청. (2023). 서울형 과정 중심 평가 우수사례집. 서울: 서울특별시교육청.

[33] 김현수, 이선영. (2023). 학교와 지역사회 연계 교육과정 연구. 한국교육학회지, 45(1), 12-30.

[34] 교육부. (2022). 2022 개정 교육과정 해설. 세종: 교육부.

[35] 서울특별시교육청. (2024). 늘봄학교 운영 매뉴얼. 서울: 서울특별시교육청.

[36] OECD. (2023). 지역사회와 학교 협력 모델이 학생 성과에 미치는 영향 (교육 보고서 No. 205). OECD Publishing.

[37] 김민정, 박성호. (2022). 학교-지역사회 연계 생활밀착형 교육 활동 사례 연구: ○○초등학교를 중심으로. 한국교육발전연구, 38(2), 45-67.

[38] 이수진, 최명희. (2023). 학교장의 리더십과 지역사회 연계 교육의 실천: ○○초등학교 사례 연구. 한국교육행정학회지, 41(1), 89-110.

[39] Johnston, J., et al. (2020). The impact of community schools in New York City: Improved attendance, graduation rates, and school climate. *Journal of Urban Education, 55*(3), 350–372.

[40] Smith, J., & Brown, L. (2021). Place-based education in Lewisham: A 'Local Learning' project case study. *Journal of Urban Education, 15*(4), 200-215.

[41] OECD. (2025). *School partnerships addressing child well-being and digital technology* (OECD Education Policy Perspectives No. 114).

[42] National Policy Board for Educational Administration. (2024). *Professional Standards for Educational Leaders (PSEL), Revised 2024*. NPBEA.

[43] UNESCO. (2023). *Leadership for sustainable development in education.*

[44] 경상남도교육청. (2023). 자유학기제 지역 연계 프로그램 우수 사례집. 진주: 경상남도교육청 정책기획과.

[45] 교육부. (2023). 2023 고교학점제 선도지구 운영 사례집. 세종: 교육부 고등교육정책실.

[46] 文部科学省. (2024). 地域とともにある学校づくりの推進状況について (令和5年度).

[47] 교육부・시도교육청. (2023). 학교 안전 · 위기 대응 매뉴얼: 사전예방과 실시간 대응 중심. 세종: 교육부.

[48] 김철수, 박영희. (2022). AI 기반 학교 안전 모니터링 시스템 도입 사례 연구. 교육 정보학회지, 34(2), 45-62.

[49] 이민수. (2021). 학교 위기 대응 모의훈련의 효과성 분석. 한국교육연구, 58(4), 89-105.

[50] 최정은, 정하늘. (2020). 빅데이터 기반 학교 위험 예측과 지역사회 협력 경보망 구축 연구. 안전과학, 12(1), 23-38.

[51] 박재훈, 이서영. (2019). 미국, 일본, 영국의 국제 학교 위기 관리 비교 연구. 교육 리더십 저널, 15(3), 150-168.

[52] 경기도 A초등학교. (2025). 위기학생 통합 심리지원 체계 구축 및 운영 보고서. 수원: 경기도교육청.

[53] 교육부. (2022). 학교 안전관리 매뉴얼. 세종: 교육부.

[54] 교육부. (2022). 학교 안전 · 위기 대응 매트릭스 및 늘봄학교 안전망 프로젝트. 세종: 교육부.

[55] U. S. Department of Education, Office of Safe and Supportive Schools. (2021). *Safe and supportive schools.*

[56] Ministry of Education, Culture, Sports, Science and Technology - Japan (MEXT). (2019). *Recovery and reconstruction after the Great East Japan Earthquake.*

[57] Department for Education, UK. (2020). *Whole school approach to mental health and wellbeing.*

[58] 김철수. (2021). 학교 위기 대응과 안전 문화 구축 사례 연구. 한국교육행정학회지, 39(2), 123-145.

[59] 교육부. (2025). 학교 감염병 예방 · 위기대응 매뉴얼(개정판). 세종: 교육부.

제 3 장

리더십의 전환: 권위에서 공감으로

3.1 수직적 리더십의 한계

3.1.1 전통적인 학교장의 수직적 리더십 모델

현대 사회는 급격한 변화와 높은 복잡성으로 특징지어지며, 이러한 환경 속에서 리더십의 역할은 그 어느 때보다 중요해지고 있다. 과거의 수직적이고 권위적인 리더십 모델은 빠르게 변화하는 조직 환경과 다양성을 존중하는 사회적 가치에 효과적으로 대응하는 데 한계를 드러내고 있다[1]. 이에 따라 리더십의 본질은 명령과 통제에서 상호 이해와 협력으로 근본적인 전환을 겪고 있다. 이는 리더가 더 이상 절대적 권위를 행사하는 존재가 아니라, 구성원과 소통하고 공감하며 함께 성장하는 촉진자로 인식되어야 함을 의미한다. 공감 중심의 리더십은 조직 내 신뢰를 구축하고 창의성을 촉진하며, 구성원들의 잠재력을 최대한 발휘할 수 있도록 돕는다[2]. 이러한 맥락에서 리더십은 단순한 관리 기술을 넘어 인간 중심의 상호 이해와 성장의 과정으로 이해될 수 있다. 급변하는 사회 환경 속에서 진정한 리더십은 권위의 행사에서가 아니라, 공감과 관계 형성에서 출발한다.

교육 조직에서 리더십은 학교의 성과와 발전을 결정하는 핵심 요소이며, 특히 학교장의 리더십은 학교 문화와 교육의 질, 나아가 학생들의 성장에 직접적인 영향을 미친다. 전통적으로 학교 조직에서는 수직적 리더십 모델이 지배적이었으며, 이는 명확한 위계 구조와 중앙집중적 의사결정 방식을 특징으로 한다. 수직적 리더십은 조직의 최상위 관리자인 학교장이 의사결정과 권한을 집중적으로 행사하고, 하위 구성원에게 지시와 명령을 전달하는 방식의 리더십을 의미한다.

이러한 수직적 리더십 모델은 20세기 초 산업화 시대의 조직 구조에 깊이 뿌리를 두고 있으며, 교육 분야에서도 군사적·관료적 위계 구조를 반영하여 학교 운영 전반에 적용되어 왔다[3]. 이로 인해 학교장은 기업의 최고경영자와 유사하게 학교 운영과 교육과정, 인사 관리 등 거의 모든 영역에서 최종 결정권을 행사하는 절대적 권한의 주체로 인식되었다.

전통적인 수직적 리더십 모델은 몇 가지 분명한 장점을 지니고 있었다. 첫째, 단일한 지휘 체계를 통해 신속하고 효율적인 의사결정이 가능했다. 복잡한 합의 과정을 거치지 않고 행정적 사안을 빠르게 처리할 수 있다는 점은 관료주의적 조직 문화 속에서 중요한 강점으로 작용했다. 둘째, 의사결정의 책임 주체가 명확했다. 학교장이 모든 결정과 결과에 대한 책임을 지는 구조는 조직 운영의 책임 소재를 분명히 하는 데 기여했다.

그러나 이러한 장점에도 불구하고, 수직적 리더십 모델은 동시에 심각한 한계를 내포하고 있었다. 교사의 자율성과 전문성 발휘는 제한되었으며, 현장의 창의적 아이디어와 혁신적 시도는 충분히 반영되기 어려웠다. 안정성과 통제력을 강조하는 이 모델은 급변하는 현대 교육 환경과 학생 중심 교육의 요구에 효과적으로 대응하지 못하고 있다. 교육의 본질적 목표인 학생들의 창의성과 자율성 함양을 위해서는 보다 유연하고 개방적인 리더십 접근이 요구된다. 이러한 문제의식 속에서 분산형 리더십이나 참여적 리더십과 같은 새로운 리더십 모델이 대안으로 등장하게 되었다[4].

3.1.2 수직적 리더십의 한계와 학교 혁신의 필요성

수직적 리더십 모델의 가장 심각한 문제점 중 하나는 교사와 학생의 실질적 참여를 근본적으로 제한한다는 점이다. 이러한 참여 제한은 단순한 의사소통 문제를 넘어 조직 전체의 혁신 역량을 저해하는 구조적 장애물로 작용한다.

교사들의 경우, 수직적 리더십 구조는 그들의 전문성과 창의성을 심각하게 제약한다. 대부분의 의사결정이 학교장에 의해 일방적으로 이루어지기 때문에, 교사들은 자신의 교육 철학과 혁신적 아이디어를 실제 교육과정에 반영할 기회를 박탈당한다. 이는 교사들의 전문성 발휘를 막을 뿐만 아니라, 장기적으로 교육의 질적 저하를 초래할 수 있다.

학생 참여의 경우에도 상황은 더욱 심각하다. 전통적인 수직적 리더십 모델에서 학생들은 단순한 수동적 수혜자로 취급되며, 학교운영과 교육과정에 대한 의미 있는 피드백이나 제안을 할 수 없다. 이러한 배제는 학생들의 능동적 학습 동기를 저하시키고, 민주시민으로서의 성장을 저해한다.

새로운 교육 방법이나 기술의 도입은 기존 권력 구조에 도전할 수 있기 때문에, 수직적 리더십 모델에서는 강한 제도적 저항에 직면하게 된다. 예를 들어, 디지털 교육 기술 도입이나 혁신적인 교수법의 실험은 종종 행정적 장벽에 부딪힌다. 이러한 구조적 문제는 결국 학교 조직의 전반적인 학습 능력과 적응력을 심각하게 약화시킨다. 빠르게 변화하는 현대 교육 환경에서 이러한 경직된 리더십 모델은 학교를 점점 더 비경쟁적이고 비효율적인 조직으로 만들어간다.

수직적 리더십은 학교 조직의 문화적 역학에 심각한 부정적 영향을 미치며, 이는 교육 생태계 전반의 혁신과 발전을 저해하는 근본적인 문제로 작용한다.

교사의 자율성과 창의성 측면에서, 수직적 리더십은 전문성 발휘의 가장 큰 장애물로 작용한다. 한국교육개발원의 연구에 따르면, 수직적 리더십 체제에서 교사의 73.5%가 자신의 교육적 아이디어를 자유롭게 실행하지 못한다고 응답했다[5]. 이는 교사들이 단순한 지시 이행자로 전락하게 만들며, 교육의 질적 저하로 직결된다.

학생 참여와 관련해서도 상황은 심각하다. 폐쇄적인 학교 문화는 학생들의 능동적 학습 동기를 크게 감소시킨다. 서울의 한 고등학교 설문조사에 따르면, 수직적 리더십 환경에서 학생들의 학교 활동 참여도는 평균 38% 수준으로, 더 개방적인 학교에 비해 현저히 낮았다[6].

더욱 심각한 문제는 학교 구성원 간 신뢰 관계의 근본적인 훼손이다. 일방적 의사소통은 조직 내 갈등을 심화시키고, 상호 존중과 협력의 문화를 저해한다. 교사와 관리자 사이의 심리적 거리는 점점 멀어지며, 이는 결과적으로 교육 공동체의 역량을 약화시킨다.

혁신적 아이디어의 수용 측면에서도 수직적 리더십은 어려움을 가진다. 새로운 교육 방법이나 기술의 도입은 기존 권력 구조에 대한 도전으로 인식되어, 제도적 저항에 직면하게 된다. 이로 인해 교육의 본질적 목적인 창의성과 비판적 사고 함양이 근본적으로 저해된다. 결과적으로, 수직적 리더십은 학교 문화를 경직되고 혁신에 둔감한 조직으로 만들어 간다. 미래 교육이 요구하는 유연성, 창의성, 협력은 이러한 리더십 아래에서는 실현되기 어렵다[7].

학교장 중심의 폐쇄적 의사결정 구조는 교사들의 전문성을 억압하고, 학생들의 능동적 참여를 제한하며, 학교 조직의 혁신역량을 근본적으로 약화시킨다. 미래 교육을 위해서는 근본적인 리더십 패러다임의 전환이 필요하다. 수직적 위계 구조에서 벗어나 참여적이고 협력적인 리더십 모델로의 전환은 더 이상 선택이 아닌 필수가 되었다. 학교장은 더 이상 절대적 권위의 소유자가 아니라, 학교 공동체의 혁신을 촉진하고 지원하는 촉매자로 역할을 재정립해야 한다.

이러한 변화의 핵심은 학교 구성원 간 진정한 협력과 상호 존중의 문화를 구축하는 것이다. 교사, 학생, 학부모가 동등한 주체로서 의사결정에 참여하고, 서로의 관점을 존중하며 혁신적인 아이디어를 공유하는 생태계를 만들어야 한다. 이는 단순한 제도적 변화를 넘어 학교 문화의 근본적인 재구성을 의미한다.

미래 지향적 학교장 리더십은 개방성과 유연성, 구성원들의 자율성 존중, 지속적인 학습과 혁신에 대한 개방적 태도와 같은 가치들을 내포하고 있어야 한다. 미래 학교장 리더십의 성공은 학교 공동체의 집단 지성을 효과적으로 발현하고 혁신을 촉진할 수 있는 능력에 달려 있다. 진정한 교육적 리더십의 미래상은 학생들의 잠재력을 최대한 끌어내고, 교사들의 창의성을 지지하며, 끊임없이 변화하는 교육 패러다임에 능동적으로 대응할 수 있는 리더십이다. 다음의 ○○고등학교 사례는 학교장 중심의 수직적 의사결정 구조가 조직 내 소통과 혁신을 저해한 예시로, 수직적 리더십의 한계를 여실히 보여주는 사례이다.

• 수직적 리더십의 한계와 학교 혁신의 장애

경기도의 ○○고등학교는 수직적 리더십의 한계를 극명하게 보여주는 대표적인 예다. 2018년부터 2020년까지 진행된 학교운영 분석에 따르면, 학교장 중심의 엄격한 수직적 의사결정 구조로 인해 심각한 조직 내 소통 문제가 발생했다[8].

학교장은 대부분의 교육 정책과 운영 방침을 일방적으로 결정했으며, 교사들의 의견 수렴 절차는 형식적이었다. 한 교사의 증언에 따르면, “학교장 회의에서 우리의 의견은 거의 반영되지 않았고, 단순히 듣는 것에 그쳤다"고 말했다. 이러한 폐쇄적 의사결정 구조는 교사들의 사기를 저하시키고 학교 혁신에 대한 동기를 크게 감소시켰다.

특히 혁신적인 교육 프로그램 도입 과정에서 이러한 문제점이 두드러졌다. 예를 들어, 디지털 교육 기술 도입을 위한 교사들의 제안은 대부분 학교장의 승인 없이는 실행될 수 없었다. 결과적으로 학교는 급변하는 교육 환경에 신속하게 대응하지 못했고, 학생들의 현대적 학습 요구를 충분히 반영하지 못했다.

[그림 3-1] 수직적 리더십의 한계

학생들 역시 이러한 수직적 리더십의 피해자였다. 학생회의 제안이나 피드백은 대부분 형식적으로 처리되었으며, 실질적인 의사결정 과정에 참여할 기회가 거의 없었다. 이는 학생들의 학교 활동 참여도와 학교에 대한 소속감을 크게 저하시켰다.

의사소통 부족은 또한 교사와 관리자 사이의 신뢰 관계를 심각하게 훼손했다. 일방적인 지시와 명령 중심의 소통 방식은 조직 내 갈등을 심화시켰고, 결과적으로 학교의 전반적인 교육의 질에 부정적인 영향을 미쳤다.

이 사례는 현대 교육 환경에서 수직적 리더십의 근본적인 한계를 명확히 보여준다. 폐쇄적이고 일방적인 의사결정 구조는 학교 구성원들의 창의성과 잠재력을 억압하며, 궁극적으로 교육의 본질적 가치를 훼손할 수 있다[9].

3.2 참여 기반의 협업 리더십

3.2.1 참여 기반 협업 리더십의 개념과 특징

과거의 수직적이고 권위적인 리더십 모델은 점차 한계를 드러내며, 교육 공동체의 모든 구성원의 적극적인 참여와 협력을 중시하는 새로운 리더십 패러다임으로 전환되고 있다. 이러한 변화 속에서 참여 기반의 협업 리더십은 교육 패러다임 전환을 대표하는 핵심 개념으로 부상하고 있으며, 학교 구성원 간의 수평적 소통과 상호 존중, 공동 의사결정을 강조한다[10]. 급변하는 교육 환경에서 학교장은 더 이상 일방적인 지시자가 아니라, 교사・학생・학부모와 함께 협력하며 성장하는 촉진자로서의 역할이 요구되고 있다.

참여 기반의 협업 리더십은 전통적인 수직적 리더십을 넘어서는 현대적 리더십 패러다임으로, 교육 조직 내 모든 구성원의 능동적 참여와 상호 협력을 핵심 원리로 한다. 이는 단순한 의사소통 방식의 변화를 넘어, 조직의 의사결정 구조 자체를 근본적으로 전환하는 혁신적 접근이다. 전통적 리더십이 학교장 개인의 상향식(Top-Down) 의사결정에 초점을 두었다면, 협업 리더십은 교사・학생・학부모 등 다양한 이해관계자의 의견을 동등하게 존중하고 통합하는 수평적 접근을 지향한다. 이러한 리더십의 핵심에는 권한의 분산과 공동 책임의 원칙이 자리하고 있다.

참여 기반의 협업 리더십 모델은 개방적 소통, 상호 신뢰, 권한 위임, 공동 의사결정이라는 특징을 지닌다. 이러한 요소들은 학교 조직의 변화와 혁신을 이끄는 핵심 메커니즘으로 작용한다.

개방적 소통은 학교 구성원 간의 투명하고 상호적인 의사소통을 의미하며, 이는 단순한 정보 전달을 넘어 이해와 존중의 조직 문화를 형성한다. 학교장은 다양한 소통 채널을 마련하고, 구성원들이 자유롭게 의견을 표현할 수 있는 안전한 환경을 조성해야 한다.

상호 신뢰는 협업 리더십의 토대이다. 학교장은 일관된 태도와 투명한 의사결정을 통해 교사・학생・학부모와의 신뢰 관계를 구축함으로써 조직 내 심리적 안정감을 높이고 구성원의 자발적 참여를 촉진할 수 있다.

권한 위임은 구성원의 전문성과 잠재력을 실질적으로 확장하는 전략이다. 학교장이 교사에게 교육과정 설계나 프로젝트 기획 등에서 의미 있는 의사결정 권한을 부여할 때, 구성원은 자신의 역할에 대한 책임감과 동기를 강화하게 된다.

공동 의사결정은 학교 발전을 위한 집단적 지혜를 실현하는 중요한 방식으로, 주요 정책과 교육과정에 대한 논의를 구성원 전체가 함께 수행하는 과정은 조직의 포용성과 혁신성을 높인다. 이러한 요소들은 상호 연계되어 학교 조직의 역동성과 창의성을 강화하며, 결과적으로 교육의 질적 혁신을 이끄는 동력이 된다[11].

이러한 협업 리더십의 실제 적용 사례로, 다음의 ○○초등학교는 숙의와 토론 중심의 회의 문화를 통해 교사들의 참여도와 실행력을 효과적으로 높인 사례를 보여준다.

• 결과를 정해놓지 않은 회의가 만든 학교의 변화

서울시 ○○초등학교의 교사가 교장자격연수 대상자들과 함께하는 리버스 멘토링 자리에서 허심탄회하게 나누었던 의견을 들었다. 자신이 교무부장으로서 선생님들 앞에 서는 것이 의미 있다고 생각하는 사례 중의 하나는 전 교직원 회의, 전 교사 회의를 진행할 때 절대 결과가 정해진 회의를 진행하지 않는 것이라고 하였다. 기존의 교무부장을 보는 시각은 학교장의 의사대로 회의를 진행하여 학교장의 의견대로 결과가 나오게 하는 사람이라는 시각이 많았다는 것이다. 그래서 해당 부장이 업무를 하면서 고충이 크다 보니 해당 보직에 대한 기피가 크다는 것이다.

[그림 3-2] 숙의 과정 후 토론 진행

우리 학교는 [그림 3-2]와 같이, 결과가 정해진 회의를 하지 않다 보니 많은 선생님들의 의견과 관리자의 의견이 다를 경우 숙의하는 과정을 거치고 다시 회의를 통해 충분히 회의를 할 수 있는 조직문화라는 것이다. 숙의 과정, 토론을 거친 후 선생님들의 의견을 존중하여 결정을 내리기 때문에 담당부장으로서 고충이 덜하다는 것이다. 특히, 선생님들이 자신의 의견을 자유롭게 소통하다 보니 결정된 안건에 대한 이해가 깊고 실행력도 높다고 하였다.

3.2.2 미래교육에서의 참여 기반의 협업 리더십과 학교장의 실천 전략

가. 미래교육에서의 참여 기반 협업 리더십

참여 기반의 협업 리더십은 현대 교육 환경에서 단순한 관리 방식을 넘어 근본적인 교육 혁신의 핵심 메커니즘으로 작용한다. 이러한 협업 리더십은 학교 조직의 구조와 문화를 근본적으로 재구성하여 교육의 질적 변화를 촉진하는 데서 그 의미를 찾을 수 있다[12].

첫째, 참여 기반의 협업 리더십은 교사들의 전문성과 자율성을 극대화할 수 있다. 전통적인 위계적 구조에서 교사들은 수동적 실행자였다면, 협업 리더십 모델에서는 능동적인 교육 혁신가로 변모한다. 교사들은 교육과정 설계, 교수법 개발, 학교 정책 결정 과정에 직접 참여함으로써 자신들의 전문성을 온전히 발휘할 수 있다.

둘째, 학생들에게 역동적이고 참여적인 학습 환경을 제공할 수 있다. 학생들은 수동적인 지식 수용자가 아니라 학습 과정의 적극적인 공동 창조자로 인식된다. 이러한 인식은 학생들의 비판적 사고, 창의성, 자기 주도적 학습 능력을 크게 향상시킨다.

셋째, 학교 조직의 혁신성과 적응력을 강화할 수 있다. 다양한 이해관계자들의 관점을 통합하고 집단지성을 활용함으로써, 학교는 급변하는 교육 환경에 더욱 유연하고 효과적으로 대응할 수 있다. 이는 단기적 성과를 넘어 장기적으로 교육 생태계의 지속가능한 발전을 이루게 할 것이다.

마지막으로, 학교 구성원 간의 신뢰와 협력 문화를 조성할 수 있다. 수평적이고 포용적인 의사소통 방식은 조직 내 심리적 안정감을 높이고, 구성원들 간의 상호 존중과 협력을 촉진한다. 이러한 조직 문화는 결국에는 결과조차 생산적인 교육 환경을 만들어낸다.

참여 기반의 협업 리더십은 단순한 관리 전략이 아니라, 교육의 본질적 가치를 재정립하고 미래 교육을 준비하는 혁신적 접근법이라고 할 수 있다. 이는 교육을 통해 개인의 잠재력을 최대한 발현하고, 사회의 긍정적 변화를 이끌어내는 핵심 메커니즘으로 작용한다. 아래의 사례들은 학교 공동체 구성원의 참여를 통해 교육 혁신을 실현한 대표적 실천 활동이다.

• 교사 참여 중심의 교육과정 개발

핀란드 헬싱키의 혁신적인 ○○종합학교는 전통적인 Top-Down 방식의 교육과정 설계를 완전히 탈피하고, 교사들을 진정한 교육과정 공동설계자로 위치시켰다. 학교장은 교사들에게 완전한 교육과정 개발 자율성을 부여했다. 매 학기 초, 교사들은 공동 워크숍을 통해 기존 교육과정을 분석하고 혁신적인 접근 방식을 모색한다. 이 과정에서 각 교사의 전문성과 창의성이 최대한 발휘되며, 학생들의 실제 학습 요구와 지역사회 맥락을 반영한 맞춤형 교육과정이 개발된다[13].

특히 주목할 만한 점은 교육과정 개발 과정의 협업적 특성이다. 교사들은 교과 영역을 넘어 학제 간 통합 교육과정을 설계하며, 정기적인 상호 피드백과 성찰 세션을 통해 지속적인 개선을 추구한다. 예를 들어, 인문학, 과학, 예술 교사들이 협력하여 융합형 프로젝트 기반 교육과정을 공동 개발하는 방식이다.

이러한 접근은 단순한 교육과정 개선을 넘어 교사들의 전문성 성장과 조직의 혁신 역량을 동시에 강화한다. 교사들은 수동적 실행자가 아니라 적극적인 교육 혁신가로 성장하며, 학교 전체의 교육 철학과 방향성을 함께 만들어간다. 이 학교의 교사 참여 중심 교육과정 개발 모델은 학생들의 학습 동기와 성과를 크게 향상시켰으며, 교사들의 직업적 만족도와 전문성 또한 획기적으로 제고되었다.

• 학부모-학교 협력 프로그램

서울의 ○○초등학교에서 실행된 혁신적인 학부모-학교 협력 프로그램은 학부모들을 단순한 교육 소비자가 아닌 적극적인 교육 파트너로 위치시키는 새로운 접근법을 보여주었다. 프로그램의 핵심 구조는 '교육 공동체 생태계 구축'에 있다. 학교장은 [그림 3-3]과 같이, 학부모들에게 정기적인 교육과정 자문위원회 참여 기회를 제공하고, 월 1회 정기 워크숍을 통해 학교의 교육 방향과 주요 정책에 대해 직접적인 의견 개진을 허용했다. 이는 전통적인 소통 방식을 근본적으로 혁신하여 학부모와 함께 교육활동을 논의하고 실행하는 접근방식이다. 다양한 직업군의 학부모들이 자신의 전문 분야와 연계된 진로 멘토링, 특별 강연, 현장 체험 학습 등을 기획하고 직접 진행했다. 예를 들어, 과학 기술 분야 전문가 학부모들은 학생들을 위한 코딩 워크숍을, 예술 분야 전문가 학부모들은 창의성 프로젝트를 지원했다.

이러한 협력 모델은 단순한 참여를 넘어 실질적인 교육적 가치를 창출했다. 학생들은 직업과 연계된 생생한 학습 경험을 얻었고, 학부모들은 자녀의 교육에 더욱 깊이 있게 참여할 수 있는 기회를 얻었다. 학교는 지역사회 자원을 적극적으로 활용하는 혁신적인 교육 생태계를 구축할 수 있었다. 프로그램의 성과는 눈에 띄었다. 학생들의 학습 동기가 크게 향상되었으며, 학부모들의 학교에 대한 신뢰와 만족도 또한 현저하게 증가했다. 무엇보다 이 프로그램은 교육이 학교라는 물리적 공간에 국한되지 않고, 지역사회 전체의 협력을 통해 이루어질 수 있음을 보여주었다.

[그림 3-3] 학교-학부모 협력 프로그램 개발

• 학생 프로슈머 프로젝트

경기도의 ○○고등학교에서 실행된 혁신적인 학생 주도 프로젝트의 핵심은 학생들이 직접 지역사회의 실제 문제를 발견하고 해결 방안을 모색하는 과정이었다. [그림 3-4]와 같이 학교장은 학생들에게 완전한 자율성을 부여하되, 전문가 멘토링과 필요한 자원을 지원하는 퍼실리테이터 역할을 수행했다. 학생들은 지역 노인 돌봄, 환경 문제 해결, 청소년 정신건강 지원 등 다양한 사회문제 해결 프로젝트를 기획하고 실행했다. 특히 주목할 만한 점은 학교의 제도적 지원 시스템이다. 학교장은 프로젝트 수행을 위한 전담 시간을 정규 교육과정에 편성하고, 프로젝트 수행에 필요한 예산과 컨설팅 지원을 전면적으로 제공했다. 또한 지역사회 전문가들과의 네트워킹을 지원하여 학생들의 프로젝트 실행력을 높였다.

이러한 학생 주도 프로젝트는 단순한 교육적 경험을 넘어 학생들의 사회적 역량과 문제해결 능력을 크게 향상시켰다. 학생들은 실제 사회문제에 대한 깊이 있는 이해와 해결 능력을 배양했으며, 공동체 의식과 리더십 역량 또한 획기적으로 성장했다. 이 프로젝트는 학생들을 수동적 학습자에서 능동적 사회혁신가로 변화시키는 교육적 혁신의 모범 사례로 평가받고 있다.

[그림 3-4] 학생 프로슈머 프로젝트

나. 학교장의 참여기반 협업 리더십 발휘를 위한 전략

참여 기반의 협업 리더십의 성공적 실행을 위해서는 학교장의 전략적이고 체계적인 접근이 필수적이다[14]. 핵심은 개방적이고 포용적인 조직문화를 조성하는 것이며, 이를 위한 구체적인 전략들을 다음과 같이 제시할 수 있다.

첫째, 개방적 소통 문화 조성을 위해 다층적 소통 채널을 구축해야 한다. 정기적인 전체 교직원 간담회, 온라인 소통 플랫폼, 수평적 토론 공간 등을 마련하여 모든 구성원이 자유롭게 의견을 교환할 수 있는 환경을 만들어야 한다. 특히 계층적 위계를 넘어서는 수평적 대화 문화를 적극 장려해야 한다.

둘째, 의사결정 과정의 투명성을 확보하기 위해 참여적 의사결정 모델을 도입해야 한다. 주요 교육 정책과 학교운영 방향에 대해 모든 구성원의 의견을 사전에 수렴하고, 의사결정 과정과 근거를 투명하게 공개해야 한다. 이를 통해 구성원들의 신뢰를 높이고 조직의 민주성을 강화할 수 있다.

셋째, 교직원들의 전문성 개발과 권한 위임을 적극적으로 실행해야 한다. 교사들에게 교육과정 설계, 프로젝트 기획, 혁신적 교수법 개발 등에 대한 실질적인 자율성을 부여해야 한다. 단순한 권한 위임을 넘어 구성원들의 전문성을 인정하고 지원하는 조직 문화를 만들어야 한다.

넷째, 학생과 학부모의 적극적 참여를 촉진하는 제도적 장치를 마련해야 한다. 학생 대표와 학부모 대표를 학교운영 위원회에 포함시키고, 정기적인 정책 협의회를 개최하여 그들의 의견을 실질적으로 반영해야 한다. 이는 교육 공동체의 포용성을 높이고 다양한 관점을 정책에 통합하는 핵심 전략이다.

마지막으로, 협업을 위한 조직 구조를 혁신해야 한다. 기존의 수직적이고 경직된 조직 구조를 유연하고 수평적인 구조로 전환해야 한다. 교과 간 협력, 부서 간 소통을 촉진하는 프로젝트 기반 조직 문화를 구축하고, 구성원들 간의 자유로운 지식 공유와 협업을 지원하는 물리적, 제도적 환경을 조성해야 한다[15].

이러한 전략들은 단순한 관리적 접근을 넘어 교육 공동체 전체의 혁신 역량을 강화하고, 학교의 창의성과 적응력을 제고하는 근본적인 변화 메커니즘으로 작용할 것이다. 이러한 실행 과정에서 학교 조직은 다양한 도전과제에 직면하게 된다. 이러한 도전과제들은 주로 깊이 뿌리박힌 전통적 학교 문화와 기존 조직 구조에서 비롯된다.

무엇보다 위계적이고 권위주의적인 전통적 학교 문화와의 충돌이다. 교사들은 오랫동안 형성된 수직적 의사결정 구조에 익숙해져 있어 새로운 리더십 모델에 대해 저항감을 느낄 수 있으며, 기존 권력 구조의 변화를 두려워할 수 있다. 학교장은 먼저 구성원들에게 협업 리더십의 철학과 이점을 충분히 설명하고 함께 공유함으로써 조직문화의 변화에 대한 긍정적 인식을 형성해야 한다[16].

학교의 조직문화를 바꾸었다고 하여도 근본적으로 교사, 학부모, 학생 등 다양한 구성원들의 이해관계와 기대치가 상충할 수 있으며, 이는 협업 과정에서 갈등을 야기할 수 있다. 결국 학교장은 조직문화의 변화와 함께 시스템을 만드는 일이 필요하다. 명확하고 공정한 의사결정 절차를 만드는 일이 선행되어야 한다. 특히, 갈등 중재를 위한 공식적인 메커니즘을 마련하면 시스템을 안정적으로 운영할 수 있다. 상호 존중하고 다양성을 포용하는 개방적 소통 문화를 조성하다 보면 시간과 자원의 관리에 어려움이 생기기도 한다.

이와 같은 협업 리더십은 소통과 논의에 많은 시간을 요구하므로, 기존의 효율성 중심 접근과 충돌할 수 있다. 회의와 토론을 하다 보면 시간에 대한 갈등이 빈번하게 발생한다. 이의 문제를 해결하기 위하여 디지털 협업 도구 등을 적극 활용하고 중장기적으로 계획하고 회의 안건 등을 사전에 미리 안내하고 숙의할 수 있는 구조화된 프로세스의 개발이 필요하다[17]. 이러한 의사소통 방식이 이벤트성이 되지 않고 지속가능한 협업 체계 구축으로 이어지기 위해서는 제도적 지원이 필수적이다. 단순한 일회성 변화가 아닌 근본적이고 지속적인 조직문화 혁신을 위해서는 정책적, 제도적 뒷받침이 동반되어야 한다. 이를 위하여 학교장은 교육청 등의 기관에 적극적으로 제안할 수 있어야 한다.

급변하는 21세기 교육 환경에서 학교는 더 이상 지식을 일방적으로 전달하는 공간이 아니라, 모든 구성원이 함께 성장하고 혁신을 창출하는 역동적인 학습 생태계로 진화해야 한다. 이러한 맥락에서 협업 리더십의 핵심 가치는 더욱 중요해진다. 교육의 본질은 단순한 지식 전수를 넘어 개인의 잠재력을 최대한 발현하고, 사회 변화를 선도할 수 있는 창의적이고 비판적인 인재를 양성하는 것이다. 학교장은 관리자가 아니라, 교육 공동체의 혁신을 촉진하고 구성원들의 잠재력을 최대화하는 전략적 리더로 거듭나야 한다[18].

3.3 정서적 지능(EQ)과 공감 역량

3.3.1 정서적 지능과 공감 역량의 중요성

현대 교육 환경은 급격한 사회적 변화와 기술 혁신으로 인해 점차 복잡성을 더해가고 있으며, 이러한 맥락에서 학교장의 리더십 역할은 그 어느 때보다 중요해지고 있다. 단순한 행정 관리 능력을 넘어, 교육 공동체의 심리적·정서적 역동성을 이해하고 조율할 수 있는 역량이 학교장에게 핵심적인 요구로 부상하고 있다[19].

이와 함께 정서적 지능과 공감 역량은 현대 교육 리더십의 핵심 요소로 자리 잡고 있다. 이는 개인의 감정을 이해하는 차원을 넘어, 조직 문화의 질적 변화를 이끄는 중요한 메커니즘으로 작용한다. 학교장의 정서적 역량은 교사의 전문성 발달과 정서적 안정, 학생의 심리적 안녕, 그리고 전반적인 학교 성과에 직·간접적인 영향을 미친다[20].

정서적 지능(Emotional Intelligence)은 현대 리더십 이론에서 핵심 개념으로, 자신의 감정을 인식하고 조절하며 타인의 감정을 이해하고 효과적으로 상호작용할 수 있는 능력을 의미한다. 대니얼 골먼(Daniel Goleman)은 정서적 지능을 자기 인식, 자기 조절, 동기 부여, 공감, 사회적 기술의 다섯 가지 요소로 설명하였다[21]. 학교장 리더십의 맥락에서 정서적 지능은 단순한 개인적 특성이 아니라, 교육 조직의 심리적 역동성을 이해하고 관리하는 핵심 기제로 기능한다.

예컨대 정서적 지능이 높은 학교장은 교사의 스트레스와 소진을 민감하게 인식하고, 그 정서적 요구를 이해하며 건설적인 방식으로 대응할 수 있다. 자기 인식은 학교장이 자신의 감정 상태와 리더십 방식이 조직에 미치는 영향을 성찰하도록 돕고, 자기 조절 능력은 위기 상황에서도 감정적 균형을 유지하며 합리적이고 공정한 의사결정을 가능하게 한다. 동기 부여는 교육 공동체의 열정과 헌신을 이끄는 원동력으로 작용하며, 사회적 기술은 다양한 이해관계자와의 효과적인 소통과 갈등 조정을 가능하게 한다. 이 가운데 공감은 학교장 리더십에서 가장 핵심적인 정서적 지능 요소로, 구성원의 관점을 이해하고 존중하는 태도를 통해 조직 내 신뢰와 협력 문화를 형성한다.

공감 역량(Empathy Competence)은 타인의 감정과 경험을 깊이 이해하고, 그들의 관점에서 상황을 인식할 수 있는 능력을 의미한다. 학교장 리더십에서 공감은 단순한 감정적 반응을 넘어, 교육 공동체의 신뢰와 상호 존중을 형성하는 근본적 기반이다. 공감적 리더십은 교사의 전문적 성장과 정서적 웰빙에 긍정적인 영향을 미치며, 학교장이 교사의 일상적 어려움과 부담을 진정성 있게 경청할 때 교사는 더 높은 직무 만족도와 조직에 대한 헌신을 보이게 된다[22].

학생에 대한 공감 역시 중요한 의미를 지닌다. 학교장이 학생들의 다양한 학습 배경과 개인적 도전, 정서적 요구를 이해할 때 포용적이고 지지적인 학습 환경이 조성되며, 이는 학생의 학업 성취뿐 아니라 사회·정서적 발달에도 긍정적인 영향을 미친다. 공감적 리더십의 핵심은 관리자의 진정성 있는 관심과 이해에 있으며, 형식적인 공감을 넘어 타인의 경험을 깊이 인식하고 존중하는 태도는 학교 문화의 근본적인 변화를 이끈다. 이는 개방적 소통과 상호 신뢰, 협력적 학교 문화 형성의 토대가 된다[23].

이러한 이론적 논의를 바탕으로, 아래의 사례는 정서적 지능과 공감 역량을 기반으로 학교장이 위기 상황에서 학교 공동체의 정서적 안정과 신뢰 회복을 이끌어낸 리더십의 실제를 보여준다.

• 정서적 지능과 공감 역량을 실천한 학교장 리더십

2021년 이후 수도권의 ○○중학교에서는 코로나19 이후 누적된 학습 결손, 학생 정서 문제 증가, 교사 행정 업무 과중이 동시에 나타나면서 학교 전반의 정서적 긴장이 높아졌다[24]. 특히 교사들은 반복되는 민원 대응과 잦은 교육정책 변화로 인해 피로감과 무력감을 호소하였고, 학생들 또한 불안과 관계 갈등을 수업과 생활 전반에서 드러내는 상황이었다. 이러한 맥락에서 해당 학교의 학교장은 학교 운영의 우선 과제를 성과 관리나 규율 강화가 아닌, 구성원의 정서적 안정과 관계 회복에 두고 리더십을 발휘하였다.

학교장은 [그림 3-5]와 같이 교무회의와 공식 보고 이전에 교사들과의 개별 면담과 비공식 대화를 통해 교사들의 감정 상태를 세심하게 관찰하고 경청하였다. 이 과정에서 학교장은 교사들의 어려움을 즉각적으로 해결하려 하기보다, 먼저 그 감정을 인정하고 공감하는 태도를 유지하였다. 또한 위기 상황에서도 자신의 불안이나 압박을 조직에 전이하지 않도록 감정을 조절하며 의사결정을 이끌었다. 이후 교사들과의 협의를 통해 불필요한 행정 업무를 축소하고, 학사 운영의 부담을 조정하는 등 실질적인 개선 조치를 함께 마련하였다.

[그림 3-5] 정서적 지능과 공감 역량을 실천한 학교장 리더십

학생 지도에서도 동일한 공감적 접근이 이루어졌다. 학교장은 문제 행동을 규율 위반으로만 해석하지 않고, 학생들이 겪는 정서적 배경과 관계 경험을 이해하려는 노력을 기울였다. 그 결과 생활지도는 처벌 중심에서 회복과 지원 중심으로 전환되었고, 학생 상담과 학급 단위 정서

지원 활동이 강화되었다. 이러한 변화는 교사와 학생 모두에게 학교가 통제의 공간이 아니라 이해와 지지가 이루어지는 공동체라는 인식을 형성하는 데 기여하였다.

이 사례는 정서적 지능과 공감 역량이 학교장 리더십에서 단순한 개인적 성향이 아니라, 위기 상황 속에서 학교 조직의 심리적 안정과 신뢰 문화를 회복시키는 핵심 역량임을 보여준다. 특히 학교장의 공감적 태도와 감정 조절 능력은 교사 소진 완화와 학생 정서 안정이라는 실질적 성과로 이어졌으며, 이는 현대 학교 리더십에서 정서적 지능의 중요성을 분명히 시사한다.

3.3.2 학교장 리더십에서의 정서 · 공감 역량의 적용

정서적 지능과 공감 역량은 리더십의 핵심 요소로, 상호보완적이고 역동적인 관계를 형성한다. 이 두 역량은 개별적으로 존재하는 것이 아니라, 서로를 강화하고 확장하는 통합적 메커니즘으로 작용한다.

정서적 지능은 자신과 타인의 감정을 인식하고 관리하는 능력을 의미하며, 공감 역량은 타인의 감정을 깊이 이해하고 경험하는 능력을 의미한다. 학교장의 맥락에서 이 두 역량이 결합될 때, 포괄적이고 효과적인 리더십이 가능해질 수 있다[25].

정서적 지능을 통해 자신의 감정을 인식하고 조절할 수 있는 학교장은 공감 능력을 더욱 효과적으로 발휘할 수 있다. 자신의 감정적 반응을 이해하고 관리할 수 있기 때문에, 교사와 학생의 감정적 경험을 보다 객관적이고 심층적으로 이해할 수 있다. 높은 공감 역량은 정서적 지능의 발전을 촉진한다. 타인의 감정에 깊이 공감함으로써, 자신의 감정적 지능을 지속적으로 확장하고 정교화할 수 있다. 이는 상호 강화의 순환적 과정을 형성한다. 정서적 지능과 공감 역량의 통합은 단순한 개인적 역량이나 소프트 스킬을 넘어 실질적인 조직 문화의 변화를 이끄는 핵심 메커니즘으로 작용한다. 학교장은 이 두 역량의 지속적인 발전을 통해 진정으로 포용적이고 지지적인 교육 공동체를 만들 수 있다. 학교장은 단순한 관리를 넘어 교육공동체의 근본적인 변화를 이끌 수 있다.

학교장의 정서적 지능과 공감 역량 개발을 위한 통합적 접근은 개인의 지속적인 성장과 조직의 문화적 변화를 동시에 추구해야 한다[26].

첫째, 체계적인 역량 개발 프로그램이 필요하다. 교육청 차원에서 정서적 지능 향상을 위한 전문 워크숍과 심화 과정을 정기적으로 제공해야 한다. 이러한 프로그램은 자기인식, 감정 조절, 공감적 소통 기술 등을 집중적으로 다루어야 한다.

둘째, 개인적 성찰을 촉진하는 메커니즘이 중요하다. 학교장들을 위한 멘토링 시스템과 자기 성찰 일지 작성 프로그램을 도입하여 지속적인 개인적 성장을 지원해야 한다. 정기적인 자기평가와 동료 피드백을 통해 개인의 정서적 역량을 지속적으로 발전시킬 수 있다.

셋째, 실천 중심의 학습 모델을 개발해야 한다. 실제 학교 상황에서 발생하는 복잡한 감정적 도전들을 시뮬레이션하고 대응 전략을 훈련하는 실무 중심 워크숍이 필요하다. 사례 연구, 롤플레잉, 그룹 토론 등 다양한 학습 방법을 활용하여 실제적인 공감 능력을 향상시켜야 한다.

넷째, 지속적인 피드백과 평가 시스템을 구축해야 한다. 교사, 학생, 학부모로부터 받는 다각적인 피드백을 통해 학교장의 정서적 리더십을 주기적으로 평가하고 개선점을 찾아야 한다. 이는 단순한 평가를 넘어 성장을 위한 건설적인 접근이어야 한다.

마지막으로, 조직적 차원의 지원 체계가 중요하다. 정서적 지능과 공감 역량 개발을 위한 제도적 지원, 인센티브 시스템, 전문성 개발 예산 확보 등이 필요하다. 개인의 노력뿐만 아니라 조직의 지원이 동반되어야 진정한 변화를 이룰 수 있다.

이러한 통합적 접근은 학교장 개인의 성장을 넘어 교육 생태계 전체의 문화적 변화를 촉진할 수 있다. 정서적 지능과 공감 역량은 학습되고 발전될 수 있는 능력이며, 지속적인 노력과 조직의 지원을 통해 더욱 강화될 수 있다.

정서적 지능은 단순한 개인적 특성을 넘어 조직의 혁신적 변화를 촉발하는 핵심 요소이다. 자기인식, 감정 조절, 공감, 사회적 기술 등의 요소는 학교장이 복잡한 교육 환경을 효과적으로 견인하는 데 필수적이다. 특히 급변하는 사회적 맥락에서 정서적 역량은 더욱 중요해지고 있다. 공감 역량 역시 교육 공동체의 신뢰와 협력을 구축하는 근간이다. 교사, 학생, 학부모의 다양한 관점을 이해하고 존중하는 리더십은 포용적이고 지지적인 학습 환경을 조성한다[27].

정서적 지능과 공감 역량에 기반한 리더십은 교육의 근본적인 목적이자 학생들의 전인적 성장을 지원하는 핵심 메커니즘이다[28]. 미래의 학교장들은 이러한 역량을 통해 단순한 관리자가 아닌 진정한 교육적 리더로 성장해야 한다. 이 사례는 공감과 이해에 기반한 학교장 리더십이 학교 문화와 학업 성과를 동시에 개선할 수 있음을 잘 보여준다.

• 소통과 공감으로 다시 세운 학교 문화 혁신

서울시 ○○고등학교의 교장은 2018년 부임 당시 교사 소진이 심각하고, 학생 간 갈등(학교폭력 사안)이 빈번하게 발생하며, 전반적인 학업 성취도가 낮은 상황에 직면해 있었다. 이에 교장은 학교 문제의 근본 원인을 파악하기 위해 교사들과의 심층적인 대화를 우선적으로 진행하며, 현장의 목소리를 경청하는 데서 변화의 출발점을 찾았다.

교장은 [그림 3-6]과 같이 정기적인 1:1 멘토링 세션을 도입하여 교사들의 개인적·전문적 어려움을 체계적으로 파악하고 지원하였다. 특히 젊은 교사들이 겪는 스트레스와 학교 적응의 어려움에 깊이 공감하며, 실질적인 정서적·업무적 지원 프로그램을 개발하였다. 이러한 접근은 교사들이 학교 내에서 존중받고 있다는 인식을 형성하는 데 기여하였다.

학생을 대상으로 한 지원 역시 공감과 이해를 기반으로 이루어졌다. 교장은 기존 학생 상담 시스템을 개선하고, 학생들의 정서적·학업적 요구를 종합적으로 이해할 수 있는 지원 프레임워크를 구축하였다. 아울러 다양한 배경을 지닌 학생들을 위한 맞춤형 지원 프로그램을 운영함으로써 학교의 포용성을 강화하였다.

그 결과, 부임 후 3년 이내에 교사 이직률은 약 50% 감소하였으며, 학생들의 학업 성취도는 약 20% 향상되었다. 또한 학교 만족도 조사에서 교사와 학생 모두 학교 문화에 대해 전반적으로 긍정적인 평가를 제시하는 성과를 거두었다[29].

[그림 3-6] 소통과 공감으로 다시 세운 학교 문화 혁신

3.4 갈등 조정자로서의 학교장

3.4.1 갈등 조정 리더십의 개념과 역할

교육 환경은 급격한 사회적 변화와 다양성의 확대로 인해 복합적인 갈등 상황에 직면해 있다. 학교 내 갈등은 단순한 개인 간 불화를 넘어 교육의 질과 학습 환경, 나아가 학교 공동체 전체의 역동성에 중대한 영향을 미치는 중요한 사회적 현상이다. 이러한 맥락에서 학교장의 리더십은 갈등 상황에서 결정적인 중재자 역할을 수행해야 하는 핵심 요인으로 부각되고 있다[30].

학교장은 교사, 학생, 학부모, 교직원 등 다양한 이해관계자 간의 균형을 유지하며, 건설적인 대화와 상호 이해를 촉진하는 중심적 주체이다. 효과적인 갈등 관리는 학교 조직 내 긍정적인 문화를 형성하고, 학생들의 학습 경험과 개인적 성장에 직접적인 영향을 미친다. 갈등 조정자로서의 학교장 리더십은 단순한 행정적 관리 기능을 넘어, 복잡한 교육 생태계 속에서 다양한 이해관계자들의 요구와 관점을 섬세하게 조율하는 전문적 역량을 의미한다. 이는 갈등을 억제하거나 회피하는 방식이 아니라, 갈등을 교육적으로 의미 있는 방향으로 전환시키는 전략적 접근이라고 할 수 있다.

학교장은 다양한 이해관계자들이 형성하는 복합적인 관계 네트워크를 관리해야 하며[31], 이 과정에서 교육의 본질적 목표인 학생의 성장과 학습을 최우선 가치로 삼아 갈등을 해결해야 한다. 이를 위해 학교장은 각 당사자의 감정과 관점을 공감적으로 이해하고 존중하는 태도를 견지해야 하며, 명확하고 투명하며 포용적인 의사소통을 통해 갈등의 근본 원인을 파악하고 해결책을 모색해야 한다. 또한 특정 집단이나 개인에 편향되지 않은 객관적 시각을 유지하고, 잠재적 갈등을 사전에 인식하여 선제적으로 대응하는 예방적 리더십을 발휘할 필요가 있다. 이러한 과정에서 정서적 지능과 공감 역량은 학교장이 갈등을 단순히 관리하는 수준을 넘어, 교육공동체 내 긍정적인 상호작용과 학습 문화를 조성하는 데 결정적인 역할을 한다.

갈등 조정자로서 학교장의 리더십을 강화하기 위해서는 의사소통 능력과 감성 지능의 체계적인 함양이 중요하다. 명확하고 투명한 의사소통은 갈등 예방과 해결의 핵심으로, 이를 위해 학교장은 대화 상대방의 감정과 관점, 이면의 의미를 깊이 이해하는 적극적 경청을 실천해야 한다[32]. 아울러 명확하고 일관된 메시지를 전달하고, 상황과 대상에 적합한 의사소통 방식을 선택할 수 있어야 한다. 감성 지능을 활용한 의사소통은 특히 갈등 상황에서 중요하며, 이는 자신과 타인의 감정을 인식하고 이를 건설적으로 관리함으로써 교사·학생·학부모 간의 복잡한 관계를 섬세하게 조율하는 데 기여한다.

감성 지능(Emotional Intelligence)은 현대 교육 리더십에서 가장 핵심적인 역량 중 하나로, 감정을 단순히 인식하는 차원을 넘어 자신과 타인의 감정을 깊이 이해하고 효과적으로 조절하는 복합적 능력을 의미한다. 학교 환경에서 발생하는 다양한 갈등을 조율하기 위해서는 높은 수준의 감성 지능이 요구되며, 이를 갖춘 학교장은 갈등 상황을 문제 해결의 대상이 아닌 상호 이해와 성장의 기회로 전환할 수 있다. 이러한 역량은 학교장의 갈등 조정 리더십을 실질적으로 강화하는 핵심 요소로 작용하며, 지속적인 자기 성찰과 실천을 통해 더욱 발전될 수 있다[33].

이러한 이론적 논의를 바탕으로, 교복 규정을 둘러싼 갈등을 학교장이 공감과 소통을 통해 성공적으로 조정한 대표적인 예를 보여준다.

- 학교폭력 예방을 위한 규범 강화 정책과 갈등 조정 리더십의 실제

강원도 홍천 지역의 ○○고등학교에서는 학교폭력과 교권 침해 사례가 지속적으로 발생하는 상황에서 학생 생활 전반의 규범을 바로잡을 필요성이 제기되었고, 이에 대한 대책의 하나로 교복 착용 규정을 엄격히 적용하는 정책을 시행해 왔다. 학교는 교복을 바르게 입는 것이 단순한 복장 관리 차원을 넘어 학생의 생활 태도와 공동체 규범의식을 함양하는 데 기여할 수 있다고 판단하였으며, 이를 통해 학교폭력 예방과 안정적인 학습 환경 조성을 기대하였다. 그러나 교복 미착용이나 규정 위반에 대한 지도 과정에서 학생과 교사 간의 갈등이 빈번하게 발생하였고, 일부 학생들은 교복 규제가 과도한 통제이자 자신의 자율성과 인권을 침해하는 조치로 인식하며 강한 불만을 표출하였다. 이러한 갈등은 단순히 복장 규정의 문제를 넘어 학교 규율과 학생 자율성, 권리와 책임의 경계를 둘러싼 인식 차이로 확대되었으며, 학생들 사이에서는 학교의 생활지도 방식에 대한 반감과 저항 정서가 점차 확산되었다.

특히 코로나19 이후 학생 인권과 학교 생활문화에 대한 사회적 인식이 변화하면서, 교복 규정에 대한 문제 제기는 더욱 본격화되었다. 원격수업과 등교 제한을 거치며 학교 규범의 의미에 대한 재검토가 이루어지는 가운데, 기존의 일방적인 규칙 적용 방식이 학생들의 정서적 반발을 심화시키고 교사와 학생 간의 관계를 경직시키는 요인으로 작용할 수 있다는 점이 학교 내부에서도 인식되기 시작하였다. 학교는 교복 규정 강화가 학교폭력 예방이라는 본래의 목적과 반드시 일치하지 않을 수 있으며, 오히려 규범에 대한 불신과 갈등을 증폭시킬 가능성이 있다는 점을 성찰하게 되었다. 이러한 문제 인식 속에서 학교장은 교복 착용 문제를 단순한 규정 준수 여부의 문제가 아니라, 학교 공동체가 공유해야 할 생활 규범과 가치에 대한 합의의 문제로 재정의하였다.

이에 학교장은 갈등을 행정적 지시나 처벌 중심으로 해결하기보다, 학생·학부모·교사가 함께 참여하는 숙의와 소통의 과정을 통해 조정하고자 하였다. 구체적으로 학교는 교복 착용의 필요성과 문제점을 주제로 설문조사를 실시하여 다양한 의견을 수렴하였고, 공개적인 논의의 장을 마련하여 학생과 학부모가 자신의 생각과 감정을 자유롭게 표현할 수 있도록 하였다. 이 과정에서 학교장은 특정 집단의 입장을 일방적으로 채택하거나 갈등을 단순히 봉합하려 하기보다, 각 구성원이 느끼는 불만과 우려를 공감적으로 수용하며 중립적인 조정자 역할을 수행하였다. 특히 교복 규정에 대한 학생들의 반발을 규칙 위반이나 문제 행동으로 규정하지 않고, 학교생활에 대한 주체적 목소리로 인정함으로써 갈등의 정서적 강도를 완화하고 신뢰 회복의 기반을 마련하고자 하였다.

[그림 3-7] 교복 갈등을 넘어선 학교 공동체

[그림 3-7]과 같이 조정 과정을 거쳐 해당 학교는 교복 착용을 강제하는 방식에서 벗어나, 학생이 교복 또는 자유복을 선택할 수 있는 교복

자율화 방안을 도입하였다. 이는 규범을 완전히 폐기한 것이 아니라, 학교 공동체의 합의를 바탕으로 규범의 적용 방식을 재구성한 결과로, 학생의 자율성과 책임을 동시에 고려한 대안적 접근이었다. 교복 자율화 시행 이후 학교에서는 교복 규정을 둘러싼 갈등이 완화되었고, 학생과 교사 간의 관계 또한 점진적으로 개선되는 양상을 보였다. 이 사례는 학교폭력과 교권 침해라는 문제를 해결하기 위해 도입된 규범 강화 정책이 오히려 새로운 갈등을 유발할 수 있으며, 이러한 상황에서 학교장의 갈등 조정 리더십이 명확하고 투명한 의사소통, 이해관계자 참여, 공감적 태도를 통해 갈등을 통제의 대상이 아닌 학교 문화 개선과 공동체 신뢰 회복의 계기로 전환할 수 있음을 보여주는 사례로 평가될 수 있다[34].

3.4.2 주요 갈등 유형과 조정 전략

학교에서 일어나는 주요 갈등 유형에는 교사(직원) 간 갈등, 교사-학생 간 갈등, 학교-학부모 갈등으로 요약할 수 있다. 주요 갈등 유형에 따른 학교장의 갈등 관리 전략은 다음과 같다.

교사 간 갈등은 학교 조직에서 가장 복잡하고 민감한 문제 중 하나이다. 교사들 사이의 교육적 접근법 및 교육 철학의 근본적인 차이는 심각한 갈등의 원인이 되기도 한다[35]. 전통적 교육 방식을 선호하는 교사와 학생 중심적인 접근을 추구하는 교사 간의 갈등이 대표적인 예이다. 제한된 교육 자원, 수업 시간표, 전문성 개발 기회 등의 불균형한 배분은 교사들 사이의 갈등을 일으킬 수 있다. 이는 특히 경력이 다른 교사들 간의 관계에서 두드러지게 나타난다. 다양한 개인적 특성과 의사소통 방식의 차이는 교사 간 갈등의 또 다른 주요 원인이다. 협력적 접근을 선호하는 교사와 개인주의적 성향의 교사 사이의 마찰이 발생할 수 있다.

교직원 간 갈등 또한, 단순한 문제 해결을 넘어 학교의 전반적인 교육의 질과 직접적으로 연결된다. 학교장의 섬세하고 전략적인 리더십은 이러한 갈등을 전문성 성장의 기회로 전환할 수 있는 핵심 요소가 될 수 있다.

교사-학생 간 갈등은 학교 조직에서 가장 복잡하고 섬세하게 다루어야 할 갈등 유형 중 하나이다. 이러한 갈등은 단순한 규율 문제를 넘어 교육의 본질적 목적과 직결되는 중요한 사회적 상호작용의 영역이다[36].

현대 학생들은 디지털 네이티브 세대로, 기존 교육 방식과 다른 학습 및 소통 방식을 선호한다. 이러한 차이는 빈번하게 교사와 학생 사이의 갈등을 일으킨다. 또 교사들이 기대하는 학생의 스타일과 학생 개개인의 학습 스타일, 개인적 관심사, 그리고 학업 성취에 대한 기대치의 불일치는 갈등의 주요 원인이 된다. 특히 학생들에 지속적으로 커져가는 자율성에 대한 요구와 교사의 권위 사이의 불균형은 지속적인 갈등 과제이기도 하다[37].

이와 같은 갈등 상황에서 학교장은 효과적인 중재 전략이 필요하다. 공감적 리더십을 통한 상호 이해 증진이 필요하다. 학교장은 교사와 학생 모두의 관점을 균형 있게 이해하고, 서로의 입장을 존중하는 문화를 조성해야 한다. 교사회와 학생회와 같은 구조화된 대화 채널과 교육자치회와 같은 중재 메커니즘을 마련해야 한다. 정기적인 대화 세션, 갈등 해결 워크숍, 그리고 개방적인 소통 플랫폼을 통해 상호 이해를 촉진할 수 있다. 교육활동 보호를 위한 교권보호위원회, 학생생활교육위원회 등과 같은 명확하고 공정한 규율 정책을 수립하는 것도 필요하다. 이러한 정책을 접근할 때 단순한 처벌이 아니라 교육적 성장과 자기 성찰을 목표로 하는 접근이어야 그 효과를 담보할 수 있다. 무엇보다 학교장은 교사들에게 지속적인 전문성 개발 기회를 제공하여, 현대 학생들과의 효과적인 소통 및 교육 전략을 지원해야 한다. 교사-학생 간 갈등 관리는 단순한 문제 해결을 넘어 상호 존중, 이해, 그리고 성장의 기회를 창출하는 복합적인 리더십 과제이다. 학교장의 갈등관리 리더십은 교육 공동체의 긍정적인 문화 형성에 결정적인 역할을 수행할 것이다.

학교-학부모 간 갈등은 단순한 의견 차이를 넘어 학생의 교육적 성장과 학교 공동체의 전반적인 역동성에 심각한 영향을 미친다. 학부모 중에는 자녀의 교육에 대해 특정한 기대와 관점을 가지고 있으며, 특히 학교의 교육 철학과 접근 방식에 동의하지 않아 충돌할 수 있다. 예를 들어, 학습 평가 방식, 교육과정 운영, 학생 지도 방법 등에 대한 근본적인 시각 차이가 갈등의 원인이 될 수 있다.

학부모의 자녀 성취에 대한 기대와 학교의 객관적인 평가 사이의 괴리는 심각한 갈등을 일으키기도 한다. 특히 학업 성적, 특별활동 참여, 진로지도 등의 영역에서 이러한 갈등이 두드러진다. 학부모들은 학교운영에 더욱 적극적으로 참여하기를 원하며, 이는 때로 학교의 기존 의사결정 구조와 충돌할 수 있다. 학교장은 개방적이고 투명한 의사소통 채널을 구축하여 정기적인 학부모 간담회, 온라인 소통 플랫폼, 개별 상담 기회 등을 통해 양방향 소통을 활성화해야 한다[38].

특히, 공감적 리더십을 발휘하여 학부모들의 우려와 기대를 진정성 있게 경청하고, 그들의 관점을 존중하는 태도를 보이는 것이 중요하다. 학년 초, 학교 설명회나 학부모 간담회를 통하여 명확하고 일관된 학교 정책을 안내하고 소통해야 한다. 학교의 교육철학, 운영 원칙, 학생 지도 방침 등을 투명하게 공유하여 상호 이해를 증진하는 것이 필요하다. 갈등 해결을 위한 구조화된 중재 메커니즘을 구축하기 위하여 각종 위원회에 학부모 위원을 참여시키는 스킬이 필요하다. 참여한 학부모들이 객관적이고 공정한 갈등 해결 절차를 이해하고 경험하여, 학부모들에게 신뢰할 수 있는 소통 경로를 제공해야 한다. 학교-학부모 간 갈등 관리는 상호 존중과 협력의 문화를 창출하는 전략적 리더십의 발휘가 필요하다. 이러한 리더십은 교육공동체의 신뢰와 협력을 강화할 수 있다.

다양한 갈등 상황에서 학교장의 효과적인 중재 전략이 필요하다. 학교장은 적극적인 경청과 공감적 접근을 통해 갈등 당사자들의 관점을 진정성 있게 이해하고, 그들의 감정과 우려를 인정하는 것이 중재의 첫걸음이다. 이러한 갈등 상황을 예방하기 위해서는 정기적인 팀 빌딩 세션, 전문성 개발 워크숍, 개방적이고 안전한 소통 채널을 기반으로 교사 간 상호 이해를 촉진하는 구조화된 대화 플랫폼을 마련하는 것은 학교 조직 운영의 안정성과 교육활동의 일관성을 확보하기 위한 핵심 과제다. 학교 현장에서는 공문 처리, 일정 조율, 생활지도 협의 등 즉시 해결이 필요한 업무 중심의 소통이 주를 이루는 경향이 있다. 이로 인해 교사 개인의 수업 철학, 업무 방식, 현재 겪는 어려움 등이 충분히 공유되지 못하는 문제가 발생한다. 이러한 소통의 단절은 협업 과정에서 오해와 갈등을 축적시키고, 결과적으로 학생 지도와 학부모 응대의 일관성 저하로 이어질 위험이 있다. 따라서 학교 차원에서 우연적 · 비정기적 교류에 의존하지 않고, 목적과 절차가 명확한 대화 구조를 정례화할 필요가 있다.

정기적인 팀 빌딩 세션은 친목 활동이 아니라 협업 기반을 사전에 정비하는 조직 운영의 방안이 될 수 있다. 보직교사 · 학년별 교사 · 업무지원팀(교육공무직원 등) 단위로 정기적인 대화 시간을 확보함으로써 생활지도 기준, 학부모 민원 대응 흐름, 업무 분장 및 협력 방식에 대한 공통 인식을 형성할 수 있다. 특히 전입 · 신규 교사가 조직 문화와 업무 관행을 안전하게 확인하고 질문할 수 있는 소통 창구가 될 수 있다. 이는 적응 부담을 완화하고 초기 단계에서 발생 가능한 업무 혼선과 관계 갈등을 예방하는 효과가 있다.

전문성 개발 워크숍은 학교 안의 각종 협의체 및 교원학습공동체를 통해 개인 역량 향상에 그치지 않고 학교 공동의 실행 기준을 마련하는 기능을 수행하기도 한다. 학급경영, 문제행동 대응, 평가 공정성, 상담 및 위기 학생 지원 등 학교에서 반복적으로 발생하는 핵심 과제를 주제로 설정하는 방식이 효과적이다. 필자의 학교에서는 학생맞춤통합지원에 대한 전문성을 개발하고자 할 때, 사례 기반 실습과 공동 설계를 중심으로 운영하였는데 실제 교육활동에서 그 실행력이 높아지는 것을 경험하였다.

학년군별로 다양한 문제 행동을 가진 학생의 문제를 사례로 제시하여 문제 행동 대응과 관련하여 역할 분담과 지원 연계 절차를 공동으로 협의하게 하였다. 실제 사례를 기반으로 실습을 하고 나니 문제 행동을 가진 학생의 지도와 맞춤 지원을 오롯하게 담임에게 과도하게 집중되는 부담을 완화하고 학교의 시스템을 활용하여 학생 중심의 다층적인 지원이 가능하다는 것을 알게 되었다고 긍정적인 후기들을 남겼다. 그 후 위기로 가기 전 도움이 필요한 학생을 조기에 발굴하여 나들이(학생에 대한 어려움을 나눠주고 들어주고 이해해 주는 ○○초 학생맞춤통합지원팀)에 도움을 요청하는 선생님들의 실행력이 제고되었다.

학년 초 동학년 선생님들이 모여 수행평가 루브릭을 공동으로 정교화하는 데 많은 시간을 할애한다. 이러한 전문성 개발 워크숍 활동은 학생·학부모의 신뢰 확보와 분쟁 예방에도 기여할 수 있다.

개방적이고 안전한 소통 채널은 구조화된 대화 플랫폼을 지속 가능하게 한다. 교사가 의견을 제기하거나 문제를 공유했을 때 불이익이 발생한다는 인식이 형성되면 조직 내 정보 공유가 위축된다. 또한 갈등이 잠재화되어 추후 더 큰 문제로 표출될 가능성이 커진다. 따라서 익명·비익명 제안 창구, 정기적 간담회, 갈등 중재 절차 등 다양한 채널을 마련해야 한다. 동시에 접수된 의견의 처리 과정과 결과를 구성원에게 환류하는 체계를 포함해야 한다. 회의 및 협의 과정에서 비난을 지양하고 사실 · 영향 · 요청 중심으로 논의하는 규칙을 적용하는 것도 필요하다.

구조화된 대화 플랫폼은 단순한 회의 확대가 아니라 목적, 의제 선정, 진행 절차, 실행 점검이 포함된 운영 체계로 정의할 수 있다. 정례적 체크인, 의제 확정, 사례 기반 논의, 실행 과제 도출, 후속 점검의 흐름을 적용하면 논의가 형식적 합의나 감정 소모에 그치지 않는 장점이 있다. 결과적으로 실제 개선으로 연결될 가능성이 높아진다. 이러한 체계가 정착되면 교직원 간 상호 이해와 신뢰가 강화된다. 학교 차원에서 생활지도 · 평가 · 학부모 민원 등에 대한 일관성 있는 응대가 수월하게 된다. 갈등이 확대되기 이전에 조기 신호를 포착해 대응할 수 있는 학교의 민원응대제고역량이 향상된다. 이러한 조직문화를 통해 명확한 갈등 해결 정책과 절차를 수립하면, 갈등 상황에 대해 체계적이고 공정한 접근이 가능해진다. 또한, 학교장의 갈등 관리 개입은 교사들에게 신뢰할 수 있는 솔루션을 제공하며, 교사들의 협력적 태도를 이끌어내는 역할을 한다.

무엇보다 가장 중요한 갈등 관리 방법은 협력적 조직 문화를 조성하는 것이다. 상호 존중, 전문성 인정, 그리고 공동의 교육적 목표에 대한 지속적인 강조는 갈등 예방의 근본적인 예방책이자 해결책이다. 다음의 사례는 교사 간 갈등을 학교장이 소통과 협력으로 성공적으로 조정한 사례로, 학교장의 리더십이 갈등 해결에 어떻게 기여했는지를 보여준다.

• 교사-교육공무직 간의 갈등 솔루션은 대화 플랫폼

필자가 재직하고 있는 학교에서 교사 휴게와 회의를 할 수 있는 공간을 구성할 때의 사례이다. 선생님들은 새로 조성된 공간에 커피머신을 비치하고 싶어 하는 비품 중에서 최우선으로 희망하였다. 교사휴게실 및 회의실의 공간에 커피머신을 설치하게 되면 사용자의 대부분은 교사인데

커피머신의 관리는 청소미화원, 교무실무사, 행정지원사 등의 교육공무직원이 전담하게 되는 것은 부당하다는 의견과 청소와 지원이므로 교육공무직원이 전담하는 것이 맞다는 분쟁의 조짐이 보였다. 커피머신의 설치로 해당 공간을 활용하는 교직원은 원두커피에서 갓 뽑아낸 커피를 마실 수는 있지만 그 관리는 그리 낭만적이지 않은 것이 사실이었다. 매일 가득 차는 드립 트레이를 비우고, 세척해야 하며 찌꺼기통은 수시로 비워야 하기 때문이다. 물이야 직수로 연결한다고 해도 원두의 상태는 수시로 확인해야 한다. 그와 함께 주변을 정리하는 일도 만만치가 않다. 컵, 스틱, 휴지 정돈, 바닥의 물기를 제거하는 일 등을 해야 한다. 매월 물통, 트레이, 찌꺼기통, 추출구 주변을 세척해야 하고 석회(스케일)를 제거(디스케일링)해야 한다. 이러한 어려움을 다른 근무학교나 혹은 같은 직종에 있는 타 학교 동료에게 들은 교육공무직원들은 선생님들의 요구에 불편함을 가지기 시작하였다.

우선 학교는 커피머신 운영 문제를 다룰 공식적인 대화의 자리를 마련해야 한다. 이는 단발성 회의가 아니라 목적, 절차, 기록, 후속 점검이 포함된 협의 구조로 설계되어야 한다. 협의에는 교사 대표와 교육공무직 대표가 함께 참여하고, 구매와 비품 관리 관점의 행정실, 최종 결정을 책임질 관리자, 필요시 위생 기준을 제시할 보건 담당이 참여하는 구성이 타당하다. 진행은 특정 집단의 이해를 대변하지 않는 중립적 진행자가 맡아야 하며, 논의의 규칙은 사람을 평가하거나 비난하지 않고 업무 범위와 절차를 중심으로 말하도록 설정해야 한다.

학교장으로서 분쟁의 조짐을 발견하고, 커피머신을 설치하기 전에 이에 대한 분쟁을 선제적으로 예방하고자 [그림 3-8]과 같이 구조적 대화의 플랫폼에 안건을 제안하였다. 우선, 책임 주체를 논의하기에 앞서 사실을 정리하였다. 커피머신이 설치된 공간이 어디인지, 누가 주로 사용하는지, 외부 손님까지 이용하는지 같은 사용 범위를 먼저 확정하였다. 이어서 청소라는 말에 포함되는 업무를 세분화하였다. 사용 직후 찌꺼기를 비우고 주변을 닦는 수준의 정리, 주기적으로 내부 세척 프로그램을 돌리고 부품을 세척하는 정기 관리, 필터나 세정제 같은 소모품을 구비하는 관리, 고장 발생 시 A/S를 접수하고 점검을 받는 절차는 성격이 서로 다르다. 업무를 이렇게 나눔으로써 '청소'라는 한 단어에 과도한 의미가 붙는 문제를 줄일 수 있었다. 동시에 위생과 안전 측면에서 최소한으로 지켜야 할 기준이 무엇인지도 함께 정리하였으며, 이 기준은 학교 차원에서 반드시 지켜져야 할 기본 조건으로 제시하였다.

다음 단계에서는 서로(교사와 교육공무직원)의 요구와 제약을 공개하는 과정을 가졌다. 교사 측에서는 수업과 생활지도, 행정업무가 촘촘하게 이어지는 상황에서 추가적인 관리 업무가 개인에게 전가되는 것에 대한 부담과 불공정하다는 인식을 하였다. 교육공무직 측에서는 본래 직무 범위에 없는 일이 "당연히 해야 하는 일"처럼 굳어지는 예가 빈번하고, 현재 배치된 업무량과 근무시간 안에서 감당 가능한지, 교사들이 더 많이 사용하는데 본인들만 담당하는 것에 대한 불공정하다는 인식이 컸다. 이 과정은 상대를 설득하기 위한 시간이 아니라, 왜 각자가 그 입장을 취하는지 구조적으로 이해하는 시간이 되어야 한다고 강조하였다. 즉 '의견'이 아니라 '근거'를 공유하고자 노력하였다.

이해관계가 정리되면 해결안을 곧바로 만들기보다, 학교가 지킬 운영 원칙부터 합의하도록 하였다. 공동 이용 시설에서 사용 직후의 간단한 정리는 사용자가 책임진다는 원칙을 우선시하였다. 특정 직군에게 일방적으로 배정하는 추가 업무를 만들지 않는다는 원칙도 강조하였다. 위생과 안전을 위해 반드시 필요한 정기 세척은 담당자와 주기를 명확히 하되, 그 담당은 직군 고정이 아니라 학교가 합의한 역할로 설정한다는 원칙을 합의하였다. 소모품 구매와 A/S 같은 행정·예산 영역은 교사에게 분담하지 않고 학교 차원의 업무분장을 둔다는 원칙도 함께 합의하였다. 이러한 원칙은 커피머신 문제를 넘어 정수기, 전자레인지, 냉장고 같은 유사한 공동 비품 운영에도 일관되게 적용될 수 있는 기준이 될 수 있다.

원칙을 합의한 후 그다음은 역할을 '한 덩어리'가 아니라 '업무 성격별'로 나누었다. 사용 직후 정리는 사용자가 바로 하고, 누구나 즉시 할 수 있는 1~2분 수준으로 범위를 한정했다. 이를 기기 옆에 간단한 안내로 붙여 쉽게 실천할 수 있도록 안내하였다. 정기 세척은 안전과 위생에 직결되므로 책임과 주기를 정해서 월별로 1학년부터 교과군, 교육공무직까지 운영 담당 역할을 지정하였다. 행정실은 소모품 구매, 예산 처리, A/S 연락 체계와 같은 지원 업무를 맡아 운영이 원활할 수 있도록 지원하였다. 동시에 주 1회 정도의 점검 체크리스트를 두어 위생 상태를 기록하고, 문제가 발견되면 절차를 수정하는 방식으로 의견을 모았다.

이와 같은 합의는 적용 공간과 이용 대상, 청소 항목별 담당과 빈도, 소모품·A/S 처리 절차, 미이행 시의 대응 방식을 포함하여 문서로 정리한 뒤 교직원 모두가 공유하였다. 이후 커피머신을 구입하여 설치하고, 4주 정도의 운영을 해보니, 안내문 정도로는 어려움이 있어 청소하는 과정을 동영상으로 촬영하여 QR 링크로 안내하니 실행 과정에서 드러나는 현실적 문제를 합리적으로 반영할 수 있게 되었다.

마지막으로 중요한 것은 후속 점검이었다. 구조화된 대화 플랫폼은 합의 순간이 아니라 점검과 수정이 반복될 때 효과를 갖는다. 2주 후에는 사용 후 정리 준수, 위생 상태, 담당자 부담 정도를 간단히 확인하고, 4주 후에는 협의체를 다시 열어 빈도와 역할 배치를 조정하였다. 이후에는 분기 1회 수준으로 점검을 축소해도 운영의 안정성을 유지할 수 있었다. 이러한 흐름이 정착되면 커피머신 청소를 둘러싼 갈등은 "누가 더

해야 하는가"의 대립에서 "학교 공동 비품을 어떤 규칙으로 운영할 것인가"의 합의로 전환된다. 그 결과 교사와 교육공무직 모두가 불필요한 감정 소모를 줄이고, 학교는 위생과 안전 기준을 안정적으로 유지하는 체계를 확보할 수 있었다.

[그림 3-8] 교사-교육공무직 간의 갈등 솔루션은 대화 플랫폼

• 혁신과 전통을 결합한 하이브리드

서울시 ○○초등학교에서 기존 교육 방식을 고수하는 베테랑 교사 그룹과 혁신적인 교수법을 주장하는 젊은 교사들 사이에 새로운 교육 기술과 전통적 접근법 간의 갈등이 존재했다. 해당 교사들 사이의 갈등은 학교 전체의 갈등으로 확대되었고 결국 학교장에게 조정을 요구하게 되었다[39].

[그림 3-9] 혁신과 전통을 결합한 하이브리드

학교장은 [그림 3-9]와 같이 우선 개별 면담을 통해 각 그룹의 우려 사항을 파악했다. 갈등의 근본 원인에 대한 객관적인 분석을 통해 갈등 상황을 명확하게 인지하고 확인하였다. 이후 이해관계 당사자들이 함께 할 수 있는 구조화된 플랫폼을 구성하였다. 무엇보다 회의에 들어서기 전에 상호 존중과 개방적 소통을 위한 명확한 규칙을 안내하였다. 무엇보다 각 선생님들이 공통으로 가지고 있는 교육적 목표를 재확인하였다. 협력적 리더십으로 접근하기 위하여 각 그룹의 강점을 인정하는 시간을 가지고 공통적으로 협의할 수 있는 안을 정리하였다. 혁신과 전통을 결합한 하이브리드 방안이란 이름으로 해결 방안을 찾았고 합의하지 못한 방안은 각자의 방식을 인정하는 것으로 정리하였다.

참고문헌

[1] Clark, J. W., & Harris, E. (2023). From authority to empathy: Leadership styles for a complex world. *The Leadership Quarterly, 34*(2), 202-217.

[2] Clark, J. W., & Harris, E. (2023). From authority to empathy: Leadership styles for a complex world. *The Leadership Quarterly, 34*(2), 202-217.

[3] 김진영, 이수진. (2022). 공감적 리더십이 교사 조직몰입과 혁신 행동에 미치는 영향. 교육행정학연구, 40(4), 89-110.

[4] Clark, J. W., & Harris, E. (2023). From authority to empathy: Leadership styles for a complex world.

[5] 김진영, 이수진. (2022). 교장의 리더십 유형이 학교조직 혁신에 미치는 영향: 분산리더십과 수직리더십 비교연구. 교육행정학연구, 40(3), 219-243.

[6] 박정연. (2023). 고등학교 조직문화와 리더십 유형이 교사 혁신역량에 미치는 영향. 교육연구논총, 35(2), 55-78.

[7] 김진영, 이수진. (2022). 교장의 리더십 유형이 학교조직 혁신에 미치는 영향: 분산리더십과 수직리더십 비교연구. 교육행정학연구, 40(3), 219-243.

[8] 박정연. (2023). 고등학교 조직문화와 리더십 유형이 교사 혁신역량에 미치는 영향. 교육연구논총, 35(2), 55-78.

[9] 정희주. (2022). 일방적 의사결정 구조가 교육기관 소속감에 미치는 영향: 사례 중심 분석. 교육리더십연구, 18(1), 113-132.

[10] 석상원, 이미애. (2021). 공유리더십과 수직적 리더십: 병원간호사의 팀 만족, 팀 몰입, 그리고 팀 성과 간의 관계. 간호행정학회, 27(2), 84-95.

[11] 배영준, 도성정, 박현정, 박상혁. (2023). 국내 IT 기업 내 리더십 유형이 기업의 혁신저항에 미치는 영향: 조직신뢰의 매개효과를 중심으로. 벤처창업연구, 18(4), 103-116.

[12] 김은선, 김병찬. (2023). 교사리더십 발휘 교사의 특성에 관한 질적 사례 연구: 고등학교 교사 사례를 중심으로. 한국교원교육연구, 40(1), 275-304.

[13] 김형진, 김경수. (2021). 수직적 짝 연계모형으로서의 진성 리더십: 집단응집력과 집단효능감의 매개효과 검증. 경영컨설팅연구, 21(2), 147-161.

[14] 박진일, 신제구. (2022). 공유리더십이 지식공유에 미치는 영향: 컴패션과 긍정심리자본의 순차적 직렬다중매개효과. 경영컨설팅연구, 22(2), 121-140.

[15] 최석봉. (2025). 협력적 리더십과 창의적 성과: 관계적 에너지와 창의적 과정

몰입의 이중매개효과. 혁신기업연구, 10(2), 383-401.

[16] 서공주, 박찬호. (2019). 핀란드 고등학교 선택형 교육과정 운영 특징 분석. 비교교육연구, 29(6), 27-54.

[17] 황인호. (2023). 조직 내 정보보안 행동 관련 윤리적 리더십과 협력적 커뮤니케이션의 영향: 신뢰 및 개인-조직 적합성의 역할. 한국전자통신학회, 18(3), 465-474.

[18] 황찬영, 최석봉. (2024). 협력적 리더십과 혁신업무행동: 직무활력과 창의적 직무몰입의 이중매개효과. 한국산업경제학회 정기학술발표대회 초록집.

[19] 장형숙. (2023). 대학생의 팀 기반 학습에서 공유리더십, 협력적 자기효능감, 팀효능감 간의 관계: 학업탄력성의 매개효과. 한국웰니스학회, 18(1), 131-137.

[20] 조유경, 김고은. (2025). 유아교사가 인식하는 기관장의 디지털 리더십 탐색. 한국유아교육연구, 27(1), 95-131.

[21] 정란희. (2024). 협력적 비상관리 성공에 영향을 미치는 협업 행정과 리더십 분석. 국가위기관리학회, 14(2), 25-44.

[22] 최영민, 한나영. (2023). 공유리더십이 팀효능감과 팀조직시민행동, 이직의도에 미치는 영향. 한국산업정보학회논문, 28(4), 45-58.

[23] 박상규. (2022). 협력적 리더십 요인에 대한 탐색적 연구. 인성교육연구, 7(2), 135-165.

[24] 이혜령, 강호수. (2024). 교사 갈등과 소진의 관계에서 학교장 리더십의 조절효과: 서울교육종단연구 2020 자료 분석. 교육행정학연구, 42(1), 55-82.

[25] 진동철. (2025). 정서지능은 리더십의 '기술'이 될 수 있을까. 서울: 브런치.

[26] 박선미. (2021). 학교장의 정서적 지능과 조직 문화 간 상관관계 연구. 교육행정학연구, 39(2), 45-67.

[27] 이정희. (2022). 공감 역량 기반 교육 리더십 모델 연구. 교육학연구, 60(3), 123-145.

[28] Bar-On, R. (2006). The Bar-On model of emotional-social intelligence (ESI). *Psicothema, 18*, 13-25.

[29] 최영민, 한나영. (2023). 공유리더십이 팀효능감과 팀조직시민행동, 이직의도에 미치는 영향. 한국산업정보학회, 28(4), 45-58.

[30] 한국교육개발원. (2022). 학교 리더십 역량 강화 백서. 진천: 한국교육개발원.

[31] UNESCO. (2021). *Emotional intelligence in educational leadership*. UNESCO.

[32] 김지원. (2020). 학교장 공감 역량이 조직 몰입에 미치는 영향. 서울대학교 대학원 박사학위논문.

[33] 윤호상. (2021). 초임 학교장의 학교공동체 구성원 간 갈등 관리 리더십 실천 경험에 관한 내러티브 탐구. 숭실대학교 대학원 박사학위논문.

[34] G1방송. (2023년 3월 14일). "교복 안 입어도 됩니다"… 홍천 한 고교, 교복 자율화 시행. G1강원민방.

[35] 최지원. (2025). 초등 담임 교사의 갈등 해소를 위해 담임 교사가 기대하는 학교장의 역할에 관한 연구. 한국교원대학교 대학원 석사학위논문.

[36] 최호숙. (2024). 교육복지전문인력의 요구분석 및 역할 정체성 재정립에 관한 연구: 서울특별시교육청 관내 교육지원청 및 유 · 초 · 중학교를 중심으로. 한국교원대학교 대학원 석사학위논문.

[37] HUANG LINYA. (2023). 중국 초등학교 교감의 역할 수행 과정에 관한 질적 사례 연구: 항저우시 A초등학교 사례를 중심으로. 경희대학교 대학원 석사학위논문.

[38] Brackett, M. A., & Caruso, D. R. (2007). Emotional literacy training: A model for understanding and promoting emotional intelligence. In R. Bar-On, J. G. Maree, M. J. Elias (Eds.), *Educating people to be emotionally intelligent* (pp. 47-61). Praeger.

[39] 박채윤. (2023). 초등학교 교장의 갈등관리방식이 교사의 조직몰입에 미치는 영향. 서울교육대학교 대학원 석사학위논문.

제 4 장

줄어든 권한 속 리더십의 실천 전략

4.1 줄어든 자율 속 의사결정

4.1.1 제한된 권한 속 의사결정 원칙

오늘날 학교장은 자율성과 책임을 동시에 짊어져야 하는 위치에 있다. 그러나 실제 학교 운영은 교육청의 지침, 법령, 예산 기준 등 여러 제도적 장치 안에서 제한적으로 움직일 수밖에 없다. 교육과정 편성, 교원 배치, 예산 집행과 같은 핵심 사안도 교장이 독자적으로 결정하기 어려운 것이 현실이다[1]. 따라서 학교장의 리더십은 단순한 지시나 통제를 넘어, 제한된 조건 속에서 상황을 파악하고 전략적으로 판단하며 실천하는 역량으로 발휘된다.

특히 권한이 제한될수록 의사결정의 공공성과 투명성이 중요해진다. 결정의 필요성, 과정, 그리고 방향성에 대해 구성원이 충분히 이해하고 납득해야 신뢰가 형성된다. 교직원, 학부모, 학생 모두와 공유된 설명이 있을 때 비로소 리더십의 정당성이 높아진다. 최근 교육 리더십 보고서들 역시 투명한 운영이 학교장 리더십의 핵심 요소임을 강조한다[2].

또한 법과 규정 내에서도 자율성을 최대한 확보하려는 노력이 필요하다. 정해진 틀에도 해석의 여지와 선택 가능한 여백이 존재하며, 이를 어떻게 활용하느냐에 따라 학교의 창의성과 교육의 질이 달라질 수 있다. 동일한 교육과정이라도 수업 방식 변경, 프로젝트 구성, 시간표 조정 등은 학교 특성과 맥락에 따라 다양하게 운영될 수 있다. 실제로 규정을 유연하게 해석해 운영한 학교들이 긍정적인 성과를 거두었다는 국제 보고서가 있다[3].

더 나아가 학교 운영에서는 교장의 단독 결정보다 교사, 학부모, 학생과의 합의가 더 효과적일 때가 많다. 권한이 부족할수록 구성원의 동의와 참여가 실행력을 높이는 핵심 조건이 되기 때문이다. 협의와 논의를 거친 결정은 수용성과 책임감을 강화하며 이는 실행의 힘으로 이어진다. 북유럽 교육 리더십 연구에서도 학교장이 구성원과 주요 사안을 공동 결정할 때 조직 신뢰와 안정성이 강화된다고 하였다[4].

또한 학교 변화는 거대한 개혁보다 작고 구체적인 실천에서 시작하는 것이 바람직하다. 급격한 전환보다는 작고 실현 가능한 변화를 하나씩 축적하며 점진적으로 확대하는 방식이 안정적이다. 예컨대 협력 수업이나 소규모 프로젝트 등에서 긍정적 경험을 먼저 쌓으면, 교사와 학생 모두의 자발적 참여를 이끌어낼 수 있다. 이러한 점진적 접근은 교장의 자신감을 높이는 동시에 구성원의 신뢰도 확보하는 데 효과적이다[5].

권한 제한은 리더십 약화를 의미하지 않는다. 오히려 리더십 방식이 변화하고 있음을 보여주는 신호이다. 어떤 기준으로, 누구와 함께, 어떤 과정을 통해 결정을 내리느냐에 따라 학교장의 리더십은 여전히 중요한 의미를 가지며, 변화와 안정 사이 균형을 잡는 핵심 역할을 수행한다. 실제 현장에서는 제도적 제약 속에서도 공정성, 투명성, 참여성, 합법성이라는 원칙을 지키며 협력적 의사결정을 이끌어내고 있다. 이어지는 사례들은 제한된 권한 속에서도 발휘되는 의사결정 원칙을 보여주는 실제적인 증거이다.

• 교장공모제를 통한 민주적 의사결정

서울시 ○○초등학교에서는 기존 교장의 정년 퇴임으로 인해 새로운 교장을 선출해야 했다. 과거에는 교장 임명이 교육청 주도로 이루어지는 경우가 많았지만, 이 학교는 교육청 지침에 따라 교장공모제를 도입하기로 하였다[6]. 교장공모제는 교육청이 일방적으로 교장을 지명하는 방식이 아니라, 학교운영위원회의 추천과 교육청 심사위원회의 최종 심사를 거쳐 교장을 선출하는 제도로, 절차적 공정성과 민주성을 확보하기 위해 마련된 장치이다.

[그림 4-1] 교장공모제를 통한 민주적 의사결정

학교운영위원회는 [그림 4-1]과 같이 단순히 후보자의 자격 요건만 확인한 것이 아니라, 학교의 장기 비전과 교육 철학, 앞으로의 운영 방향을 중심으로 심도 깊은 논의를 진행하였다. 이 과정에서 여러 차례 회의가 열렸고, 모든 논의 내용은 회의록으로 정리되어 교사와 학부모에게 공개되었다[7]. 이로써 구성원들은 교장 선출 과정이 투명하게 진행되고 있음을 직접 확인할 수 있었다.

특히 후보자들은 공청회를 통해 학생과 학부모 앞에서 직접 자신들의 교육관과 학교 운영 계획을 설명하는 자리를 가졌다. 학부모들은 "학부모와의 소통 강화 방안"과 같은 현실적인 질문을 던졌고, 학생들은 "학생자치 활동 활성화 가능성"에 대한 구체적인 답변을 요구하였다. 이러한 질의응답 과정은 후보자의 진정성과 준비성을 검증하는 계기가 되었을 뿐 아니라, 학부모와 학생들이 의사결정 과정에 주체적으로 참여하는 경험이 되었다[8].

최종적으로 교육청 심사위원회가 전문성과 리더십 역량 등을 종합적으로 평가하여 신임 교장을 선출하였으며, 결과는 공문을 통해 전 구성원에게 공개되었다. 새 교장이 부임한 후, 교사와 학부모들은 "공정한 절차를 통해 선출되었다"는 긍정적인 평가를 내렸고, 학교 운영 전반에 대한 신뢰도 한층 높아졌다. 이 사례는 제한된 권한 속에서도 공정성, 투명성, 참여성을 원칙으로 민주적 의사결정을 실현할 수 있음을 보여주고 있다.

• 급식 질 개선을 위한 운영위원회 결정

광주광역시 ○○중학교에서는 학생과 학부모들 사이에서 급식의 질을 개선해 달라는 요구가 지속적으로 제기되었다. 그러나 교장은 급식 품질을 독자적으로 개선할 권한이 없었고, 교육청의 예산 지침과 학교운영위원회의 심의를 따라야 했다. 이에 따라 교장은 학교운영위원회를 중심으로 학부모 대표, 교사 대표, 학생 대표, 지역 영양사 등이 참여하는 특별소위원회를 꾸려 급식 개선 방안을 논의하였다[9].

[그림 4-2] 급식 질 개선을 위한 운영위원회 결정

소위원회는 [그림 4-2]와 같이 세 가지 주요 안건을 다루었다. 첫째, 지역 농산물 사용 비율 확대를 통해 식재료의 안전성과 신선도를 높이자는 의견이 제시되었다. 둘째, 학생 건강권 보장과 선택권 확대 차원에서 월 1회의 채식 선택일을 도입하자는 제안이 나왔다. 셋째, 학생 만족도를 높이기 위해 학기당 1회 간식 프로그램을 시범 운영하자는 방안이 논의되었다.

이 과정에서 학부모 위원들은 "아이들이 먹는 음식은 안전이 최우선"이라며 지역 농산물 확대를 강하게 요구했으며, 학생 대표는 "급식 메뉴에 다양성이 필요하다"며 간식 프로그램과 채식 선택일에 긍정적인 의견을 냈다. 교사 대표들은 예산 효율성을 고려해 구체적인 실행 방안을 따져보았다. 모든 논의 과정은 회의록으로 작성되어 학교 홈페이지에 공개되었고, 이를 통해 학부모와 교직원들이 진행 상황을 투명하게 확인할 수 있었다.

최종적으로 학교는 지역 농산물 사용률을 30% 이상으로 확대하고, 월 1회의 채식 선택일을 도입하며, 학기당 1회의 간식 프로그램을 운영하기로 결정하였다. 실행 결과, 학생들의 급식 만족도가 크게 향상되었고, 학부모들은 "우리 의견이 존중되었다"는 긍정적 평가를 내렸다. 교장은 제한된 예산과 지침 속에서도 참여성, 투명성, 공정성을 확보하며 학교 운영의 신뢰를 높일 수 있었다.

• 교육과정 편성 협의

경기도의 ○○고등학교에서는 다음 학년도 교육과정을 편성하면서 학생 선택권을 최대한 보장할 수 있는 방안을 모색하였다. 교장은 국가 교육과정과 교육청의 학점제 지침을 따라야 했기 때문에 교과목을 자유롭게 증감할 권한이 없었다[10]. 그러나 학교는 제약 속에서도 자율적 여지를 찾아 학생 맞춤형 과목을 개설하고자 했다.

[그림 4-3] 학생 선택권 확대를 위한 맞춤형 과목 개설

교사 협의회에서는 [그림 4-3]과 같이 과목 개설 가능성을 검토하였고, 학부모 설명회를 통해 의견을 수렴하였다. 이후 학생 대상 설문조사를 실시한 결과, 상당수 학생이 융합형 프로젝트 과목과 심화 교양 과목을 원했다. 학교는 이러한 수요를 반영하여 지역 대학과 협력해 '기초 통계와 데이터 분석', '환경과 지속가능성' 같은 심화 과목을 신설하고, 기존 선택 과목 일부를 조정하였다.

모든 결정 과정은 교무회의를 통해 정리된 뒤 학교운영위원회의 심의를 거쳐 확정되었으며, 최종 결과는 문서화되어 교직원, 학부모, 학생들에게 공유되었다. 이러한 과정을 통해 학생들의 학습 기회가 확장되었을 뿐 아니라, 교사・학부모・학생 모두가 교육과정 결정 과정에 주체적으로 참여하는 경험을 할 수 있었다[11]. 이 사례는 교장이 제한된 권한 속에서도 합법성, 참여성, 투명성을 바탕으로 교육과정 운영의 자율성을 확대할 수 있음을 잘 보여준다.

4.1.2 외부 지침과 내부 자율성의 조율

학교 운영은 교육청이나 중앙정부의 정책 방향을 따르면서도 학교 고유의 여건과 교육 철학을 반영해야 하는 이중 구조 속에서 이루어진다. 따라서 학교장은 외부 지침을 충실히 이행하는 한편, 내부 자율성을 확보하고 실행하는 균형 잡힌 리더십을 발휘해야 한다. OECD 보고서에 따르면 정책이 일방적으로 현장에 전달되는 것보다 학교와의 상호작용 속에서 조율될 때 더 높은 성과가 나타난다[12].

외부 지침은 교육의 일관성과 형평성을 보장하기 위한 기본 기준이다. 학교장은 국가 교육과정, 평가 지침, 예산 집행 규정 등을 충분히 이해하고 이를 토대로 연간 및 학기별 계획을 수립해야 한다. 그러나 모든 학교가 동일한 여건을 갖추고 있지 않기 때문에 지침을 그대로 적용하는 것만으로는 현장의 다양한 요구를 충족하기 어렵다. 따라서 지침을 학교 상황에 맞게 재해석하고 실행 가능한 형태로 조정하는 역량이 필요하다.

예를 들어 고교학점제나 블렌디드 러닝과 같은 국가 정책도 지역 조건, 교사 역량, 학생 특성에 따라 운영 방식이 다르게 나타난다. 이때 학교장은 정책의 핵심 철학을 유지하면서도 현장의 자율성과 창의성을 살릴 수 있는 방안을 모색해야 하며, 이를 위해 교직원과 충분히 협의하고 교육청과 유연하게 협조하는 것이 필수적이다.

외부 지침을 무조건 수용하거나 배척하기보다 내부 구성원과 합의를 거쳐 실행 계획을 수립하고 행정기관에 설득력 있게 제시하는 전략이 효과적이다. 이렇게 마련된 실행안은 현장의 일관성을 높이고 행정기관과 불필요한 마찰을 줄이는 데 기여한다.

특히 UNESCO는 학교장을 '전략적 조율자(Strategic Mediator)'로 규정하며, 정책과 현장을 연결하는 핵심 인물로 제시한다[13]. 이는 위기 상황뿐 아니라 평상시 학교 운영 전반에서 요구되는 역량임을 시사한다. 정책 방향성과 현장 현실을 동시에 고려하고 균형 있게 조율하는 리더십은 오늘날 학교장이 반드시 갖추어야 할 자질이다.

다음에 살펴볼 실제 현장에서는 초·중·고등학교가 제한된 제도적 틀 안에서 교육청 지침을 성실히 이행하면서도 학교 고유의 자율성과 창의성을 실현하고 있다. 예를 들어 '우리 마을 생태 프로젝트와 AI 체험 수업'(초등), '자율성과 참여 중심의 환경 탐구'(중등), '진로 설계 및 마을 연계 과목'(고등) 등의 프로그램은 학교장이 큰 방향을 제시하고 교사들이 함께 논의하여 만들어 낸 협력의 성과이다. 이러한 수업들은 지역 특색을 반영하고 학생 참여를 중심에 두어 교육 본질과 의미를 새롭게 성찰하게 하는 중요한 시도로 평가된다.

• 우리 마을 생태 프로젝트와 AI 체험 수업 운영

2024년 경상남도교육청은 초등학교 교육과정 운영에 '학교자율시간'을 도입하면서, 단위학교가 지역 여건과 학생 수요에 따라 자율적인 교육활동을 설계하도록 권장하였다. 이에 따라 ○○에 위치한 ○○초등학교는 3-4학년 학생을 대상으로 '우리 마을 생태 프로젝트'와 'AI 체험 수업'이라는 자율 과목을 새롭게 개설하였다[14].

[그림 4-4] 학교자율시간을 통한 우리 마을 생태 프로젝트와 AI 체험 수업

이 학교의 자율과목은 [그림 4-4]와 같이 교사들이 자발적으로 참여한 워크숍과 교육과정 협의회를 통해 설계되었으며, 각 과목의 교육 목표, 활동 내용, 평가 방법에 대해 세부적인 논의가 이루어졌다. 특히 '우리 마을 생태 프로젝트'는 학생들이 지역 내 하천이나 공원 환경을 직접 관찰하고 조사한 뒤, 그 결과를 바탕으로 환경 개선 방안을 제안하는 활동 중심 수업으로 구성되었다. 이 수업은 지역성과 생태 감수성을 함께 반

영하였으며, 교사의 주도성과 실행력이 수업의 완성도를 높이는 핵심 요소로 작용하였다.

'AI 체험 수업'은 학생들이 실제 인공지능 기반 기술을 체험하고, 미래 사회의 변화에 대한 이해를 높일 수 있도록 구성되었다. 수업에서는 음성 인식, 이미지 분류, 챗봇 등의 AI 기술을 간단한 실습 활동으로 구현해 보고, 관련 도구를 활용하여 문제를 해결하는 과정 중심의 학습이 이루어졌다. 이를 통해 학생들은 4차 산업혁명 시대에 필요한 디지털 소양과 창의적 사고력을 자연스럽게 기를 수 있었으며, 미래 직업에 대한 탐색과 연계한 진로 교육의 효과도 함께 거둘 수 있었다.

학교장은 자율과목이 교육청의 기준과 절차를 벗어나지 않도록 운영 계획서를 정교하게 수립하였고, 시수 기준, 승인 절차, 행정 문서 작성 등 행정적 요건을 철저히 이행하였다. 동시에 교사와 학생의 의견을 반영하는 방식으로 수업을 점검하고 조정하면서, 외부 지침 준수와 내부 자율성 확보 사이에서 균형 있게 운영되도록 조율하였다. 그 결과 ○○초등학교는 경남교육청으로부터 '자율시간 우수 운영 사례'로 지정되었고, 학생과 학부모의 만족도도 매우 높은 것으로 나타났다.

• 자율성과 참여 중심의 환경 탐구 활동 사례

인천시 ○○중학교는 2024학년도 1학기 말, 2학년을 대상으로 '지역과 환경'을 주제로 한 융합형 프로젝트 수업을 학교자율시간에 운영하였다. 단순한 지식 전달을 넘어, 학생들이 창의적 사고력과 실무적 역량을 함께 기를 수 있도록 설계되었으며, 교육과정 자율화 취지를 잘 반영한 사례로 주목받고 있다.

학교장은 학교자율시간을 정규 교육과정의 일부로 설정하였다. 교사의 자율성과 학생의 참여 중심 수업이 조화를 이루도록 철저한 사전 계획을 수립하였으며, 교과협의회를 통해 주제 연계, 시수 배분, 평가 방식, 학부모 안내 등을 통합적으로 설계하였다. 이를 통해 행정적 책임과 교육과정 운영을 함께 조율하는 전략적 리더십을 발휘하였다.

수업은 〈표 4-1〉과 같이 국어, 한문, 영어, 수학, 과학, 사회(역사), 음악, 체육, 도덕 등 다양한 교과가 '지역과 환경'이라는 주제를 중심으로 운영되었다. 국어에서는 굴포천 생태를 조사하고 카드 뉴스를 제작하였으며, 사회에서는 고대사와 현대사 속 지역의 변화 과정을 탐구하였다. 과학에서는 지역 생물을 조사해 생태지도를 만들고, 도덕 시간에는 지역사회 주제의 상황극과 영상 제작 활동이 이루어졌다. 그 외 교과들도 주제와 연계한 조사와 창작, 발표 활동을 체계적으로 진행하였다[15].

〈표 4-1〉 '지역과 환경'을 주제로 한 학교자율시간 운영

교과	수업 내용	시간	교과	수업 내용	시간
국어	지역의 생태 환경을 문학적으로 이해하고 표현 1차시: 생태와 문학 2차시: 다양한 문학 창작 3차시: 발표와 공유	3	사회(역사)	지역사 탐구 1차시: 고대사 조사 및 탐구 2차시: 현대사 조사 및 탐구 3차시: 결과 발표 및 공유	3
한문	부평의 지명과 인물 1차시: 부평의 지명 유래 및 인물 탐구하기 2차시: 발표 및 공유	2	음악	지역 음악 조사 탐구 1차시: 지역의 대표 음악 조사 2차시: 지역 홍보 음악 만들기 3차시: 지역 역사 음악 만들기	3
영어	우리 동네 생활의 이해 1차시: 우리 동네 홍보 계획을 세우기, 현장 탐방하기 2차시: 우리 동네 관광약도	3	체육	지역사회의 스포츠 문화 탐구 1차시: 스포츠 동아리 탐구 2차시: 스포츠 구단 탐구	3

교과	수업 내용	시간	교과	수업 내용	시간
	그리기 3차시: 우리 동네 맛집 소개하기			3차시: 스포츠 인물 탐구	
수학	마을과 생활 수학 1차시: 마을에 산재하는 수학 개념 찾기1 2차시: 마을에 산재하는 수학 개념 찾기2 3차시: 마을에 산재하는 수학 개념 찾기3 4차시: 탐구 결과 공유	4	도덕	바람직한 이웃 간의 생활 1차시: 지역 주민과 함께하는 상황극, 쇼츠, 영상 제작	1
과학	마을의 생태 지도 만들기 1차시: 마을 생물 조사하기 2차시: 조사 및 자료 만들기 3차시: 생태지도 발표하기	3			

출처: ○○중(2024). 2학년 1학기 학교자율시간.

학생들은 뉴스 검색, 자료 분석, 콘텐츠 제작, 팀 프로젝트 등을 통해 정보 처리 능력과 창의적 사고 역량을 함께 키웠으며, 협업 과정에서 나타나는 문제를 스스로 조정하고 해결해 나가는 경험을 통해 실천적 역량을 강화하였다.

학교장은 교육과정, 수업, 평가, 기록이 일관된 체계 안에서 운영되도록 전 과정을 관리하고, 교사들과의 지속적인 피드백을 통해 수업을 점검하며 개선해 나갔다. 학생과 학부모의 의견도 수시로 반영하여 운영의 유연성과 수요자 중심성을 함께 확보하였다. 이러한 운영은 교육청 지침을 성실히 준수하면서도, 학교의 자율성과 교육적 창의성을 균형 있게 실현한 사례로 평가된다.

이번 프로젝트는 학생들이 지역사회와 환경 문제의 연관성을 이해하고, 이를 바탕으로 실질적인 문제 해결을 시도해 보는 기회를 제공하였다. 디지털 도구의 활용, 교과 통합, 협력 중심 수업은 2022 개정 교육과정이 강조하는 핵심역량 중심 교육과 긴밀히 연결된다. 학생 주도성과 교사 자율성, 학교장의 전략적 조정 역량이 조화를 이룬 학교자율시간 운영의 모범 사례라 할 수 있다.

• 진로 설계 및 마을 연계 자율과정 운영

○○고등학교가 2024년 전라북도교육청이 추진한 '학교자율시간 설계 · 운영 모델 연구'에 참여하면서 고등학교 수준에서도 자율적인 교육과정 운영이 가능함을 실천적으로 보여준 사례이다[16]. 이 학교는 [그림 4-5]와 같이 학생의 진로 설계를 지원하기 위한 '진로 설계 프로젝트'와, 지역사회와의 연계를 통해 학습의 실천성과 시민성을 높이기 위한 '마을과 함께하는 삶'이라는 자율과목을 학교자율시간에 편성하였다.

진로 설계 프로젝트

마을과 함께하는 삶

지역 사회 기관

[그림 4-5] 지역사회와 연계한 진로 설계 프로젝트 운영

'진로 설계 프로젝트'는 학생이 관심 있는 진로 분야나 전공 주제를 선택하고, 진로 포트폴리오를 구성하였다. 학생들은 관련 직업인을 인터뷰하거나 직접 체험 활동을 설계하며 자기주도적 학습 역량을 강화할 수 있었다. '마을과 함께하는 삶'은 지역 기관, 복지 시설, 환경 단체 등과 연계하여 지역 사회의 실제 문제를 중심으로 한 체험・봉사・프로젝트 활동을 운영한 것으로, 학생들이 문제를 탐색하고 해결 방안을 고민하는 과정을 중심으로 설계되었다.

학교장은 자율과목 운영을 위해 교사협의회와 교육과정위원회를 구성하고, 학생 및 학부모를 대상으로 한 사전 설문조사를 실시하여 수요를 반영하였다. 이후 학교운영위원회의 심의와 전라북도교육청의 사전 컨설팅을 거쳐 과목을 최종 승인받았으며, 학기 중에도 운영 점검 및 피드백을 통해 수업을 지속적으로 개선해 나갔다.

이 사례는 학생 주도성과 지역 연계성을 동시에 확보하면서, 학교장이 외부 지침을 전략적으로 해석하고 이를 학교 현실에 맞게 조정한 교육과정 운영의 모범적 사례로 평가되었다.

4.2 행정과 교육 리더십의 균형

4.2.1 행정 중심 업무에 대한 전략적 대응

학교장은 법적・절차적 책임이 수반되는 행정 업무와 더불어 교육의 방향을 설정하고 구성원의 성장을 지원하는 리더십 활동을 동시에 수행해야 한다. 예산의 편성과 집행, 시설 안전 점검, 교원 배치, 교육청 보고 등의 행정 업무는 학교의 안정적 운영을 위한 필수 요소이며, 이들 업무는 대부분 법적 기준에 따라 처리되어야 하므로 학교장의 시간과 에너지를 상당히 요구한다. 이러한 행정 중심의 역할에 지나치게 몰두할 경우, 교육 중심 리더십에 필요한 여력이 부족해지고 결과적으로 학교 교육의 질 저하로 이어질 수 있다.

반면, 교육적 리더십은 학생 중심의 교육과정을 설계하고, 교사의 전문성을 신장시키며, 학습공동체를 형성하는 등 학교 본연의 교육적 가치를 실현하는 데 초점을 맞춘다. 행정과 교육이라는 이중 역할이 균형을 이루지 못하면 학교는 본래의 목적을 상실할 위험에 처하게 되며, 구성원의 신뢰에도 부정적인 영향을 미친다.

해외 사례와 연구 결과 또한 이러한 균형의 중요성을 강조하고 있다. 예를 들어, 미국 뉴욕주 스키넥터디 교육구에서는 교육감과 교장의 잦은 교체로 인해 학교 운영의 연속성이 무너졌고, 그 결과 학생 성적과 교사의 신뢰가 동시에 하락한 사례가 보고되었다[17]. 또한 OECD는 교장이 수업 참관보다는 교육과정 설계와 교사 코칭 같은 교육 중심 활동에 더 많은 시간을 할애할수록 학생의 학업 성과가 향상된다고 분석하였다[18]. 국내 연구 역시 이러한 경향을 지지하고 있다. 한국교육개발원은 2023년 보고서를 통해 학교장이 교육과정 운영과 수업 혁신에 적극적으로 참여할수록 교사의 수업 만족도와 학생의 학습 몰입도가 유의미하게 높아진다고 밝혔다[19].

이와 같은 국제적 흐름은 핀란드와 영국의 사례에서도 확인할 수 있다. 핀란드에서는 교장이 행정에서 벗어나 교육활동에 전념할 수 있도록 코디네이터와 비서를 두는 제도를 운영하고 있으며, 영국 역시 학교 운영 관리자 제도를 통해 교장의 행정 부담을 줄이고 교육 리더십을 강화하고 있다. 이 두 나라의 구체적인 사례는 교장이 본질적인 교육 활동에 집중할 수 있는 환경을 조성함으로써, 학교의 지속적인 발전과 교육의 질 제고를 동시에 추구한다는 점에서 중요한 시사점을 제공한다.

• 핀란드의 학교 운영 모델: 행정은 코디네이터, 교육은 교장

핀란드의 메이야란티 종합학교(Mäkelänrinne Comprehensive School)는 교장이 행정 관리자가 아니라 교육 리더로서 기능할 수 있도록 제도적 장치를 마련해 두고 있었다[20]. 이 학교에서는 교장 옆에 행정 코디네이터와 행정 비서가 상시 배치되어 있었다. 예산 집행 과정에서 교장은 세부 항목을 직접 관리하지 않았다. 예를 들어 과학 실험 기자재를 구입해야 할 때 교사가 신청서를 제출하면, 코디네이터가 교육청 기준에 맞게 품목을 검토하고 공급 업체와 계약을 체결한 후 서류를 교장에게 제출하였다. 교장은 최종 서명만 하면 되며, 이 과정은 평균 10분 이내로 끝났다. 시설 관리도 동일한 방식으로 운영되었다. 운동장의 인조잔디를 보수해야 할 경우, 코디네이터가 시청 시설 담당 부서와 협력해 일정을 조율하고 시공업체와 계약을 진행하며, 교장은 완료 보고서를 검토하고 서명하는 역할만 수행하였다.

[그림 4-6] 핀란드 메이야란티 종합학교의 교장 역할 분담과 교육 리더십

[그림 4-6]과 같이 교장은 수업 참관을 위한 시간을 체계적으로 확보하고, 이를 바탕으로 교육 리더십 활동에 집중하였다. 매 학기 모든 교사의 수업을 최소 두 차례 이상 참관하였으며, 수업이 끝난 뒤에는 약 45분간 개별 피드백 대화를 진행하였다. 피드백 대화는 단순히 잘했다거나 부족하다는 평가에 그치지 않고, 학생들이 집중력이 떨어졌던 순간이나 교수 자료가 학습 목표와 어떻게 연결되는지를 구체적으로 짚어주었다. 또한 교장은 학기말에 학생 성취도 데이터를 분석해 교사 협의회에서 공유하였다. 그 결과를 바탕으로 학년별 맞춤형 교수 전략을 설계하는데, 예를 들어 특정 학년 학생들의 수학 문제 해결력이 낮게 나타날 경우 교사들과 함께 프로젝트 기반 학습(PBL)을 도입하거나 팀별 토론 수업을 강화하였다. 이러한 과정을 통해 학생들의 학업 성취도는 헬싱키 평균보다 높게 유지되고 있으며, 학부모들 역시 교장이 교사와 학생을 위한 교육 활동에 집중하는 점을 높이 평가하며 학교에 대한 신뢰를 보내 주었다.

• 행정에서 교육으로: 영국 학교장의 역할 전환

영국의 최근 교육 동향 역시 이러한 맥락과 일치한다. 2023년 영국 정부가 발표한 교사와 교육 리더의 직무 생활(Working Lives of Teachers and Leaders) 보고서는 교사와 교장이 과중한 행정 업무와 업무량으로 인해 교육활동에 집중하기 어렵다는 점을 지적하였다[21].

이러한 문제를 완화하기 위해 학교 지도자들이 행정 책임을 지원 인력이나 중간 리더에게 위임하고, 수업의 질 관리와 교육과정 운영에 더 많은 시간을 쓰려는 경향이 있음을 보여주었다. 이 같은 변화는 교장이 학생 학습 성과를 높이는 데 필요한 교육 중심 활동에 더욱 깊이 관여할 수 있는 토대를 마련하였다.

[그림 4-7] 영국 교육 동향: SBP와 분산 리더십

특히 [그림 4-7]과 같이 학교 운영 관리자(School Business Professional, SBP) 제도의 확대는 교장의 행정 부담을 줄이는 핵심 장치로 작용하였다. 2021년 실시된 학교 비즈니스 전문가 실태 조사에 따르면, 다수의 SBP가 예산, 조달, 시설, 안전 관리 등 행정을 전담하고 있으며, 최근에는 학교 리더십 팀의 일원으로서 전략적 의사결정에도 참여하는 비율이 증가하고 있다[22]. 이러한 구조는 교장이 복잡한 절차를 직접 관리하기보다 최종 승인만 하는 방식으로 단순화하여, 수업 혁신이나 교사 피드백 같은 교육적 리더십 활동에 더 많은 시간과 에너지를 집중할 수 있게 하였다.

또한 최근 연구들은 분산 리더십(Distributed Leadership)의 긍정적 효과를 강조하고 있다. 교장이 모든 결정을 독점하지 않고 중간 리더와 교사에게 권한을 나누어 줄 경우, 교사의 전문성과 헌신이 높아지고 학생 경험 역시 개선된다. 2024년에 발표된 특수학교 사례 연구는 분산 리더십이 교장의 부담을 줄이는 동시에 교사의 참여와 학생 성과를 함께 끌어올린다고 보고되었다[23]. 스코틀랜드의 사례 연구 또한 권한 분산 구조가 마련될수록 교장이 교육적 비전에 더 집중할 수 있음을 보여주었다[24].

영국 정부는 이러한 흐름을 뒷받침하기 위해 학교 자원 관리 연수, 조달 및 시설 관리 역량 강화 프로그램, SBP 네트워크 지원 등을 추진하고 있다. 이 같은 정책은 교장이 단순한 행정 관리자가 아니라 교육의 중심에 선 리더로 자리매김할 수 있도록 지원하며, 동시에 학교 운영의 효율성과 교육의 질을 함께 높이는 기반이 되고 있다.

4.2.2 분산 리더십 중심의 조직 문화

학교장이 행정과 교육 사이에서 균형 있는 역할을 수행하기 위해서는 학교 조직 전체가 교육 중심으로 작동할 수 있는 체계적 기반이 필요하다. 이를 실현하기 위한 전략으로 '분산 리더십이 주목받고 있다. 분산 리더십은 학교장의 권한을 교사와 중간 관리자에게 실질적으로 위임하여, 학교 운영의 유연성과 실행력을 높이는 방식이다.

이러한 구조는 단순히 권한을 나누는 것을 넘어 교사의 자율성과 전문성을 높이고, 학교의 협력 문화를 강화하는 데 초점을 둔다. 예를 들어 학년부장, 교육과정 담당 교사, 연구부 등을 중심으로 운영의 주요 책임을 분담하고, 학교장은 전체 비전과 실행 조정을 담당하는 방식이다. 이를 통해 학교장의 업무 부담은 줄어드는 동시에 교사의 참여도와 몰입도는 높아진다.

국제 연구는 분산 리더십이 교직원의 스트레스를 낮추고 직무 만족도와 조직 몰입을 높이며 이직률을 줄이는 데 긍정적인 영향을 미친다고 보고되었다[25][26]. 국내에서도 분산 리더십의 효과를 입증하는 실증 연구가 이루어지고 있다. 2024년 한국교육개발원 보고서는 국내 중학교 교사 489명을 대상으로 '분산 리더십 실천 척도(DLPS)'를 개발하였으며, 그 결과 분산 리더십이 교사 협력 문화와 조직 학습에 긍정적으로 기여한다는 점을 확인하였다[27].

이 연구 결과는 분산 리더십 기반 조직이 팀티칭, 전문적 학습공동체, 학년 프로젝트, 교사 자율 동아리 운영 등 다양한 협력 기반 수업 문화로 확장될 수 있음을 보여준다. 즉, 학교장이 모든 것을 직접 통제하기보다 조직의 집단적 역량을 활성화하는 '촉진자형 리더(Facilitative Leader)'로 기능할 때, 학교는 내부 구성원의 힘으로 지속 가능한 변화를 주도할 수 있다. 나아가 이러한 리더십 구조는 급격한 정책 변화, 학급 규모 변화, 교사 수급의 불균형, 학생 다양성의 확대와 같은 외부 환경 변화에도 학교가 유연하게 대응할 수 있는 내재적 역량을 강화하였다.

따라서 분산 리더십은 단순한 운영 전략을 넘어, 장기적으로 학교의 정체성을 유지하고 교육적 성과를 높이기 위한 핵심 조건이라 할 수 있다. 실제로 국내 학교 현장에서도 이러한 움직임이 나타나고 있다. 예컨대 ○○초등학교는 학년별 협의체를 통해 수업을 공동으로 설계하고 있으며, ○○중학교는 학교장이 전략적 조정자 역할에 집중하고 교사와 중간 관리자에게 실질적인 권한을 위임함으로써 분산 리더십 체계를 확립하였다. ○○고등학교는 교무실과 행정실이 유기적으로 협력하여 디지털 기반 수업과 학교 운영을 공동 기획·운영하는 구조를 정착시켰다. 구체적인 사례는 다음과 같다.

• 분산 리더십과 교육 혁신

서울시 ○○초등학교는 교장이 행정과 교육 리더십을 균형 있게 수행하기 위해 분산 리더십을 적극적으로 도입한 사례이다. 학교는 학생 중심 맞춤형 교육을 지향하며, 교사들이 교육과정 개발과 수업 개선에 주도적으로 참여할 수 있도록 실질적인 권한을 부여하였다. 교장은 [그림 4-8]과 같이 예산 관리, 시설 운영, 학부모 소통 등 핵심 행정 업무를 행정실장과 중간 관리자에게 위임하고, 자신은 교육 방향 설정과 교사 협력 지원에 집중하였다.

[그림 4-8] 행정은 중간 관리자에게, 교장은 교육에 집중

○○초등학교는 '교사 협력 강화 프로그램'을 운영하여, 교사들이 팀 단위로 학생의 학습 상황을 공유하고 수업 방법을 공동으로 개선할 수 있도록 하였다. 교장은 이러한 협력 활동을 조직적으로 지원하며, 정기적인 소통을 통해 교육 방향을 조율하였다[28]. 그 결과 교사들은 교육적 의사결정에 더욱 적극적으로 참여하게 되었고, 이는 학생의 학업 성취도와 전인적 성장으로 이어졌다. 또한 학교는 학부모 및 지역사회와의 연계를 통해 학생 지원 체계를 확대하고 있으며, 교장은 지역 자원과의 협업을 통해 방과 후 프로그램을 개발하고 이를 학교 교육과 통합하여

교육의 질을 높이고자 하였다. 이처럼 ○○초등학교는 행정과 교육의 권한을 효과적으로 분산하고, 구성원 간 협력 문화를 조성함으로써 교육 주체들이 각자의 역할에 충실할 수 있는 운영 체계를 정립하였다.

• 전략적 조정 리더십과 조직 구조 혁신

인천시 ○○중학교는 분산 리더십에 기반한 학교 운영 체계를 정착시키며, 학교장이 행정과 교육 리더십 사이에서 균형 있는 역할을 수행할 수 있도록 조직 구조를 체계적으로 재설계하였다. 이를 위해 교육과정 운영, 수업 평가, 교육활동 기획 등 주요 교육 업무는 교사와 중간 관리자에게 실질적으로 위임되었으며, 학교장은 학교 비전 설정과 운영 조정이라는 전략적 역할에 집중하고 있다[29].

이와 같은 구조적 전환은 학년부, 교과협의회, 연구부 등 교사 중심 조직의 자율적 운영을 가능하게 하였고, 학교 의사결정 과정 전반에 교사의 참여가 실질적으로 확대되었다. 교사들은 [그림 4-9]와 같이 단순한 행정 집행자가 아니라 교육과정 설계의 주체로 활동하며, 자율성과 전문성을 실제로 강화하고 있다.

분산 리더십을 실천하는 과정에서 교사들은 팀티칭, 전문적 학습공동체(PLC), 자율 동아리 운영 등 다양한 협력 기반 수업 활동을 통해 공동 기획 및 실행 역량을 향상시키고 있으며, 이는 학생 중심 수업의 질적 개선으로 이어지고 있다. 구성원 간 협업이 일상화된 이 문화는 신뢰를 기반으로 하며, 수업 방향성과 교육과정 운영의 일관성을 함께 확보하는 데 중요한 역할을 한다.

[그림 4-9] 분산 리더십을 통한 학교 운영 구조 재설계와 교사 전문성 강화

학교는 '교육공동체의 날'을 특색 사업으로 지정하여, 학부모 및 학생 연수, 사제동행 동아리, 교육공동체 협의회 등을 통해 교육과정에 대한 공동 책임 인식을 공유하고 있다. 교사들은 정기적인 협의회를 통해 교육과정을 재구성하고 평가 체계를 공동 설계하며, 학교장은 이러한 전 과정을 조율하며 교육 방향과 행정 지원을 함께 실현하고 있다. 특히 교육과정-수업-평가-기록의 연계 구조를 설계하는 과정에서 분산 리더십은 실행력을 높이는 핵심 전략으로 작용하고 있으며, 이는 학교의 전문성과 지속 가능성을 함께 제고하는 기반이 되고 있다.

• 디지털 기반 분산 리더십 실천

경기도 안산시에 위치한 ○○고등학교는 지난 몇 해 동안 학교 교육의 디지털화를 위한 다양한 노력을 이어오고 있다. 초기에는 온라인 콘텐츠를 활용한 수업 자료를 실험적으로 도입하면서 디지털 수업 환경의 기초를 다졌고, 최근에는 AI 기술을 접목한 디지털 교과서를 본격적으로 운영하며 교육과 학교 운영 전반에 디지털 시스템을 확대해 나가고 있다[30].

이러한 변화는 단순히 학생들에게 기기를 보급하는 수준에서 멈추지 않는다. 학교는 [그림 4-10]과 같이 교사와 행정 조직 간의 유기적인 협력 구조를 구축하고 있으며, 그 안에서 운영 체계 역시 점진적 설정과 교육과정 기획에 집중함으로써 교사들이 수업의 주도권을 가지도록 지원하고 있다.

[그림 4-10] 학교장이 AI를 이용하여 행정과 수업의 협력 구조

교사들은 수업에 필요한 콘텐츠를 직접 설계하고, 학생 개개인의 수준과 특성에 맞춘 자료를 제작하는 데 익숙해졌다. 기술은 수업의 보조 수단이 아닌, 학습을 보다 효과적으로 이끌기 위한 실천의 수단으로 자리 잡았다. 이러한 흐름 속에서 교사의 역할은 단순한 전달자에서 창조적 설계자로 확장되고 있으며, 수업의 질은 눈에 띄게 향상되고 있다.

행정 조직 역시 변화의 동반자 역할을 수행하고 있다. 디지털 기기의 관리, 네트워크 환경 유지, 플랫폼 운영 등의 실질적인 기반을 담당하면서, 교사들이 수업과 교육연구에 몰입할 수 있도록 안정적인 환경을 제공하고 있다. 이처럼 명확한 역할 분담은 학교 내 교육과정과 행정 간의 연결을 더욱 긴밀하게 만들고 있다.

학교는 정기적인 협의 문화를 통해 디지털 교육과정의 방향성과 실행 방안을 함께 논의하고 있으며, 구성원 간 수평적인 관계 속에서 협력과 소통이 일상적으로 이루어지고 있다. 이는 단지 행정적 회의를 넘어, 구성원 전체가 학교 운영의 주체로 인식되는 문화로 이어지고 있다.

이 학교가 실천하고 있는 디지털 기반 분산 리더십은 교사, 행정 직원, 관리자가 각자의 전문성과 자율성을 존중받으며 유기적으로 협력하는 구조를 형성하고 있다. 그 결과 수업은 더욱 깊어지고, 학교 행정은 안정적이며 효율적으로 운영되고 있다. 이러한 변화는 단순히 기술을 도입하거나 새로운 도구를 사용하는 차원을 넘어선다. 학교는 교육 철학과 운영 방식 자체를 새롭게 구성하고 있으며, 이는 미래지향적인 학교의 모습으로 자연스럽게 이어지고 있다.

이 사례는 디지털 전환이 단지 기술의 문제가 아니라, 학교 문화를 바꾸고, 교육의 주체와 구조를 재정립하는 일이라는 사실을 잘 보여준다[31]. 변화의 중심에는 기술보다 사람, 그리고 협력과 자율을 기반으로 한 운영 철학이 있다. 이러한 모습은 미래형 학교 운영의 하나의 실천 가능한 대안으로서 충분히 주목할 만하다.

4.3 교사와의 신뢰 형성 전략

4.3.1 수평적 신뢰 구조의 흐름

학교 혁신의 중심에는 언제나 교육공동체 간의 신뢰가 있어야 한다. 최근 국내외 교육계에서는 교사와 학교장 간의 신뢰를 학교 혁신의 핵심 요소로 강조하고 있다. 한국의 교육정책 또한 학교 자율성과 분권화를 강화하는 과정에서 교사 참여 확대를 중요한 과제로 삼고 있으며, 이에 따라 과거의 수직적 명령 체계보다는 수평적 소통 구조가 점차 부각되고 있다.

OECD 역시 교육 리더십의 방향을 '함께하는 리더십(Collaborative Leadership)'으로 제시하며, 학교장의 역할을 단순한 행정 통제자에서 협력 촉진자(Collaborative Facilitator)로 전환할 것을 권고하고 있다[32].

이러한 흐름 속에서 교사와의 신뢰를 구축하기 위한 구체적인 실천 전략도 각국 학교 현장에서 다양하게 나타나고 있다. 우선, 학교장의 언행에서 드러나는 일관성과 투명성은 신뢰 형성의 핵심 요소로 확인된다. 말과 행동이 예측 가능한 리더는 교사들에게 심리적 안정감을 주며, 이는 곧 업무 몰입도와 조직 충성도로 이어진다[33]. 한국의 학교 현장에서도 공정한 업무 배정 기준, 정례적인 의사소통 구조, 일관된 피드백이 교사의 신뢰를 높이는 요인으로 보고되고 있다[34].

또한 정책 결정 과정에서 교사의 참여를 보장하는 것은 국제적으로 공통된 신뢰 증진 전략이다. 핀란드, 캐나다, 뉴질랜드 등은 교육과정 개정과 평가 기준 설정 과정에서 교사의 의견을 실질적으로 반영하며, 이를 통해 교사의 전문성과 자율성을 강화하고 있다[35].

우리나라 역시 교육과정 협의회, 학교운영위원회, 수업 컨설팅 등을 통해 교사가 중요한 의사결정의 파트너로 자리매김하고 있다. 이러한 변화는 단순한 제도 운영을 넘어 교사의 전문성을 존중하는 문화를 확산시키고, 학교장 리더십에 대한 신뢰를 높이는 기반이 되고 있다. 특히, 핀란드의 지방 교육과정 참여 사례와 국내 초등학교 동학년 교사들의 교육과정 공동개발 사례는 협력과 신뢰가 실제 현장에서 어떻게 구현되는지를 보여주는 대표적 사례라 할 수 있다.

• 핀란드 교육의 힘: 교사와 학교장의 신뢰와 협력

핀란드의 한 연구, 지방 교육과정 설계에 참여하는 교사들의 역할(Teachers' Participation in Local Curriculum Work)는 교사들이 단순히 교실에서 학생을 가르치는 역할에 머무르지 않고, 교육과정 전반을 함께 설계하고 만들어 가는 교육과정 설계자(Curriculum Designer)라는 점을 분명하게 보여준다[36]. 이는 교사를 단순한 수업 전달자가 아니라 교육 방향을 함께 결정하고 실행하는 공동 설계자이자 협력자로 자리매김하게 하는 중요한 전환점이라 할 수 있다.

핀란드 교육체제의 가장 큰 특징 중 하나는 중앙정부와 지방정부, 그리고 학교 현장의 권한 배분이다. 국가 차원에서는 교육과정의 큰 틀과 철학, 기본적인 학습 목표를 제시하지만, 그 구체적인 실행은 지방과 학교가 담당한다. 다시 말해, 중앙정부의 교육과정은 뼈대를 제공하는 수준에 머물고, 실제 살을 붙여 구체화하는 일은 교사와 학교 단위에서 이루어진다. 이 과정에서 교사들은 교육과정 목표를 세우고, 교과 내용을 지역과 학교 상황에 맞게 재구성하며, 학생 평가 기준까지 직접 마련하는 핵심적인 의사결정에 참여한다.

[그림 4-11] 협력과 신뢰로 만드는 교육과정

이러한 구조 속에서 [그림 4-11]과 같이 교사들은 자신의 전문성이 존중받고 있다는 확신을 얻게 된다. 교사 스스로가 교육과정을 만드는 주체라는 자부심을 가질 수 있기 때문이다. 동시에 교장은 교사를 단순한 '정책 집행자'로 보지 않고, 학교 운영의 핵심을 함께 짊어지는 협력적 파트너로 인식하게 된다. 이는 교사와 학교장이 '위에서 명령하고 아래에서 따르는' 전통적 관계에서 벗어나, 서로의 의견을 존중하며 교육의 방향을 공동으로 조율하는 새로운 리더십 문화를 만들어 낸다. 그 결과 학교 안에는 자연스럽게 신뢰의 문화가 자리 잡는다. 교사들은 자신이 존중받고 있다는 확신을 가질 때 더욱 심리적 안정감을 얻고, 이는 곧 열정과 몰입으로 이어진다. 단순히 맡겨진 수업을 수행하는 수준을 넘어, 학생들의 학습과 성장에 더 깊은 책임감을 가지고 교육활동에 임하게 된다. 교사들의 이러한 태도 변화는 곧바로 학생 성취도에도 긍정적으로 작용한다. 안정된 환경 속에서 교사가 창의적이고 주도적으로 수업을

운영할 수 있을 때, 학생들 역시 능동적으로 학습에 참여하며 성과를 높일 수 있는 것이다.

핀란드의 사례는 결국 우리에게 중요한 메시지를 던진다. 교육의 질은 단지 정책이나 제도적 장치에서만 비롯되지 않는다. 교사와 학교장이 서로 신뢰를 바탕으로 협력할 때, 그 힘은 교육과정을 더 풍부하게 만들고, 학생들의 학습 경험을 더 깊이 있게 확장한다. 신뢰와 협력은 교사의 전문성을 존중하는 문화를 확산시키는 동시에, 학교 전체를 혁신으로 이끄는 동력이 된다.

• 초등학교 동학년 교사들의 교육과정 공동개발

초등학교 동학년 교사들의 교육과정 공동개발을 위한 숙의 사례를 연구한 결과를 살펴보면, 이 연구는 한 초등학교에서 같은 학년을 맡은 교사들이 모여 교육과정을 공동으로 설계하고 발전시켜 나가는 과정을 면밀히 분석한 것이다[37].

[그림 4-12] 동학년 교사의 숙의를 통한 교육과정 공동 설계와 실천

[그림 4－12]와 같이 교사들은 정기적으로 협의회를 열어 수업 목표를 논의하고, 수업 자료를 공유하며, 학생들의 학습 피드백을 반영해 교육과정을 끊임없이 수정·보완했다. 주목할 점은, 이 과정이 단순한 경험 공유에 그치지 않았다는 것이다. 교사들은 서로의 의견을 깊이 검토하고 다양한 관점을 모아 합의점을 찾는 숙의(Deliberation) 과정을 거쳤으며, 이를 통해 교육과정을 실질적으로 발전시켜 나갔다.

이 과정에서 교사들은 수업 목표를 다시 설정하고, 교수·학습 방법을 다양화하며, 평가 기준을 조정하는 등 구체적이고 가시적인 성과를 만들어냈다. 이러한 협력적 과정은 교사들 사이의 신뢰를 더욱 두텁게 했을 뿐 아니라, 교장과의 관계에도 긍정적 변화를 가져왔다. 교장은 교사들의 자율적 합의를 존중하며 그 결과를 학교 운영에 반영했고, 교사들은 자신들이 학교의 핵심 의사결정 파트너임을 실감하며 교장에 대한 신뢰를 더욱 높이게 되었다.

나아가 교사들은 전문성을 성장시키고 직무 만족도를 높였으며, 학생들 역시 수업에 더 몰입하며 학업 성취도에서 긍정적인 변화를 경험했다. 결국 이 사례는 단순한 협의체 운영을 넘어, 학교 전체에 새로운 학습 문화를 정착시키는 중요한 계기가 되었다.

4.3.2 정서적 지지와 수업 중심 신뢰 문화

교사와의 신뢰 형성은 정서적 지지와 수업 중심의 리더십을 통해 더욱 강화될 수 있다. 국제 동향에서도 학교장의 감성 지능(Emotional Intelligence)과 교사의 직무 만족 사이의 상관성이 강조되며, 감정적 공감과 지지적 태도가 리더십 신뢰의 핵심 요소로 부각되고 있다. 예컨대 영국과 호주의 학교에서는 정기적인 상담과 리더십 코칭 프로그램을 운영하여 교사의 심리적 부담을 덜어주고 있으며, 이는 교육 공동체 내 정서적 유대감을 높이는 긍정적 결과로 이어지고 있다. 우리나라 역시 교사의 정서적 요구에 대한 학교장의 세심한 대응이 점차 중요하게 다뤄지고 있다. 최근 교원치유지원센터 확대 운영과 교권보호 제도 개선은 이러한 변화를 보여주는 사례이다. 이러한 환경 속에서 교사는 학교장을 단순한 지시자가 아닌 '정서적 동반자'로 인식하게 되며, 이는 조직에 대한 소속감과 신뢰를 크게 높여 준다[38].

또한 수업 중심 리더십은 전통적인 관리형 리더십을 대체하는 새로운 모델로 자리 잡고 있다. 한국을 비롯한 여러 나라에서는 '수업을 아는 교장'을 강조하며, 교사의 수업을 참관하고 실질적인 피드백을 제공할 수 있는 역량을 학교장의 핵심 자질로 본다[39]. 이러한 리더십은 교사에게 자신이 교육의 주체로 존중받고 있다는 확신을 심어줄 뿐 아니라, 교사 간 협력을 촉진하여 학교 전체에 긍정적 학습 문화를 확산시킨다.

더 나아가 교사의 웰빙을 조직 운영의 핵심 가치로 삼는 것이 국제적인 흐름으로 자리 잡고 있다. OECD는 교사의 직무 만족과 심리적 안정이 학생 학습 성과와 직결된다고 분석하며, 각국 정부에 교사 업무 경감, 정서 회복 시간 확보, 복지 제도 강화를 권고하고 있다[40]. 우리나라에서도 '교원업무정상화 종합계획'과 '교사 업무 총량제'가 추진되며 이러한 흐름에 동참하고 있다. 이는 학교 내 신뢰 기반 문화를 정착시키는 데 긍정적으로 작용하고 있다.

이처럼 교사가 존중받고 배려받는 환경에서야 비로소 학교가 안정적으로 운영될 수 있으며, 지속 가능한 변화를 만들어 갈 수 있다. 실제로 국내 학교 현장에서는 '신뢰 · 나눔 · 돌봄 리더십' 실천을 통한 공동체 중심 학교 문화 형성, 화해중재 제도 운영을 통한 갈등 조정과 신뢰 회복, 학교장 자체해결제를 통한 책임 기반 신뢰 구축 등 다양한 실천 사례가 나타나고 있다.

• '신뢰 · 나눔 · 돌봄 리더십' 실천을 통한 공동체 중심 학교 문화 형성

농산어촌에 위치한 ○○중학교는 학교장의 관계 중심 리더십이 지역 교육공동체에 긍정적인 변화를 이끌어낸 사례로 주목받고 있다[41]. 이 학교의 교장은 [그림 4-13]과 같이 학교 운영 전반에서 '신뢰', '나눔', '돌봄'이라는 핵심 가치를 구체적인 실천으로 연결하며, 학교 문화를 보다 인간 중심적으로 전환하고자 노력하였다. 단순한 관리자로서의 역할을 넘어서, 교사와 학생 한 사람 한 사람과의 관계 형성을 학교 경영의 핵심 축으로 두었으며, 이를 통해 학교 구성원 간의 정서적 안정과 공동체적 유대감 형성을 적극적으로 유도하였다.

[그림 4-13] 신뢰 · 나눔 · 돌봄 리더십 실천을 통한 공동체 유대감 형성

특히 학교장은 구성원의 정서적·사회적 맥락에 세심하게 주의를 기울였다. 교사의 업무 배정이나 회의 운영에서는 권위적인 방식보다는 자율적 참여와 협의 과정을 중시하고, 자신의 교육 철학과 비전을 구성원들과 정기적으로 공유함으로써 조직의 방향성과 목표에 대한 공감대를 확산시켰다. 업무 과정에서는 교직원의 피로감과 감정 상태를 지속적으로 관찰하며, 돌봄이 필요한 교사에게는 충분한 휴식과 상담을 지원하였다. 학생들에게는 개별적인 관심과 배려를 바탕으로, 소외감 없이 모두가 함께 성장할 수 있는 교육 환경을 조성하였다.

이러한 학교장의 실천은 구성원들에게 심리적 안정감을 제공하였고, 자발적 몰입과 조직 충성도를 향상시키는 결과로 이어졌다. 학교장은 단기적 성과보다는 지속 가능한 변화와 관계 중심의 리더십에 초점을 두었고, 이를 통해 구성원 간의 신뢰를 점진적으로 심화시켰다. 이러한 노력은 궁극적으로 교직원 간 협력 문화 확산, 학생 생활지도 안정화, 학부모 신뢰도 향상으로 연결되었다. 감정 노동과 정서적 리더십이 종종 간과되는 현실 속에서, 이 사례는 학교장이 진정성 있는 태도와 일관된 실천을 통해 어떻게 공동체 중심의 학교 문화를 형성할 수 있는지를 보여주고 있다.

• 화해중재 제도 운영을 통한 갈등 조정과 신뢰 회복

경기도 소재 ○○고등학교는 교육활동 중 발생하는 다양한 갈등을 법적 조치나 행정적 징계 중심으로 해결하기보다, 관계 회복과 공동체 신뢰 회복을 중시하는 교육적 접근을 통해 갈등을 해결하고자 하였다.

학교는 경기도교육청의 '화해 중재 기능 강화 정책'을 바탕으로 [그림 4-14]와 같이 교사 간, 교사-학부모 간, 학생 간의 갈등을 학교장이 직접 중재하고 조정하는 체계를 구축하였다. 이 같은 운영 구조는 사안 발생

이후의 단순 처벌에 그치는 것이 아니라, 구성원 간 상호 이해를 증진하고 공동체 내 신뢰를 회복하는 데 목적을 두었다[42]. 학교장은 갈등이 발생했을 때 지시나 통보 중심의 일방적 대응보다는, 당사자의 감정과 맥락을 먼저 경청하는 태도를 견지하였다. 중재 회의는 감정적 격화를 최소화하기 위해 비공식 대화와 공식 조정을 병행하였으며, 당사자 간의 입장을 직접 듣고 조율하는 과정을 거쳐 문제 해결에 접근하였다. 중재 과정은 명확한 절차와 공정성 원칙에 따라 이루어졌으며, 처리 결과는 공식 문서화하여 구성원 모두에게 투명하게 공유되었다. 이와 함께, 사후 피드백과 재발 방지 대책을 신속하게 시행함으로써 갈등 상황이 장기화되지 않도록 하였다.

[그림 4-14] 화해 중재 정책에 따라 교내 갈등을 학교장이 직접 중재

이와 같은 운영 방식은 구성원에게 신뢰를 주는 제도적 기반으로 작용하였다. 학교장이 단순한 행정 관리자에 머물지 않고, 공동체의 조정자로서 역할을 수행함으로써 교사 간 팀워크가 회복되었고, 학부모의 학교

신뢰도도 향상되었다. 학생 생활지도 역시 감정적 대립보다는 관계 회복 중심으로 전환되며 실질적인 효과를 보였다. 이 사례는 학교 구성원 간의 갈등이 불가피하게 발생하는 현실에서, 학교장이 정서적 공감 능력과 중재 역량을 갖추고 조율자형 리더십을 실천할 때, 갈등을 공동체 발전의 계기로 전환할 수 있음을 보여준다.

- **학교장 자체해결제 운영을 통한 책임 기반 신뢰 구축**

수도권에 위치한 ○○고등학교는 2025학년도부터 전면 시행된 '학교장 자체해결제'를 적극적으로 운영하며, 학교폭력 및 경미한 생활지도 사안을 교육적 방식으로 해결하려는 노력을 지속하고 있다[43]. '학교장 자체해결제'는 [그림 4-15]와 같이 경미한 사안을 학교장이 교육적 판단하에 직접 처리할 수 있도록 한 제도로, 학생 간 갈등이나 비행 행위에 대해 사안의 경중을 고려하여 조율 중심의 해결책을 마련할 수 있는 기반을 제공한다. 이 제도는 행정 절차의 단순화만을 목적으로 하지 않으며, 교육공동체 내에서의 신뢰 회복과 예방 중심의 생활지도를 목표로 한다.

[그림 4-15] 경미한 갈등을 학교장이 교육적으로 해결하는 제도

이 학교의 학교장은 사안이 발생했을 때 신속하게 대응하는 동시에, 학생·교사·학부모 등 다양한 당사자 간의 소통 구조를 마련하였다. 단순한 사실 확인에 그치지 않고 사건의 맥락과 감정적 배경을 면밀히 파악한 뒤, 회복 중심의 후속 교육 조치를 설계하였다. 피해 학생에게는 안전 확보와 정서적 지지 방안을 제공하였고, 가해 학생에게는 반성문 작성, 학급 단위 관계 회복 활동, 상담 연계 등 체계적인 회복 프로그램을 실시하였다. 학교장은 이 모든 과정을 투명하게 설명하며, 판단 기준과 결과에 대해 책임지는 태도를 지속적으로 견지하였다.

이러한 운영은 학부모에게는 교육적 신뢰를, 교사에게는 행정적·심리적 지지를 제공하는 효과를 낳았다. 나아가 학생들 사이에서도 공정한 절차에 대한 신뢰와 공동체 구성원으로서의 책임 의식을 고취시키는 계기가 되었다. 단순한 규율 집행자가 아닌, 교육과 회복을 아우르는 조정자로서 학교장이 기능할 때, 학생 중심의 예방적 생활지도가 가능해진다는 점에서 이 사례는 '학교장 자체해결제' 운영의 실효성을 잘 보여준다. 더불어 학교장의 전문적 판단과 신뢰 구축 능력이 학교 문화의 질적 향상을 이끄는 데 중요한 역할을 할 수 있음을 시사한다.

4.4 제한된 권한 속 전략적 선택

4.4.1 변화의 우선순위와 선택과 집중 전략

학교장은 학교의 대표자이자 최고 책임자로 인식되지만, 실제로는 교육과정 편성, 예산 집행, 교원 배치, 시설 관리 등 주요 영역에서 독자적 의사결정 권한이 제한적이다. 특히 중앙집권적인 우리나라 교육 행정 구조에서는 학교장이 비전과 운영 방향을 자율적으로 설정하고 실행하는 데 현실적 어려움이 따른다.

이러한 제약 속에서 효과적인 리더십을 발휘하기 위해서는 모든 사안에 직접 개입하기보다 실현 가능한 영역을 중심으로 변화의 우선순위를 전략적으로 설정하는 '선택과 집중의 리더십'이 필요하다. 자원과 권한이 충분하지 않은 상황에서는 모든 분야를 동시에 개선하기보다는 파급 효과가 큰 핵심 과제에 집중하고, 그 외의 과제는 신뢰할 수 있는 담당자에게 위임하거나 점진적으로 추진하는 것이 바람직하다.

예를 들어 예산이 부족할 경우, 단기적 편의보다 수업의 질 향상이나 교육과정 운영과 직결된 사업에 우선적으로 예산을 배정하는 것이 중요하다. 반대로 기자재 구입이나 시설 보완과 같은 과제는 지역사회, 학부모회, 동문회 등 외부 자원과 연계하여 보완하는 것이 효과적이다[44]. 실제로 교육부가 발표한 '학교 자율운영 지원 확대 계획(2025)'은 학교장이 예산을 자율적으로 조정하고, 교육지원청과 협력해 학교 중심의 계획을 수립할 수 있도록 정책 방향을 제시하였다. 이는 학교장이 제한된 권한 속에서도 전략적 사고를 통해 우선순위를 설정하고 자원을 배분해야 함을 잘 보여준다.

이와 관련해 국외에서는 학교 자원 관리(School Resource Management, SRM)를 통한 우선순위와 재원 집중 사례가 있으며, 국내에서는 ○○중학교의 인성교육 중심 자율 활동 사례가 대표적이다. 두 사례 모두 학교가 가진 제한된 자원을 핵심 과제에 집중함으로써 변화의 실효성을 높였다는 점에서 중요한 시사점을 제공한다.

• 학교 자원 관리를 통한 우선순위와 재원 집중

영국 교육부(DfE)는 학교 운영의 성패가 단순히 예산 규모에 달려 있는 것이 아니라, 주어진 한정된 자원을 얼마나 효과적이고 전략적으로 활용하느냐에 의해 좌우된다는 점에 주목하였다. 이에 따라 학교 자원 관리(School Resource Management, SRM) 프로그램을 운영하면서, 학교와 학원트러스트(Academy Trusts)가 단순한 비용 절감이나 행정 효율성 제고에 머물지 않고, 확보한 자원을 수업의 질 향상, 취약학생 지원, 교직원 전문성 강화와 같은 교육의 핵심 영역에 우선적으로 투입할 수 있도록 지원하고 있다[45].

[그림 4-16] 영국의 학교 자원 관리 프로그램

이 프로그램은 [그림 4-16]과 같이 학교 현장에서 실제로 도움이 될 수 있도록 다양한 실질적 도구를 제공한다. 예컨대, 학교가 자체적으로 재정 상태를 점검하고 문제점을 진단할 수 있는 재무 진단 도구, 불필요한 비용을 줄이고 절약된 자금을 교육적 목적에 재투자할 수 있도록 돕는 조달·에너지 절감 가이드, 학교 재정 운영의 건전성을 종합적으로 평가

할 수 있는 거버넌스 체크리스트, 그리고 관리자들이 시간과 장소의 제약 없이 손쉽게 참여할 수 있는 무료 웨비나 등이 마련되어 있다. 더 나아가 정부는 단순한 가이드라인 제공에 그치지 않고, 실제 학교들이 어떻게 예산을 절감하고 이를 교사 연수나 학생 지원 등 교육 개선으로 재투자했는지를 보여주는 사례집도 배포한다. 이 사례집에는 불필요한 지출을 줄이고 절약한 재원을 교사들의 전문성 강화, 취약계층 학생 지원, 교육 프로그램 개선 등에 활용한 구체적 경험이 담겨 있어, 다른 학교들이 이를 직접 참고할 수 있는 실질적 지침이 된다.

SRM의 핵심 정신은 명확하다. 학교장과 경영진이 모든 영역을 동시에 개선하려는 무리한 시도를 하기보다, 교육적 파급효과가 큰 핵심 과제를 선별해 집중적으로 추진하도록 방향을 제시하는 것이다. 이러한 선택과 집중 전략은 교사, 학생, 학부모 모두에게 긍정적인 변화를 가져온다. 교사는 수업 개선을 위한 직접적이고 구체적인 지원을 체감하고, 학생은 변화된 학습 환경 속에서 실제적인 배움의 향상을 경험하며, 학부모는 학교 운영이 투명하고 효율적으로 이루어지고 있다는 신뢰를 높이게 된다. SRM은 제한된 권한과 자원이라는 현실적 한계 속에서도 학교장이 "어디에 힘을 쏟아야 하는가"라는 분명한 우선순위를 확보하도록 도와주는 제도적 장치로 기능하며, 이는 교육의 질적 성장을 위한 중요한 발판이 된다.

• 인성교육 중심 자율 활동

경기도 파주시 ◯◯중학교에서는 학생·학부모·교사의 의견을 바탕으로 학교자율과제를 선정하는 과정에서 인성교육 강화를 중점 과제로 삼았다. 학생들은 "행복한 학교", "오고 싶은 학교"라는 기대를 표현했고, 이러한 목소리는 곧바로 학교 운영 방향과 교육 프로그램에 반영되었다[46].

이 학교의 특색 활동은 구체적이고 생활 친화적인데, 교실 수업에서는 존중하는 언어문화를 만드는 프로젝트가 진행되고, 학생들 사이에서는 또래 멘토-멘티 제도가 운영되었다. 학습이 뒤처진 학생을 위해 기초학습 보충 프로그램이 마련되어 있으며, 교과동아리를 통해 관심 분야를 함께 탐구하는 기회도 제공되었다. 아침독서는 학생들의 하루를 차분하게 열어 주고, 학부모와 함께하는 인문독서 활동은 가정과 학교를 잇는 다리 역할을 한다. 교사와 학생이 함께 참여하는 교과독서 및 멘토링은 학문적 깊이와 정서적 유대를 동시에 키우는 장치가 되고 있다[47].

[그림 4-17] 학생 · 학부모 · 교사가 함께 만든 인성교육 중심 학교자율과제

이러한 활동들은 [그림 4-17]과 같이 단순히 프로그램의 나열이 아니라, 학교 전체가 인성교육이라는 한 방향에 집중한다는 점에서 의미가 크다. 여러 과제를 동시에 추진하는 대신, 인성이라는 핵심 가치를 중심에 두고 자원을 배분한 결과, 학생들은 존중받고 있다는 경험을 하며 학교에 대한 만족감을 높였다. 교사와 학부모 역시 교육 공동체의 일원으로서 더 큰 소속감과 책임감을 공유하게 되었고, 학교는 안정적인 운영과 긍정적인 변화를 만들어 갈 수 있었다. 파주시 ○○중학교의 선택은 선택과 집중 전략이 현장에서 어떻게 살아 움직일 수 있는지를 잘 보여주는 사례다.

4.4.2 제한된 권한을 극복하는 실천적 리더십

학교장은 제도적으로 인사권이나 자원 배분 권한이 제한되어 있다. 이는 제도적 장치와 규정 속에서 교장이 독자적으로 행사할 수 있는 권한의 폭이 크지 않음을 의미한다. 그러나 그렇다고 해서 학교장의 리더십이 그 한계 속에 갇히는 것은 아니다. 오히려 이런 상황은 역설적으로 교장에게 더 창의적인 리더십 발휘를 요구하며, 제한된 여건 속에서도 새로운 가능성을 찾아내려는 노력을 자극한다. 교장은 실천적 리더십을 통해 이러한 제약을 돌파하고 학교에 활력을 불어넣을 수 있으며, 그것은 곧 학교 구성원 전체의 변화를 이끌어내는 원동력이 된다.

그중에서도 중요한 방법의 하나는 교사의 전문성과 적성을 존중하며 조직 내 역할을 재조정하거나 협업 구조를 새롭게 설계하는 일이다. 이 과정은 단순히 업무 분장을 새롭게 짜는 수준에 머무르지 않는다. 교사가 가진 고유한 강점을 적극적으로 발굴하고 이를 살려주는 것은 교사의 사기 진작에 직접적인 영향을 미친다. 또한 이는 학교 공동체 전체의 에너지를 끌어올리고, 교사들 사이의 협력을 강화하며, 궁극적으로 학생들에게 더 나은 교육 경험을 제공하는 결과로 이어진다. 다시 말해, 교장의 리더십은 제약 속에서도 인적 자원을 효율적으로 배치하고, 개인의 강점이 조직의 활력으로 전환되도록 하는 지점에서 빛을 발하게 된다.

리더십 연구자인 볼먼과 딜(Bolman & Deal)은 이러한 맥락을 잘 짚어낸다. 그들은 복잡한 조직일수록 단순한 행정 관리 능력만으로는 의미 있는 변화를 이끌어낼 수 없다고 강조한다. 리더는 행정가이자 관리자의 위치를 넘어서, 조직 내 갈등을 중재할 수 있는 정치적 조정력과 공동체가 나아가야 할 방향을 상징적으로 제시할 수 있는 리더십 감각을 갖추어야 한다고 지적한다[48]. 따라서 교장은 단순히 규정과 절차를 집행하는 관리자에 머물러서는 안 된다. 다양한 이해관계자의 요구를 균형 있게 조율하고, 교육적 결정을 합리적으로 설명하며, 구성원들이 그 결정을 공감하고 받아들일 수 있도록 만드는 설득과 소통의 과정이 반드시 필요하다. 무엇보다 중요한 것은, 이러한 과정이 신뢰와 공감을 기반으로 이루어져야 한다는 점이다. 학교장 공동의 목표를 구성원들과 함께 세우고, 그 목표가 실제로 실현되는 과정을 주도적으로 이끌어야 한다.

이러한 관점은 국제적 연구에서도 확인되었다. 경제협력개발기구(OECD)가 2024년에 발표한 교육리더십 보고서는 제도적 제약이 존재하는 현실 속에서 효과적인 학교 리더십을 구현하기 위해 필요한 핵심 요소를 관계 중심의 상징적 리더십, 구성원 간의 정서적 지지 체계, 그리고 다양한 이해관계자와의 협상 능력으로 요약한다[49]. 즉, 교장은 모든 문제를 직접 해결하려고 애쓰기보다는 제한된 권한을 역동적으로 활용하여 협력 구조를 창출하고, 구성원과의 신뢰 관계를 토대로 학교의 큰 방향을 설계하는 데 집중해야 한다는 것이다.

이처럼 교장의 리더십은 단순히 규정을 준수하는 관리자의 역할을 넘어서, 학교의 현실을 깊이 있게 진단하고 그 속에서 실행 가능한 해법을 마련하는 '교육적 전략가'의 역할을 수행하는 것으로 확장된다. 학교장은 변화를 주도하는 전략가로서 학교의 현재와 미래를 동시에 바라보아야 한다. 현실적 제약을 무시하지 않되, 그 안에서 가능한 길을 찾아내고 실행 가능한 해결책을 제시하는 능력이 필요하다.

실제 현장에서도 이런 리더십의 사례는 어렵지 않게 찾아볼 수 있다. 예를 들어, 예산 운영 전략을 수업에 집중시키는 방식으로 교사의 수업 역량 강화를 도모한 학교가 있는가 하면, 상담과 수업 개선을 학교 운영의 중심축으로 삼아 학생의 전인적 성장을 이끈 고등학교도 있다. 이처럼 선택과 집중의 전략을 통해 변화를 실현한 사례들은, 제약 속에서도 리더십이 충분히 발휘될 수 있음을 보여준다.

• 수업에 집중한 예산 운영 전략

충청북도에 위치한 ○○중학교는 극히 제한된 예산 속에서도 학교장이 교육적 비전을 분명히 세우고, 그에 맞는 전략적 예산 운용을 실현한 사례로 주목받고 있다. 이 학교의 학교장은 전통적으로 우선순위가 높게 설정되어 온 기자재 구입이나 시설 보수, 환경 개선 등 외형적 사업보다는, 학생들의 학습 경험을 실질적으로 향상시킬 수 있는 영역에 초점을 맞추었다[50].

그는 [그림 4-18]에서 보듯, 예산을 수업 개선과 교사의 전문성 강화에 집중적으로 배정하였다. 이는 제한된 자원을 어디에 어떻게 투입하느냐에 따라 교육의 질적 성과가 크게 달라질 수 있음을 잘 보여주는 사례라 할 수 있다. 학교장의 선택은 단순히 눈에 보이는 환경을 꾸미는 데서 멈추지 않고, 학생의 배움과 교사의 성장을 우선순위로 두어 예산을 '교육적 투자'로 전환시킨 것이다.

예산만으로는 감당하기 어려운 사업 영역에 대해서 이 학교는 또 다른 길을 찾아 나섰다. 학교장은 지역사회, 학부모회, 동문회 등 외부 자원을 적극적으로 연계하며 협력을 이끌어냈고, 이를 통해 재정적 한계를 하나씩 보완해 갔다. 무엇보다 의미 있었던 점은 이러한 과정이 단순한 재정

확보 차원을 넘어 교사들의 자발적 참여를 불러왔다는 사실이다.

[그림 4-18] 수업에 집중한 예산 운영 전략

교사들은 수업 공개 활동에 적극적으로 나섰고, 정기적인 수업 협의회를 통해 서로의 고민을 나누었으며, 교내 맞춤형 연수에서는 새로운 교육 방법을 함께 연구했다. 그 결과 교사 개개인의 수업 역량이 성장했을 뿐 아니라, 학교 전체에 자연스럽게 '전문적 학습공동체' 문화가 자리 잡았다. 이러한 변화는 학생들에게는 더 나은 배움의 기회를 제공했고, 학부모에게는 학교 교육에 대한 신뢰와 만족감을 높여주는 계기가 되었다.

이 사례는 물리적 자원이 부족하다고 해서 반드시 교육의 질이 낮아지는 것은 아님을 보여준다. 중요한 것은 학교장이 어떤 교육적 관점을 갖고 있느냐, 그리고 그 우선순위를 어떻게 설정하느냐에 달려 있다. 조직의 역량과 관심을 한곳으로 모으고, 협력을 통해 그 힘을 증폭시킬 수 있다면, 제한된 조건 속에서도 학교의 학습 문화는 충분히 변화할 수 있다. 이 중학교의 이야기는 바로 그 사실을 잘 증명해 주는 소중한 사례라 할 수 있다.

• 상담 · 수업 개선에 집중한 고등학교 운영

전라북도에 있는 ○○고등학교의 사례를 살펴보면 이 학교는 삼중의 어려움 속에 놓여 있었다. 학생 수는 꾸준히 줄어들고 있었고, 그에 따라 예산도 줄어들었으며, 교원 배치마저 불균형을 드러내고 있는 상황이었다. 누구라도 이런 상황이라면 학교 운영의 한계를 먼저 떠올렸을 것이다. 그러나 이 학교의 학교장은 좌절하거나 현실에 매몰되지 않았다. 그는 오히려 이러한 제약 속에서 더 분명하게 나아갈 길을 찾아야 한다고 판단했다. 그리고 그 길은 바로 '선택과 집중'이라는 리더십의 원칙 위에 놓여 있었다[51].

학교장은 먼저 혼자가 아닌 함께하는 과정을 택했다. 구성원들과 충분히 대화를 나누고, 학교가 당면한 가장 중요한 과제가 무엇인지 귀 기울였다. 교사, 학생, 학부모의 의견이 모아진 끝에 학교는 두 가지 핵심 과제를 분명히 했다. 하나는 학생 상담 체계를 새롭게 정비하는 일, 그리고 또 하나는 수업의 질을 높이는 일이었다. [그림 4-19]는 이러한 논의의 결실을 잘 보여준다.

[그림 4-19] 학생 상담 체계 정비와 수업 질 향상을 핵심 과제 설정

먼저 상담 체계 정비는 2024년 전라북도교육청의 학교 상담 운영 방침과도 맞닿아 있었다. 학교장은 전문상담교사의 역량을 높이는 연수를 적극적으로 실시했고, 학생들이 심리적·정서적으로 편안히 다가갈 수 있는 상담 환경을 조성하는 데 힘썼다. 상담실 운영 절차와 안내 체계도 정비하여 학생과 학부모가 보다 쉽게 상담의 문을 두드릴 수 있도록 하였으며, 교직원 전체가 상담 활동의 중요성을 공유할 수 있도록 사례 중심의 연수와 자료 제공을 병행하였다. 그 결과 학생들은 정서적 안정을 경험할 수 있었고, 교사와 학부모 역시 상담 참여에 더욱 적극적으로 나서게 되었다. 학교의 상담 문화가 점차 교내 전반에 자리 잡기 시작한 것이다.

한편, 수업 영역에서도 변화는 이어졌다. 교사 간 협력을 기반으로 한 수업 연구 활동을 정례화하여, 단순히 개별 교사의 노력에 머무르지 않고 공동의 성장으로 나아가도록 했다. 교과별 공동 수업 설계와 피드백 체계를 도입하면서 교사들은 서로의 수업을 함께 고민하고, 구체적인 개선점을 나누며 전문성을 높였다. 이러한 과정은 교사의 수업 역량 강화로만 끝나지 않았다. 교실 속 학생들의 참여도와 몰입도가 높아졌고, 결과적으로 학교 전체의 수업 질이 한 단계 끌어올려지는 성과를 가져왔다.

또한 학교장은 내부 자원에만 머물지 않았다. 지역 청소년상담복지센터와 외부 전문 기관과의 협약을 통해 진로 상담과 정서 지원 프로그램을 도입하였다. 이는 내부 인력과 자원만으로는 충당하기 어려운 영역을 메워주었고, 학생들에게 보다 다양하고 전문적인 지원을 제공할 수 있는 기반이 되었다. 학교가 지역사회와 손을 맞잡을 때, 제한된 조건은 더 이상 한계가 아닌 기회로 전환될 수 있음을 보여주는 대목이었다.

이 사례는 분명한 메시지를 전한다. 제약이 있다고 해서 교육의 질이 낮아지는 것은 아니다. 중요한 것은 학교장이 문제의 본질을 정확히 짚어내고, 교육적 효과가 높은 과제에 자원을 전략적으로 집중할 수 있느냐에 달려 있다. ○○고등학교는 상담과 수업이라는 두 축을 중심으로 체계적인 접근을 실행함으로써, 구성원들로부터 높은 신뢰와 만족을 이끌어냈다. 학교장은 단순한 행정 운영자가 아니라, 교육적 비전과 실행 전략을 동시에 실천하는 '실천적 리더'로서의 역량을 입증한 것이다.

참고문헌

[1] Andersson, L., & Berg, H. (2020). Collaborative decision-making and trust in Nordic educational leadership. *Journal of Educational Administration*, *58*(3), 245-260.

[2] 교육부. (2022). 학교 운영 및 리더십 현황 보고서. 세종: 교육부.

[3] 김성진, 이지은, 박현수. (2023). 투명성과 공정성이 학교장 리더십에 미치는 영향. 한국교육행정학회지, 41(1), 123-141.

[4] 국제교육협회. (2021). 유연한 규정 해석과 학교 성과에 관한 국제 비교 연구. 국제교육협회 보고서.

[5] 이민호. (2022). 점진적 변화와 학교 리더십: 실천 중심의 접근. 교육연구, 39(2), 89-108.

[6] 서울특별시교육청. (2023). 교장공모제 운영 지침. 서울: 서울특별시교육청.

[7] 교육부. (2022). 초 · 중등교육법 [시행 2022. 3. 25.]. 세종: 국가법령정보센터.

[8] 장영훈. (2021). 초빙형 교장공모제 집행 과정 영향요인에 대한 교사 인식. 교육행정학연구, 39(4), 1-28.

[9] 광주광역시교육청. (2023). 학교운영위원회 구성 및 운영 지침. 광주: 광주광역시교육청.

[10] 경기도교육청. (2023). 고교학점제 교육과정 편성 · 운영 지침. 수원: 경기도교육청.

[11] 김민정, 이수진. (2021). 학교 자율경영에서 교장의 리더십과 교육과정 운영 자율성의 관계. 한국교육행정학회지, 39(1), 77-98.

[12] OECD. (2023). *Educational policy coordination and school performance*. OECD Publishing.

[13] UNESCO. (2022). *Strategic mediation in school leadership: Connecting policy and practice*. UNESCO Publishing.

[14] 경상남도교육청. (2024). 학교자율시간 운영 사례집: 초등학교 편. 진주: 경상남도교육청 정책연구담당관.

[15] ○○중학교. (2024). 2학년 1학기 학교자율시간 활동 보고서 [미출판 내부 문서].

[16] 전라북도교육청. (2024). 학교자율시간 설계 · 운영 모델 연구 보고서. 전주: 전라북도교육청 교육연구정보원.

[17] Educational Leadership Data Center. (2019). *Case study: Schenectady City School District leadership changes and impacts*. Albany, NY: State University

of New York Press.
[18] OECD. (2020). *A flying start: Improving initial teacher preparation systems*. Paris: OECD Publishing.
[19] 한국교육개발원. (2023). 학교장 교육과정 운영 및 수업 혁신 참여가 교사와 학생 성과에 미치는 영향. 진천: 한국교육개발원.
[20] OECD. (2020). *A flying start: Improving initial teacher preparation systems*. OECD Publishing.
[21] Department for Education. (2023). *Working lives of teachers and leaders: Wave 2 summary report*. UK Government.
[22] Department for Education. (2021). *Survey of school business professionals 2021*. UK Government.
[23] McMahon, M., & Rogers, D. (2024). Distributed leadership in special schools: Impacts on teacher commitment and student outcomes. *International Journal of Inclusive Education*. Advance online publication.
[24] Shields, R. (2022). Distributed leadership: Still in the gift of the headteacher? *School Leadership Management, 42*(5), 431-447.
[25] Harris, A. (2014). *Distributed leadership matters: Perspectives, practicalities, and potential.* Thousand Oaks, CA: Corwin Press.
[26] Spillane, J. P. (2006). *Distributed leadership.* San Francisco, CA: Jossey-Bass.
[27] 한국교육개발원. (2024). 분산 리더십 실천 척도(DLPS) 개발 및 적용 연구: 국내 중학교 교사를 중심으로. 진천: 한국교육개발원.
[28] ○○초등학교. (2024). 학교 운영 계획서 [내부 문서].
[29] ○○중학교. (2025). 2025학년도 교육계획서 [내부 문서].
[30] 교육부. (2022). 온라인 콘텐츠 활용 교과서 선도학교 운영 계획. 세종: 교육부.
[31] 김정훈, 박수민, 이혜진. (2023). 디지털 기반 학교 조직의 분산 리더십 탐색: 온라인 교육 환경의 변화에 따른 조직 대응 전략. 교육행정학연구, 41(2), 123-148.
[32] OECD. (2023). *Transforming education: How collaborative leadership builds school capacity*. OECD Publishing.
[33] Bryk, A. S., & Schneider, B. (2002). *Trust in schools: A core resource for improvement*. Russell Sage Foundation.
[34] 김수현, 이지연 (2022). 한국 초등학교에서 교사들이 교장을 신뢰하는 데 영향을 미치는 요인. 교육행정학연구, 60(1), 89-106.
[35] Sahlberg, P. (2021). *Finnish lessons 3.0: What can the world learn from*

educational change in Finland? Teachers College Press.

[36] Soini, T., Pietarinen, J., & Pyhältö, K. (2020). Teachers' participation in curriculum work: Shaping and reshaping the curriculum in local contexts. *Journal of Curriculum Studies, 52*(5), 701–718.

[37] 권내욱. (2020).초등학교 동학년 교사들의 교육과정 공동개발을 위한 숙의 사례. 진천: 한국교육과정평가원.

[38] Voelkel, R., Prusak, J., & Van Tassell, F. (2024). Principal empathy and teacher wellbeing.*Journal of School Administration Research and Development, 9*(2), 13–28.

[39] Çoban, Ö., Özdemir, M., & Bellibaş, M. Ş. (2023). Instructional leadership and teacher professional learning: The mediating role of teacher collaboration. *Asia Pacific Journal of Education, 43*(4), 455–471.

[40] OECD. (2022). *Working and learning together: Rethinking human resource policies for teachers.* OECD Publishing.

[41] 김현정. (2024). 농촌 교육에서의 관계 중심 리더십과 학교 공동체 형성. 교육행정학연구, 42(1), 23–45.

[42] 이수영. (2024). 학교 갈등 중재: 회복적 정의 관점을 중심으로. 경기교육정책브리프, 11(2), 9–22.

[43] 박정우. (2025). 학교장 주도 사안해결제의 운영과 효과: 자율적 징계 정책 사례 분석. 서울교육리뷰, 37(1), 51–66.

[44] 교육부. (2025). 학교 자율운영 지원 확대 계획. 세종: 교육부.

[45] Department for Education. (2023). *School resource management: Guidance for schools and academy trusts*.

[46] 인천일보. (2024, May 16). 경기교육청, 학교자율과제 1위는 '기본 인성교육 강화'. 인천일보.

[47] ○○중학교. (2024). 학교 특색교육 활동 및 중점교육 활동. ○○중학교 공식 홈페이지.

[48] Bolman, L. G., & Deal, T. E. (2017). *Reframing organizations: Artistry, choice, and leadership* (6th ed.). Jossey-Bass.

[49] OECD. (2024). *Education leadership report 2024*. OECD Publishing.

[50] 박현정. (2023). 학교장의 선택과 집중 리더십이 학교문화에 미치는 영향. 한국교육행정학회지, 41(3), 115–138.

[51] 전라북도교육청. (2024). 2024 학교 상담 운영 방침. 전주: 전라북도교육청.

제 5 장 외부와의 협력: 교육청, 학부모, 지역사회

5.1 교육청의 요구와 학교장의 책임

5.1.1 교육청의 요구분석과 학교장의 법적 · 행정적 책임

21세기 교육 환경은 그 어느 때보다 복잡하고 빠르게 변화하고 있다. 기술 발전과 사회적 변화, 그리고 교육에 대한 다양한 요구는 학교운영의 패러다임까지 변화시키고 있다. 이에 따라 학교장은 전통적으로 주로 관리자로 여겨져 왔지만, 점점 더 폭넓은 영향력을 행사하는 역할을 수행해야 하는 전략적 리더로서의 역할을 요구받고 있다. 지금의 교육 시스템은 교육청의 정책적 요구와 학교 현장의 실제적 필요 사이에서 현실적인 균형을 찾아야 하는 상황에 놓여 있다.

학교장은 이 복잡한 생태계의 중심에서 교육청의 거시적 목표와 학교 구성원의 미시적 요구를 조화롭게 연결해야 하는 막중한 책임을 지닌다. 교육청은 국가 및 지역 교육 정책을 집행하는 기관으로서 학교운영의 방향을 제시하는 역할을 맡고 있으며[1], 학교장은 학교 구성원을 대표해 교육청 정책을 실현하는 동시에 학교의 특수성과 구성원의 의견을 반영해야 한다[2]. 그러나 이러한 역할 분담 속에서 교육청의 요구가 일방적으로 학교장에게 전달될 경우, 다양한 갈등과 시행착오가 발생하기도 한다.

교육부의 '2023 학교예산 집행 및 교직원 업무경감 지침'에 따르면, 각 지방 교육청은 연초 예산집행 계획, 특수교육 대상자 지원, 학교폭력

예방 프로그램 등 다양한 시책을 학교에 요구한다[3]. 예를 들어, 교육부는 '2024년 학교폭력 예방 종합 대책'을 통해 학교폭력 전담기구 구성, 교사 연수 이수 의무, 분기별 실태조사 보고 등을 명시했다[4]. 이러한 정책들은 정책 실현을 촉진한다는 긍정적 목적과 함께, 보고와 평가 중심의 통제적 문화를 동시에 내포하고 있다. 실제로 초·중등 교원 1,214명을 대상으로 한 조사에서 78.6%의 교사는 "교육청의 사업 요구가 학교 현장 사정과 부합하지 않아 부담을 느낀다"고 응답했다[5]. 학교장은 이러한 정책 실적을 '행정 책임'으로 무겁게 받아들이지만, 실제 실행력은 교사·학생·예산 등 현장의 조건과 참여 의지에 따라 제한될 수밖에 없다.

따라서 학교장은 정책 목표와 현장 수용성 사이의 간극을 좁히기 위해 실효성 있는 대안을 제시하고 구성원을 설득하는 등 조정자의 역할을 해야 한다. 반면 교육청도 정책을 보다 유연하게 적용할 수 있는 방안을 마련하고, 학교와의 쌍방향 협력 구조를 구축할 필요가 있다. 2022년 교육부의 '학교 자율화 정책 만족도 조사'에서 교장·교감의 67%가 "교육청이 더 지원자 역할을 해야 한다"고 응답한 것은 이러한 요구를 잘 보여준다[6]. 결국 교육청의 정책 요구 방식은 결과 중심에서 벗어나, 학교의 실정과 과정을 지원하는 형태로 전환되어야 하며, 학교장은 교내 이해관계자와의 소통·합의를 강화하고 교육청과의 실질적 협의 창구를 적극적으로 마련해야 한다.

교육청의 정책 요구는 정책 집행의 신뢰성과 질을 높이는 데 필수적이지만, 획일적 요구와 평가 중심 지침은 학교 현장의 자율성과 실효성을 떨어뜨릴 수 있다. 실제 학교와 교사들은 예산·인력·학교 문화 등 여건 차이로 인해 정책 수용에 큰 어려움을 겪는다. 정책 효과성을 높이기 위해서는 현장 경험에 기반한 실질적 지원, 쌍방 협의 구조 확립, 학교장의 상황별 리더십 강화가 필수적이다. 이를 통해 한국 교육행정이 지향하는 '책임과 자율의 균형'이 비로소 실제 현장에서 구현될 수 있을 것이다[7].

2022년 이후 교육정책의 중심축이 '학교 자율화'로 이동하면서, 학교장에게 요구되는 법적·행정적 책임의 내용과 범위도 빠르게 변화하고 있다. 교육부와 시·도교육청은 학교의 자율권을 확대하는 한편, 학교장의 책무성을 강화하는 제도적 기반을 새롭게 구축하는 데 힘을 쏟고 있다[8]. 이 과정에서 학교장은 법령과 조례를 엄격히 준수해야 하는 동시에, 학교 고유의 자율성을 확보해 구성원의 창의적 역량을 극대화할 책임을 지게 되었다.

학교장의 법적·행정적 책임은 국가 법령부터 지역 조례·내규에 이르는 다층적 틀 안에서 구체화된다. 2023년 교육부가 발표한 '학교 자율화 확대 방안'에서는 "학교장의 교육과정 운영 자율권, 예산 편성·집행 범위, 채용 및 인사 관리 책임"을 더욱 확대하되, 법령과 지침의 철저한 이행을 전제로 삼고 있다[9]. 실제로 「초·중등교육법」과 2024년 시행령 개정안은 교육과정 편성 범위, 자체 연수 절차, 예산 사용의 투명성 등과 관련해 학교장이 따라야 할 구체적 의무와 절차를 명시하고 있다[10]. 이후 시·도교육청에서도 관련 조례를 통해 법적·행정적 책임을 규정하였다. 서울시교육청의 '학교장 책무성 조례'나 경기도교육청의 '학교자율운영제 지침'에서는 학교 실정에 맞는 운영을 가능하게 하기 위해 자치규정을 확대하는 한편, 관련 법령 위반 시 학교장에게 징계·행정처분이 가능하다는 점까지 명확히 하고 있다[11]. 학교장의 역할이 단순한 관리 차원을 넘어 법과 제도 위에서 능동적인 경영 리더십을 발휘하는 '책임 주체'로 변화해야 한다는 최근 정책 흐름이 잘 드러나는 대목이다[12].

그러나 이 과정에서 학교장이 감당해야 할 책임의 강도도 높아졌다는 평가가 나온다. 법령 해석과 적용, 각종 공문·지침 이행, 감사 대응 등 요구되는 행정 역량이 크게 증가했기 때문이다.

학교 자율성 강화를 위한 정책은 학교장의 운영 권한을 확대하는 동시에, 교육청이 부과하는 행정 요구와 현장의 권한 사이에서 조정과 균형이 필요함을 전제로 한다. 예를 들어, 경기도교육청의 '학교자율운영제(2024)'는 교육과정·예산·인사·평가 등에서 학교장의 결정권을 약 20% 확대하였고, 서울시교육청의 '학교장 책무성 평가제'는 기존 관리책임 중심 지표를 '의사소통, 민주적 경영, 혁신적 학교 문화 조성' 등 자율성과 연계된 항목까지 확장했다.

이러한 변화 속에서 학교장이 실질적인 자율성과 행정적 통제(교육청 지침, 공문 이행, 감사 등) 사이에서 균형을 이루기 위해서는 첫째, 법적 지식과 행정 역량의 체계적 강화, 둘째, 학교 내외 구성원—교직원, 학부모, 학생, 지역사회—과의 원활한 소통, 셋째, 학교 고유의 책무성 시스템 구축이 필요하다는 지적이 많다[13]. 실제 정책 현장에서는 학교장의 자율권 확대만으로는 현장 혁신이 어렵고, 교육청이 단순한 감독자를 넘어 지원자로 변화해야 한다는 요구가 커지고 있다[14]. 반면, 교육청 입장에서는 학교장의 자율성을 존중하되, 법적 책임의 한계와 미충족 시 행·재정적 제재가 불가피하다는 부담 역시 존재한다. 이와 관련하여, 첫 번째 사례는 학교장이 교육청 정책을 현장에 맞게 조정하여 실행한 사례이며, 두 번째 사례는 교육청의 요구와 학교 현실 간의 간극을 보여주는 사례이다.

• 현장 조정으로 완성한 학교폭력 예방교육

수원시 ○○초등학교의 김○○ 교장은 2023년 교육청에서 요구한 학교폭력 예방교육을 이행하는 과정에서 상당한 어려움을 겪었다고 진술했다. [그림 5-1]과 같이 교육청 지침에 따르면 한 학기에 네 차례 전체 학생을 대상으로 한 예방교육을 실시해야 했으나, 현실은 지침과 달랐다고 설명한다. 교사 1인당 맡고 있는 행정·수업·생활지도 업무가 이미 과중한 상황에서 연수 참여율을 높이기란 쉽지 않았고, 외부 전문가를 초청해 프로그램을 운영하기에는 예산도 충분하지 않았다.

[그림 5-1] 현장 조정으로 완성한 학교폭력예방교육

김 교장은 "교사들의 업무 부담과 예산 문제를 동시에 고려해야 했기에, 단순히 지침을 그대로 실행하는 것이 불가능했다"고 회상했다. 결국 학교 내부 논의를 통해 교사 간 협업으로 프로그램을 나누어 맡도록 조정했고, 지역 아동상담기관과 연계하여 외부 강사를 최소 비용으로 확보하는 방안을 마련했다. 이러한 다각적인 노력 끝에 교육청이 요구한 목표를 어렵게 달성할 수 있었다고 한다[15]. 이 사례는 교육청의 정책 요구가 학교장의 조정 역량과 현장 맞춤형 해석을 필요로 한다는 점을 다시 한번 보여준다.

• 교육청 요구와 학교 현실의 간극

서울시 ○○중학교의 ○○○ 교사는 교육청 요구를 이행하는 과정에서 느끼는 현실적 어려움을 다음과 같이 설명했다. [그림 5-2]와 같이 "예산과 인력이 부족한 상황에서 학교 현장에서 당장 해결해야 하는 여러 현안이 쌓여 있어, 교육청의 요구 사항을 언제나 최우선으로 둘 수 없다"고 토로했다. 실제로 중학교 현장은 학사 일정 운영, 생활지도, 학생 안전, 각종 평가와 행사 준비 등 긴급하고 반복적인 업무가 일상적으로 몰려오는 구조다. 이러한 상황에서는 교육청이 제시하는 정책 사업이나 추가 업무가 아무리 중요한 취지를 담고 있다 하더라도, 현장의 실정에 맞게 조정하지 않으면 실행 자체가 어려운 경우가 많다.

그는 특히 "교육과정 정상화를 유지하면서 교육청 요구까지 충족시키는 과정은 늘 고민의 연속"이라고 강조했다. 교육과정의 질을 지키려면 교사들은 수업 준비와 학생지도를 중심에 두어야 하지만, 정책 사업에 따른 보고·계획서 작성·연수 이수 등의 행정적 요구가 증가하면 본연의 교육 활동이 위협받는 현실에 놓이게 된다. 이 교사는 이러한 이중적 압박 속에서 우선순위를 정할 때마다 갈등을 느끼며, 학교장과 교사들이 협력해 조정 방안을 마련해야 한다고 덧붙였다. 그는 "결국 학교는 현장 여건에 맞춰 현실적인 실행력을 확보해야 하며, 교육청도 학교의 상황을 세밀하게 이해해 주는 지원 방식이 필요하다"고 말했다[16]. 이 사례는 교육청의 정책적 요구가 학교 현장의 실제 여건과 충돌할 때, 교사와 학교장이 겪는 어려움이 얼마나 큰지를 잘 보여주는 현장 사례로 볼 수 있다.

[그림 5-2] 교육청 요구와 학교 현실의 간극

5.1.2 책임 기반의 교육청-학교 관계 및 자율성 균형

교육청-학교 관계 재구조화 정책의 핵심은 '계층적 통제'에서 벗어나 '수평적 협력과 공동 책무체계'로 전환하는 데 있다. 이를 위한 구체적인 관계 전환 방안은 다음과 같다.

첫째, 의사소통과 참여 기반의 정책 설계이다. 전국 시・도교육청은 학교장이 교육과정・예산・시설・인사 등 주요 정책 결정 과정에 실제로 참여할 수 있도록 '학교자율운영협의회', '학교장협의체', '책임운영학교 네트워크(서울특별시교육청의 경우 지원청별 총간사학교장 협의체)'와 같은 상설기구를 마련하고 있다. 이는 일방적인 지시・감독 방식에서 벗어나 현장과의 실질적 소통을 강화하고, 학교 상황에 맞는 '맞춤형 정책' 수립을 가능하게 한다[17].

둘째, 성과-자율-책임이 연계된 평가 시스템의 구축이다. 2023~2024년

시・도교육청들은 학생・학부모・교직원 만족도, 교육과정 혁신성, 교육복지 구현 등 학교별 특색지표와 성과를 중심으로 책무성 평가를 실시하고 있다. 학교장은 자율적으로 목표를 설정하되, 결과에 따라 '학교장 책임과 보상', '미이행 시 행정조치' 등 성과관리 제도가 강화되는 구조이다. 이는 자율과 책임이 상호 견인하는 체계로의 전환을 의미한다.

셋째, 권한과 책임의 구체화 및 법적 안전장치 강화이다. 최근 교육청과 교육부(2023~2024)는 학교장에게 부여되는 권한의 범위, 예산 집행・인사 책임, 법률 위반 시 기관책임과 개인책임(징계・감봉 등)의 기준을 조례와 시행령에 명확히 규정하고 있다. 또한 학교 내외 분쟁 시 '중립적 조정기구'(분쟁중재위원회 등)를 설치하고, 정기 자체감사와 자문 시스템을 도입하여 갈등과 분쟁의 위험을 최소화하려 하고 있다[18]. 학교장은 복잡한 법령・조례 준수와 현장의 자율성을 조화시켜야 하며, 교육청 역시 규정의 목적과 학교 현실 간 균형 있는 지원 정책을 마련해야 한다. 현장과 정책의 괴리를 줄이기 위해서는 실질적인 협력과 피드백 체계를 강화하는 것이 핵심이다.

넷째, 교육청 역할의 지원 중심 전환이다. 교육청은 단순히 명령을 내리는 기관이 아니라, 학교의 필요를 분석하여 맞춤형 예산・법률 상담・인사・컨설팅 등을 제공하는 동반자로 변화해야 한다[19]. 이러한 전환은 학교 자율성 확대뿐 아니라, 학교장이 안정적으로 리더십을 발휘할 수 있는 기반을 마련하는 데 중요한 방향이라 할 수 있다.

교육부는 「초・중등교육법」 제9조(학생・기관・학교평가), 시행령 제11조(평가 대상 구분), 제12조(평가기준), 제13조(평가 절차・공개 등)를 근거로 학교평가를 실시하고 있다. 시・도교육청의 학교평가 가이드에서는 학교평가를 학교혁신과 발전을 위한 과정으로 규정하며, 학교 구성원이 평가의 주체가 되어 자율성과 책무성을 바탕으로 학교교육 전반을 확인 · 성찰하고 개선해 나가는 '계획-실천-평가-환류'의 순환 체계를 강조하고 있다[20].

서울시교육청은 〈표 5-1〉과 같이 학교평가 영역과 세부영역을 주요 정책 방향에 따라 학교교육활동 중심으로 제시하고 있다. 평가영역과 세부영역은 학교가 임의로 수정할 수 없지만, 평가지표와 평가문항은 학교 자율적으로 구성할 수 있도록 하여 학교의 특성과 목표가 반영되도록 했다. 이에 따라 학교는 다양한 분야에서 자율적 평가지표를 수립할 수 있다.

예를 들면, 학교 비전의 공유와 실현, 학교자율운영체제의 내실화, 학교 회의 문화 활성화, 서울형 학교조직진단도구(SODI)를 활용한 조직문화 개선, 학부모의 학교교육 참여 활성화, 지역사회와의 연계 · 협력 강화, 행정업무 경감과 효율성 제고, 예산 운영의 적정성 · 투명성 제고 등이 있다. 또한 학생 맞춤형 교육과정 편성 · 운영, 학사 운영 안정화, 진로교육과정 활성화, 수업혁신과 수업 나눔 문화 확산, 과정중심평가 내실화, 평가 공정성 강화, 교원의 전문성 신장, 기초학력 책임지도 강화, 협력적 통합교육 내실화, 교육복지와 학생 상담 · 치유 지원 등도 포함된다[21].

이 밖에도 방과 후 · 돌봄 운영, 독서 · 토론 · 쓰기 교육, 수학 · 과학 · 융합교육, AI · 디지털교육, 학교예술 · 학교체육활동, 현장체험학습 · 수련활동 · 소규모테마형여행의 내실화, 학생자치를 통한 민주시민교육, 공동체형 인성교육, 역사 · 통일 · 다문화 · 세계시민교육, 생태전환교육, 생명 · 인권 · 성평등 문화 조성, 학교폭력 · 성폭력 예방 및 대응 강화 등 다양한 지표가 학교 자율적으로 구성될 수 있는 영역이다.

이와 같이 학교는 법령에 근거한 기본 틀 안에서 자체 평가지표를 마련하여 학교의 자율성을 실질적으로 확장할 수 있다.

〈표 5-1〉 2025 서울시교육청 학교평가 평가지표

영역	세부영역	평가지표
Ⅰ. 협력적 학교 자치 문화	Ⅰ-1. 소통과 협력의 학교자치 기반 조성	• 학교 비전 공유 및 실현 • 학교자율운영체제 내실화 • 학교 회의 문화 활성화 • 서울형 학교조직진단도구(SODI)를 활용한 조직문화 개선
	Ⅰ-2. 학부모 및 지역사회 연계	• 학부모의 학교교육 참여 활성화 • 학교와 지역사회 연계·협력 강화
	Ⅰ-3. 행정·예산	• 행정업무의 경감 및 효율성 제고 • 예산 편성·운영의 적정성 및 투명성 제고
Ⅱ. 교육과정 운영 및 교수·학습 방법	Ⅱ-1. 교육과정 편성·운영	• 함께 만들어 가는 학생 맞춤형 교육과정 편성·운영 • 학사 운영 및 교육과정 내실화 • 학생 맞춤형 진로교육과정 활성화
	Ⅱ-2. 수업·평가 혁신	• 수업혁신 및 수업 나눔 문화 확산 • 학생의 성장과 발달을 돕는 과정중심 평가 내실화 • 평가의 공정성 제고
	Ⅱ-3. 교원 전문성 신장	• 자발적 연구문화 조성 • 교원의 역량 강화 지원
Ⅲ. 교육 활동 및 교육 성과	Ⅲ-1. 맞춤형 책임 교육	• 기초학력 책임지도 강화 • 협력적 통합교육 내실화 • 중단 없는 교육기회 제공 • 안정적인 교육복지 지원 • 학생상담 및 치유 회복 지원 • (초)늘봄학교 안정적 운영
	Ⅲ-2. 인문·과학·예체능교육	• 독서·토론·쓰기교육 활성화 • 수학·과학·융합교육 내실화 • 인공지능(AI)·디지털교육 활성화 • 학교예술 및 학교체육교육 활성화 • 현장체험학습, 수련활동 및 소규모테마형교육여행 운영 내실화

영역	세부영역	평가지표
	Ⅲ-3. 민주시민교육	• 학생자치를 통한 민주시민교육 활성화 • 공동체형 인성교육 내실화 • 역사 · 통일 · 다문화 · 세계시민교육 활성화 • 지속가능한 생태전환교육 강화 • 생명존중 · 인권존중 · 성평등 학교 문화 조성 • 학교폭력 · 성폭력 예방 및 대응 강화

미국의 공립학교장(Principal)은 학교운영의 1차 책임자이자 동시에 주 정부와 교육구(District) 정책의 실행자 역할을 수행한다[22]. 예를 들어, 캘리포니아주의 지역별 책임제 관리안(Local Control and Accountability Plan, LCAP)은 학교장에게 자율적인 예산 배분권과 학생군별 맞춤 교육 제공 권한을 법적으로 보장한다. 다만 학력 성과, 출결, 예산 실행, 지역사회 참여 등 8개 항목에 대한 연례 평가와 보고가 의무화되어 있으며, 기준에 미달할 경우 교육구의 지도 · 감독 또는 교정 명령이 시행된다. 자율성 확대와 함께 강한 책무성이 동시에 요구되는 구조다.

핀란드는 1990년대 이후 전국적 교육분권 정책을 추진하며 학교장의 자율권을 폭넓게 보장해 왔다. 학교장은 교육과정을 재구성하고, 교원을 선발하며, 예산을 편성하는 등 학교운영의 폭넓은 권한을 행사할 수 있다. 교육부는 국가 차원의 '핵심 교육과정'만을 제시하고, 실제 적용과 실행은 각 학교장의 판단과 책임을 신뢰하는 방식이다. 다만 교육청(Finnish Education Agency)은 3년 단위로 자율 보고와 외부 평가를 실시하고, 평가 결과가 기준에 미달하면 학교에 대한 지원계획을 집중적으로 강화한다[23]. 즉, 자율성은 보장하되 그에 따른 책임 구조를 정교하게 설계한 방식이다.

이러한 흐름 속에서 학교장의 법적 · 행정적 책임은 자율과 성과, 투명성과 민주적 운영, 교육청과의 파트너십 등 다층적 의무를 요구하며 점차 고도화되고 있다. 학교장은 학교의 자치를 강화하는 동시에 교육청 정책을 충실히 이행해야 하며, 최근 정책은 단위학교의 요구와 현장을 더 많이 반영하는 분산적 거버넌스 모델을 지향하고 있다[24].

학교장의 리더십은 특히 교육청과 학교 간 협의 과정에서 중요한 역할을 한다. 실천적 지식과 경영자로서의 정체성을 통합해 갈등을 조정하고 정책의 현장 실행력을 높이는 데 필수적이다. 갈등이 발생했을 때는 협상론적 관점에서 원인을 구조적으로 분석하고, 합리적인 중재안을 마련하는 과정이 효과적인 정책 운영에 기여하는 것으로 보고되었다[25]. 이를 위해 학교장은 설문, 성과지표, 교사·학생 의견 등 객관적 자료를 기반으로 요구안을 체계적으로 정리하고, 학교운영위원회 등 민주적 절차를 거쳐 교육청에 제출하는 것이 중요하다. 정책에 대한 이견이나 추가 요구가 있을 경우에도 지역 현장의 특성과 대안을 논리적으로 제시하며 교육청과의 신뢰 관계를 구축해야 한다[26].

무엇보다 학교장은 정책 변화에 선제적으로 대응할 준비가 필요하다. 교육청과 학교장의 긴밀한 협의 구조와 상호작용은 학교 정책의 현장 적합성을 높이고, 빠르게 변화하는 교육 환경 속에서 학교의 자율성과 창의성을 보장하는 핵심 요소이다. 상향식 소통을 위한 데이터 기반 요구 체계, 민주적 합의 과정, 선제적 대응 구조를 마련함으로써 학교와 교육청 간의 실질적인 파트너십을 강화할 수 있을 것이다. 이 사례들은 학교장이 학교폭력 처리, 학생 자치, 회계·행정 운영, 자율운영 과정에서 법적 절차와 책무성을 기반으로 자율과 책임의 균형을 조정해야 함을 잘 보여준다.

• 학교폭력 처리 절차 누락으로 인한 학교장의 법적 책임

전주시 ○○중학교에서 신체적·언어적 학교폭력 사건이 발생하자 피해 학생과 보호자는 학교에 해당 사례를 신고하였다. 「학교폭력예방 및 대책에 관한 법률」에 따르면, [그림 5-3]과 같이 즉시 학교폭력전담기구에 사실 확인을 지시하고, 요건에 따라 학교폭력대책심의위원회(학폭위) 개최 여부를 결정해야 한다. 또한 자체해결이 가능한 경우라 하더라도, 피해가 경미하고 지속성·보복성이 없다는 등 법에 명시된 요건을 충족해야 하며, 그 과정에서 피해자와 보호자의 동의를 반드시 얻어야 한다.

그러나 ○○중학교 학교장은 해당 사안을 "경미한 사건"이라고 판단해 자체 상담만으로 종결하고, 학폭위 개최와 보고 절차를 모두 누락하였다. 이에 피해 학생과 보호자는 이 같은 처리에 불복해 교육지원청에 민원을 제기했다. 교육지원청 조사 결과, 학교장의 사실관계 및 피해 정도 판단은 주관적이었으며, 자체해결 요건도 충족하지 않았을 뿐 아니라 피해자·보호자의 의견도 충분히 묻지 않은 것으로 확인되었다. 결국 해당 학교장에게는 징계와 함께 주의 및 재발 방지 조치가 내려졌다[27].

경미하지 않은 학교폭력 사안을 자체해결로 종결하거나, 학폭위 개최 및 보고 의무를 이행하지 않은 학교장(또는 학교)의 책임을 인정한 것이다. 법원 역시 학교폭력전담기구와 학폭위 절차의 엄격한 준수, 피해자 보호의 최우선 원칙, 그리고 학교 현장에서의 '자율적 해결'이 갖는 한계를 명확히 제시하였다. 「학교폭력예방 및 대책에 관한 법률」 제13조의2는 학교장이 자체해결을 시도할 수 있는 요건과 범위를 엄격히 제한하며, 관련 절차를 위반하여 피해를 확대하거나 보고·학폭위 개최 등을 미루거나 누락할 경우 학교장은 민원, 징계, 심지어 손해배상청구 등 법적 책임까지 부담할 수 있다고 규정한다[28]. 이 사례는 학교폭력 사안에서 학교장이 자의적으로 자체해결을 시도하거나 필요한 행정 절차를 누락할 경우, 법령 위반과 그에 따른 행정·법적 책임이 뚜렷하게 발생한다는 점을 분명히 보여준다. 이는 학교장이 자율성을 행사할 때에도 법적 절차 준수와 피해자 인권 보호를 반드시 전제로 삼아야 함을 시사한다.

[그림 5-3] 학교폭력 처리 절차 누락으로 인한 학교장의 법적 책임

• 학생 자치 확대와 회계 책임의 균형

경기도의 ○○고등학교는 학생 자치활동을 확대하기 위해 동아리 예산 집행을 학생 주도로 운영하는 새로운 시도를 했다. 그동안은 담당교사가 사업계획 수립부터 예산 신청, 집행까지 대부분을 전담하고 학생은 보조적인 역할에 머물렀다. 그러나 ○○고는 학생 자율성을 강화하기 위해 동아리 회장이 직접 사업계획과 필요 예산, 집행 계획을 작성하고, 학교장과 담당교사가 이를 승인하거나 피드백을 제공하는 방식으로 전환하였다.

이 과정에서 [그림 5-4]와 같이 학생들은 다양한 체험활동, 외부 강사 초청, 지역사회 연계 프로그램 등을 스스로 기획·추진하며 높은 교육적 효과를 거두었다. 학생 만족도 또한 크게 향상되었다. 하지만 회계 집행 과정에서 일부 영수증이 학생 명의로 처리되거나, 학교회계 지침에서 지정한 교직원 계좌가 아닌 외부 계좌로 입금되는 문제가 발생했다.

경기도교육청은 정기감사에서 해당 사안을 지적하며 "학교회계 및 교육활동의 투명성 유지"라는 조례에 부합하지 않는 처리라고 판단해 개선 지시와 함께 담당자에게 경고 조치를 내렸다[29]. 동시에 학생 자치를 확대한 시도 자체는 긍정적으로 평가하고, 학생 중심 예산 집행의 절차 및 규정을 정비할 필요성을 교육청 차원에서 논의하는 계기로 삼았다. 이 사례는 학생 중심 교육의 자율성을 보장하면서도, 회계 책임과 행정 절차를 어떻게 조화시킬 것인지에 대해 학교장이 균형점과 개선 방향을 모색해야 함을 보여준다. 이처럼 학교장의 권한이 과도하게 축소되거나, 반대로 자율성이 책임 회피의 근거로 작용하는 상황은 모두 경계해야 한다. 실제로 경상북도교육청의 '학교 자율운영제' 시범사업에서는 학교장이 교육과정과 재정에서 일정 수준의 자율권을 부여받는 동시에, 성과와 투명성을 확인하기 위한 분기별 자체 평가와 교육청 점검을 병행하였다. 이를 통해 학교장은 권한과 책임, 이행 수준을 보다 체계적으로 인식할 수 있었고, 교육청 역시 불필요한 사전 통제보다 사후 지원과 컨설팅 중심으로 운영 방향을 전환할 수 있었다.

[그림 5-4] 학생 자치확대와 회계 책임의 균형

• 자체감사와 행정 책임의 강화

2023년 ○○교육청이 '학교장 책무성 평가지표'를 본격 시행한 이후, ○○고등학교는 학사운영, 예산, 교직원 인사업무 전반에 대해 매년 1회 자체감사를 실시하는 체계를 구축했다. 자체감사에서는 학교운영 전반을 책무성 기준에 따라 점검하고, 미흡한 부분이 발견될 경우 즉각 시정조치를 시행하며, 그 결과를 교육청과 학부모에게 투명하게 공개하였다[30]. 이는 학교운영의 투명성과 민주성을 강화하기 위한 서울시교육청의 정책 방향을 현장에서 실질적으로 구현한 사례로 볼 수 있다.

[그림 5-5] 자체감사와 행정 책임의 강화

[그림 5-5]와 같이 학교장은 「서울특별시교육청 학교장 책무성 조례」에 명시된 운영 기준과 「초·중등교육법 시행령」에서 규정하는 학교장의 법적·행정적 의무를 실무 매뉴얼에 따라 학교 경영에 체계적으로 반영해야 한다. 특히 시정 요구 사항을 기한 내에 처리하고, 운영기록

및 행정 절차를 규정에 맞게 기록해야 하는 책임이 강화되었다. 조례는 학교장이 학교 운영의 투명성, 교육과정 운영의 적정성, 예산 집행의 책임성 등을 준수해야 한다고 명시하고 있으며, 이를 위반할 경우 교육청의 행정적 조치—시정명령, 경고, 징계 등—가 즉시 적용될 수 있다. 이처럼 ○○고등학교의 사례는 '책무성 평가지표' 시행 이후 학교장의 운영 방식이 단순한 감독 수준을 넘어, 법령, 조례, 매뉴얼을 기반으로 한 적극적 경영 책임 체계로 변화하고 있음을 잘 보여준다.

• 자율과 책임의 동시 강화

○○교육청의 '학교자율운영제'로 ○○초등학교는 인사 자율화(순환근무 교사의 자체 추천·공개 전형), 예산자치(전체 예산의 70%를 학교 자체기획으로 운영), 교사 전문성 연수 운영 등에서 실질적인 권한을 위임받았다. 이를 통해 [그림 5-6]과 같이 교육과정과 학교 특성에 맞는 인력을 직접 선발하고, 다양한 교육활동을 학교 주도로 기획·집행할 수 있게 되었다. 교사 연수 역시 학교장이 중심이 되어 필요 분야를 선정하고 맞춤형 프로그램을 구성할 수 있었다[31].

다만 확대된 자율권과 함께 책임 또한 강화되었다. 각 단위사업에 대해 구체적인 이행계획서 제출, 중간 점검, 결과보고서를 교육청에 제출해야 하며, 목표 달성도가 미흡할 경우 다음 연도 자율권 일부가 축소되는 '성과-자율 연동 구조'가 적용되었다. 이 사례는 학교가 자율성을 확대하는 동시에 책무성을 강화해 운영해야 하는 새로운 학교경영 체제를 잘 보여준다.

[그림 5-6] 자율과 책임의 동시 강화

5.2 학부모 민원 대응과 소통 전략

5.2.1 학부모 민원의 유형과 대응 시스템 구축

최근 교육 현장에서는 학부모와 학교 간의 긴밀한 소통과 신뢰 회복의 필요성이 점차 강조되고 있다. 특히 2022년 이후 코로나19 팬데믹을 거치며 학교 운영 환경이 급격히 변화함에 따라, 학부모의 관심과 민원 역시 다양화되고 복합화되는 양상을 보이고 있다[32]. 이러한 변화 속에서 학부모 민원을 체계적으로 관리하고, 학부모와 수평적인 파트너십을 구축하는 일은 학교 현안 해결과 교육 만족도 제고를 위한 핵심 과제로 부각되고 있다.

학부모 민원은 크게 세 가지 유형으로 구분할 수 있다.

첫째, 교권 침해와 학생 생활지도와 관련된 민원이다. 한국교육개발원의 통계에 따르면 2022년 이후 교사의 지도 방식이나 학생 생활지도에 대해 학부모가 문제를 제기하는 사례가 지속적으로 증가하고 있다[33]. 이러한 민원은 자녀에 대한 과도한 보호 심리나 교사·학생·학부모 간의 소통 부족에서 비롯되는 경우가 많다.

둘째, 교육과정과 평가에 관한 민원이다. 학생 평가 기준, 교육과정 운영 방식, 진로 및 입시와 관련된 문제 제기는 교육 정책 변화에 따른 불안감, 평가의 공정성과 투명성에 대한 요구, 그리고 정보 제공의 미흡 등이 주요 원인으로 지적된다[34]. 특히 온라인 수업 확대와 평가 방식의 변화는 새로운 형태의 민원을 발생시키는 요인으로 작용하고 있다.

셋째, 학교 운영과 행정 전반에 관한 민원이다. 급식, 통학, 학교 시설, 방역 등 학교 행정 전반에 대한 요구가 증가하고 있으며, 이는 학교 운영 과정의 투명성 부족이나 의사결정 과정에서의 정보 소통 미흡, 그리고 높아진 행정 서비스에 대한 기대 수준과 맞물린 결과로 해석할 수 있다[35].

이처럼 다양하고 복합적인 학부모 민원에 효과적으로 대응하기 위해서는 무엇보다 체계적인 관리 시스템 구축이 필요하다. 우선 민원 접수와 처리 절차, 담당자 지정 과정을 투명하게 운영함으로써 민원 처리의 신뢰성을 확보해야 한다. 서울시교육청은 2022년 이후 민원 관리 매뉴얼을 도입하여 접수부터 처리 완료까지의 전 과정을 전산화하고, 처리 주체와 결과를 명확히 공유하는 체계를 구축하고 있다[36].

아울러 '선(先) 공감, 후(後) 해결'의 원칙은 학부모 민원 대응에서 중요한 기준으로 자리 잡고 있다. 최근 교직원을 대상으로 한 공감·소통 중심의 연수가 확대되면서, 민원인의 감정을 우선 공감하고 충분히 경청한 뒤 사실관계를 토대로 해결 방안을 모색하는 표준 대응 절차가 정착되고 있다[37]. 이러한 공감 기반의 응대 방식은 민원 처리 이후 학부모의 만족도와 학교에 대한 신뢰 형성에 긍정적인 영향을 미치는 것으로 나타났다.

마지막으로, 악성 민원에 대한 법적·심리적 지원 체계 역시 강화되고 있다. 반복적이거나 모욕적인 민원과 같이 단순 불만을 넘어서는 사례에 대해서는 전문 변호사 자문, 심리 상담 프로그램 등 다양한 지원이 제공되고 있으며, 2023년 개정된 교권보호법은 이러한 대응을 제도적으로 뒷받침함으로써 학교 현장의 심리적 안정과 교권 보호 강화에 중요한 역할을 하고 있다.

5.2.2 신뢰 구축을 위한 학부모 소통 전략

신뢰를 쌓기 위해 가장 중요한 요소는 정보를 투명하게 공개하고 소통 채널을 다양하게 확보하는 일이다. 최근 학교들은 홈페이지, 뉴스레터, 모바일 앱 등 여러 온라인 플랫폼을 활용하여 주요 정책과 급식, 예산, 학교 행사 정보를 일관성 있게 제공하고 있다. 서울시교육청의 '학부모 알리미' 앱이나 경기도교육청의 '소통과 공감' 뉴스레터처럼, 공식 소통 창구를 체계적으로 운영한 사례는 교사와 학부모 간 신뢰 형성에 긍정적인 효과를 보여주고 있다.

또한, 학부모가 학교운영에 실질적으로 참여할 수 있도록 학교운영위원회, 학부모회, 명예교사제, 재능기부 프로그램 등이 적극적으로 운영되고 있다. 여러 연구에서도 학부모의 정책 참여와 학교 활동 참여가 높아질수록 학교에 대한 신뢰와 만족도가 함께 상승한다는 결과가 보고되고 있다[38].

여기에 더해, 학부모 교육을 정례화하여 학교 정책에 대한 이해도를 높이는 노력도 이루어지고 있다. 2022년 이후 많은 학교가 학부모 대상 생활지도, 진로교육, 평가제도 설명회 등 각종 정책 연수를 의무적으로 운영하고 있으며, 이는 민원을 예방하는 데 효과적일 뿐 아니라, 학교와 학부모가 신뢰를 기반으로 협력적인 관계를 유지하는 데도 크게 기여하고 있다[39].

이처럼 시대 변화와 높아진 학부모의 요구에 맞춰, 학교장은 민원 유형과 발생 원인을 정밀하게 분석하고, 체계적인 대응 시스템과 신뢰 기반의 소통 전략을 마련해야 한다. 2023년 이후 정책 변화와 민원 동향을 반영한 새로운 대응 방식들은 학교의 투명성과 신뢰성을 높이며, 학부모와의 수평적 파트너십을 구축하는 데 중요한 역할을 하고 있다. 앞으로 학교와 학부모는 공동의 교육 목표를 바탕으로 더욱 깊은 신뢰와 협력의 문화를 형성해 나가야 한다. 이와 관련해, 비비디바비디부 「진로 사람책 콘서트」는 학부모의 참여로 운영된 참여형 진로 교육 사례로, 학교와 학부모 간의 협력을 잘 보여준다.

• 비비디바비디부 「진로 사람책 콘서트」

필자가 학부모 참여가 부족해 소통에 어려움을 겪었던 시기의 이야기다. 학교평가 기간 중, 한 학부모가 "왜 형식적인 진로교육 행사를 반복하느냐"는 의견을 남긴 것이 계기가 되었다. 대부분의 학부모가 비슷한 의견의 내용을 기타의견으로 제시하였다. 학생들이 관심조차 없는 직업에 대한 강의를 집단 강의 방식으로 듣는 것이 과연 효과적이냐는 문제 제기였다. 학생과 학부모 모두 "다양한 직업 이야기를 듣되, 학생이 실제로 관심 있는 직업군을 중심으로 편성해 달라"는 요구를 분명히 했다.

다음 해, 학생들의 진로 희망을 조사해 보니 정말 말 그대로 '다양한 직업인'이 필요했다. 하지만 당시에는 강사비 예산이 충분하지 않아 외부 강사를 초청하기도 쉽지 않은 상황이었다. 그때 학부모들과 머리를 맞대고 해결할 수 있는 방법을 찾기 시작했다. 마침 학부모 중에는 실제 업계에서 활발히 활동하는 직업인도 있었고, 자신의 직업과 보람을 아이들에게 이야기해 주고 싶다는 부모도 적지 않다는 의견이 나왔다.

그 이야기에서 착안해 가정통신문에 '재능기부' 참여를 제안했다. "아이들은 누구나 꿈을 가지고 있습니다. 부모님들의 생생한 직업 체험담이 아이들의 꿈을 이루는 주문처럼 작용할 수 있습니다"라는 메시지를 담아 안내장을 배부했다. 예상보다 많은 학부모들이 다양한 직업군으로 참여 의사를 밝혔다.

그 결과 탄생한 프로그램이 바로 『진로 사람책 콘서트』였다. [그림 5-7]과 같이, 가장 가까운 인적 자원이자 아이들이 신뢰하는 '학부모님'을 직업인 강사로 모시고, 직업의 세계를 직접 듣고 질문을 나누는 형식으로 운영했다. 학부모는 자신의 일과 보람을 진솔하게 들려주었고, 학생들은 평소 궁금했던 점을 자유롭게 질문하며 눈을 반짝였다. 프로그램은 진지하면서도 활기가 넘쳤고, 만족도 역시 매우 높았다.

[그림 5-7] 비비디바비디부 「진로 사람책 콘서트」

초기에는 민원에서 출발했던 문제였지만, 학부모의 재능기부를 통해 오히려 더 생생하고 의미 있는 진로교육 프로그램을 만들어 낼 수 있었다. 이는 학교와 학부모가 함께할 때 교육의 힘이 얼마나 커질 수 있는지를 보여주는 소중한 경험이었다.

5.3 지역사회 자원 활용 방안

5.3.1 지역사회 교육 자원 발굴과 활용의 중요성

학교 교육의 질을 높이기 위해서는 학교 내부의 자원만으로는 더 이상 충분하지 않다. 학생들의 배움이 교실을 넘어 삶의 현장으로 확장되기 위해서는, 지역사회가 가진 다양한 인적·물적 자원을 발굴하고 이를 학교교육과정에 적극적으로 통합하는 노력이 필수가 되었다[40]. 지역사회 자원 활용은 학교 교육의 한계를 보완할 뿐 아니라, 학생들의 실천적 역량과 인성을 기르는 데에도 크게 기여하며, 더 나아가 지역사회가 직면한 여러 문제를 함께 해결하는 통로가 되기도 한다. 이러한 이유로 오늘날 학교는 지역사회와의 긴밀한 연계와 협력이 지속적으로 요구된다.

지역사회의 인적 자원에는 다양한 분야의 전문가, 퇴직 교원, 멘토 등이 포함된다. 이들은 학생들에게 실제 직업 세계를 체험할 기회를 제공하고, 전문성을 바탕으로 한 강의나 멘토링 활동을 통해 교육과정의 깊이를 더한다[41]. 물적 자원 역시 매우 풍부하다. 지역 기업, 공공기관, 복지기관, 문화·예술기관, 체육시설 등은 학생들이 직접 활용할 수 있는 장소와 장비를 제공하며, 현장학습, 직업체험, 예술·체육 프로그램의 기반이 된다. 이러한 기관들은 공간 개방이나 프로그램 운영 등 다양한 형태로 학교 교육을 돕는 든든한 파트너가 된다[42].

지역사회 자원은 단순히 외부에서 잠시 도움을 주는 수준을 넘어, 학교 교육과정 속에서 진로교육, 봉사활동, 예술교육, 환경교육 등 다양한 영역과 유기적으로 연결된다. 즉, 지역사회와 학교가 함께 아이들의 배움을 만들어 가는 통합적 구조가 점점 더 중요해지고 있다[43].

학교장은 지역사회 자원을 단순히 발굴하는 데서 그치지 않고, 이를 학교 교육과정과 유기적으로 연결하여 설계하고 구현하는 핵심적인 역할을 맡고 있다. 지역의 기업과 기관과 협력하여 학생 중심의 진로 체험 및 직업 교육 프로그램을 운영하는 것 역시 학교장의 중요한 책무이다. 실제로 2023년 서울시교육청이 추진한 '지역맞춤 진로직업 체험 프로그램'은 지역 기업과의 협업을 통해 학생들이 다양한 진로를 탐색할 수 있도록 지원한 대표적 사례다[44].

또한 인성교육과 봉사활동 역시 지역사회 자원을 활용하면서 그 기회를 크게 확장할 수 있다. 진로교육지원센터, 지역 복지관, 자원봉사센터 등과의 협력을 통해 학생 주도의 봉사활동을 기획하고, 지역사회 문제 해결에 직접 참여하는 사례가 점점 늘고 있다. 이러한 경험은 학생들에게 사회적 책임감과 공동체 의식을 자연스럽게 길러준다[45].

문화·예술교육의 내실화를 위한 지역사회 협력도 매우 중요한 부분이다. 학교는 지역 내 공연장, 미술관, 예술가들과 연계하여 예술 강사를 초빙하거나, 지역 작가의 방문 수업을 운영하고, 지역 축제에 참여하는 등 다양한 방식으로 교육활동을 풍요롭게 만들 수 있다[46].

학교의 사회적 책임은 학생 교육에만 국한되지 않는다. 지역 주민들에게 학교시설을 개방하고, 주민 친화적 운영을 확대함으로써 지역 사회의 문화·교육 수준 향상에도 기여할 수 있다. 실제로 경기도 내 일부 학교는 주말에 체육관, 도서관, 강당 등을 개방하여 지역문화 활성화와 평생

학습 거점 역할을 수행하고 있다[47].

나아가 학교장은 지역사회가 당면한 문제—예를 들어 고령화, 청소년 문제, 환경 문제—를 해결하는 데 기여하는 교육 프로그램을 기획·운영함으로써 학교의 사회적 책임을 보다 적극적으로 실천할 수 있다. 이 과정에서 학생들은 지역의 구성원으로서 실질적인 역할을 경험하게 되고, 학교는 지역 문제 해결의 중요한 중심축으로 기능하게 된다. 결국 학교가 지역 현안 해결의 파트너로서 참여할 때, 학교는 단순한 교육기관을 넘어 '마을학교'라는 확장된 역할을 해낼 수 있다.

5.3.2 학교교육과정 연계 자원 활용과 학교장의 역할

미래 지향적 학교 교육에서는 학교장이 지역사회 자원을 발굴하고 이를 학교교육과정과 유기적으로 연계하는 역할이 점점 더 중요해지고 있다. 학교장은 지역사회와의 소통 창구를 체계적으로 마련하고, 공공기관·대학·기업·문화예술기관·시민단체 등과의 협력 협약을 통해 교육적 자원을 학교 안으로 끌어들이는 정책적 리더십을 발휘해야 한다. 이러한 과정은 단순한 외부 자원 활용을 넘어, 학교교육의 질과 범위를 확장하는 핵심 전략으로 기능한다.

특히 학교교육과정 연계 자원 활용은 학교 교육계획, 수업, 평가, 진로지도 전반과 긴밀히 연결되어야 한다. 지역 전문가의 수업 참여, 지역 시설을 활용한 체험형 학습, 지역 문제를 주제로 한 프로젝트 학습 등은 학생들의 실제 삶과 연결된 학습 경험을 제공한다. 학교장은 교사들이 이러한 활동을 교육과정 속에서 안정적으로 설계·운영할 수 있도록 행정적·제도적 지원을 제공하고, 교과 간 협력과 학교자율시간, 창의적 체험활동 등을 적극 활용하도록 조정하는 역할을 수행해야 한다.

또한 학교장은 학부모와 지역사회의 의견을 교육과정에 반영하는 조정자이자 중재자로서의 역할을 수행해야 한다. 지역사회가 요구하는 교육적 가치와 학교의 교육 목표 사이에서 균형을 이루며, 교육적 타당성을 중심으로 협력 방향을 설정하는 것은 학교장의 중요한 전문성이다. 이를 통해 학교와 지역사회는 일방적 지원 관계가 아니라 상호 신뢰에 기반한 교육 파트너로 발전할 수 있다.

중요한 점은 이러한 지역 연계 활동이 일회성 행사나 단기 사업에 그치지 않도록 지속 가능한 운영 체계를 구축하는 것이다. 이를 위해 학교장은 지역 자원을 체계적으로 데이터베이스화하고, 교육공동체(교사, 학부모, 학생, 지역 전문가)가 참여하는 정기적인 협의 구조를 마련해야 한다. 또한, 중장기 학교 발전 계획과 연계한 지역 협력 전략을 수립함으로써, 학교 교육과정과 지역사회가 상호 순환하며 성장하는 구조를 만들어가야 한다. 이에 따라 지역 건축가와의 협업을 통해 학생 참여형 수업을 실현하고, 지역사회 연계 교육의 가치를 확인한 사례를 소개한다.

• 지역 건축가와 함께 만든 배움의 공간: 지역사회 연계 수업 사례

필자는 지역사회 연계를 통해 수업의 질을 높이고자 마을에서 활동 중인 건축가와 협력하여 '건축가와 함께하는 건축수업'을 기획·운영한 경험이 있다. [그림 5-8]과 같이 수업에서 학생들은 자신이 생활하고 싶은 교실과 학교 공간을 주제로 아이디어를 구상하고, 건축가의 안내를 받아 모형 제작과 설계 과정을 직접 체험하였다. 단순히 건축 지식을 전달하는 데 그치지 않고, 학생들이 일상적으로 사용하는 공간을 새롭게 바라보고 문제를 발견하며 해결 방안을 제시하도록 수업을 설계하였다. 그 과정에서 학생들은 공간의 기능, 안전, 공동체적 배려에 대해 자연스럽게 사고하게 되었고, 학습에 대한 몰입도와 참여도 역시 크게 향상되었

다. 이 사례를 통해 필자는 지역사회 전문가와의 협력이 학생들에게 실제적이고 의미 있는 배움의 기회를 제공할 뿐 아니라, 학교가 지역과 함께 성장하는 공공 교육기관으로서 신뢰를 높이는 데 중요한 역할을 할 수 있음을 확인하였다.

[그림 5-8] 건축가와 함께하는 건축수업

5.4 행정기관과의 협업 구조 설계

5.4.1 주요 협업 대상 행정기관의 역할 이해와 협업 구조 설계

학교 교육 환경이 점점 다양해지고 사회 구조도 복잡해지면서, 학교와 외부 행정기관 간의 협력은 더 이상 선택이 아니라 필수가 되었다. 지방자치단체는 학교예산 지원, 교육 인프라 확충, 제도적 장치 마련 등에서 핵심적인 역할을 맡고 있으며, 실제로 학교시설 신축·리모델링, 실내 공기질 개선, 친환경 급식 확대와 같은 물리적 환경 개선뿐 아니라 돌봄교실, 방과 후 학교, 취약계층 지원 같은 교육복지 영역까지 넓게 관여하고 있다. 최근에는 탄소중립, 녹색교육, 디지털 환경 구축 등 새로운 사회적 과제를 학교와 함께 해결하는 방향으로 협력이 확대되고 있다.

이러한 행정기관의 지원은 학교 교육의 질과 학생 복지, 지역 안전에 직접적인 영향을 준다. 2023년 서울시교육청과 서울특별시가 함께 추진한 '그린스마트 미래학교' 사업이 대표적이다. 서울시는 예산 950억 원을 투입해 노후 급식실과 화장실을 개선하고, 태양광 패널과 환기 시스템을 설치하며 학교 환경 전반을 현대화했다[48]. 이는 단순한 시설 보수가 아니라 학교 복지와 생활환경 전반을 끌어올리는 연계적 지원이었다.

경찰서와 소방서 역시 학교의 안전한 환경 조성을 위해 중요한 역할을 한다. 경찰서는 학교폭력 예방 캠페인, 예비 범죄 예방 활동, 통학로 치안 강화 등으로 학생 안전을 뒷받침하며, 위기 상황이 생기면 즉시 출동해 학교장 및 보호자와 긴밀하게 협력한다. 소방서 또한 전국 학교를 대상으로 정기적인 대피훈련을 실시하고, 재난 대비 모의훈련과 안전 점검을 통해 위기 대응력을 강화하고 있다[49]. 재난 유형이 다양해지는 상황에서 기관 간 정보 공유와 공동 대응 체계의 중요성은 더 커지고 있다.

보건소와 복지센터는 학생 건강과 위기 학생 지원의 실질적 최전선이다. 보건소는 예방접종, 건강검진, 감염병 관리, 건강교육 등을 담당하며, 팬데믹 이후에는 위생교육과 방역물품 지원이 크게 늘었다. 정신건강 이상 징후를 조기에 파악해 상담·치료를 연계하는 역할도 강화되고 있다[50]. 복지센터는 취약가정 학생에게 심리·경제·정서 측면의 맞춤형 서비스를 제공하며, 위기 학생을 장기적으로 관리하는 지역의 중요한 파트너다. 이처럼 다양한 행정기관이 전문성을 바탕으로 학교를 지원하고, 지역 전체 교육생태계를 함께 만들어가고 있다.

학교장이 이러한 협업을 실질적으로 운영하기 위해서는 공식적 거버넌스와 현장 중심의 비공식 네트워크가 함께 작동해야 한다. 정기 지역교육 협의체는 지방자치단체, 경찰서, 소방서, 보건소, 복지센터, 교육청, 학교 관계자들이 한 자리에 모여 현안을 논의하는 공식 협의 구조로, 월간 회의와 워킹그룹, 실무분과 등 체계가 잘 갖추어져 있다. 이곳에서는 현안을 즉각 의제로 삼아 각 기관이 맡을 역할을 조정하고, 공동 목표에 따라 효율적으로 대응한다. 예를 들어 '학생 안전 강화'라는 목표 아래 경찰서는 순찰 강화, 소방서는 화재 대응 훈련, 보건소는 건강교육과 긴급 의료 지원 체계를 맡는 식이다.

이렇게 역할을 분담하면 중복 업무를 줄이고 각 기관의 전문성을 집중할 수 있다. 또한 공동 문제를 이해하고 자원을 통합적으로 운용하면서, 단일 기관이 해결하기 어려운 미세먼지·감염병·학교폭력 등 복합적 문제 해결에도 효과적이다.

여기에 비공식적 협업 네트워크도 중요한 역할을 한다. 실무자 간 정보 공유, SNS·메신저 기반의 신속 소통, 비공식 실무회의 등은 예기치 않은 상황에서도 빠른 대응을 가능하게 한다. 실제 현장에서는 복지센터나 경찰 실무자와 상시 협력해 위기 학생 지원 방안을 마련하거나 단기간 해결책을 공동 논의하는 일이 흔하다[51]. 이러한 비공식적 협업은 공식적 구조의 한계를 보완하며, 학교 현장의 긴급성과 변동성에 가장 잘 대응할 수 있는 실질적 협력 방식으로 자리 잡고 있다.

5.4.2 지속가능한 행정기관 협업 구축 방안

전국 시도교육청과 지방자치단체, 경찰서, 복지센터 등 다양한 기관의 협업 사례를 살펴보면, 통합적 행정 협력이 학교운영의 효율성을 실질적으로 높이고 있다는 점이 분명히 드러난다. 여러 기관이 함께 움직이기 시작하면서 행정 처리는 더 빨라지고 정확해졌고, 그 결과 예산 낭비가 줄어들며 학교 현장의 요구에 맞춘 맞춤형 서비스 제공이 가능해졌다. 실제로 서울·부산·광주 등 협업 모델을 확대 적용한 지역에서는 학교 내 안전사고 발생률이 전년 대비 크게 감소했고[52], 취약계층 학생의 복지 지원과 심리 상담 연계가 더욱 매끄러워졌다는 평가가 현장에서 이어지고 있다. 학생과 학부모의 서비스 만족도도 높아졌으며, 학교 내 갈등이나 위험 징후에 대한 조기 개입과 후속 조치도 강화되는 등 교육 생태계 전반에서 긍정적인 변화가 나타나고 있다. 이러한 성과는 교육행정의 신속성, 합리성, 대응성을 높이는 데 기여할 뿐 아니라, 사회적 비용 절감과 공동체 신뢰 회복에도 중요한 역할을 하고 있다.

이와 같은 흐름 속에서, 최근 개정된 「지방자치법」과 「학교안전법」은 교육행정기관이 지역사회 행정기관과 정례적 협의체를 구성하고, 정보·예산·인력을 공동 활용할 수 있도록 제도적 기반을 마련하였다[53]. 학교장이 이러한 협업 구조가 지속될 수 있도록 '범부처-지방정부-학교현장'을 잇는 메타거버넌스에 적극적으로 참여해야 하는 이유도 여기에 있다.

또한 최신 ICT 기술을 활용한 '학교 통합행정 플랫폼' 구축은 기관 간 협업의 투명성, 접근성, 신뢰도를 크게 높이고 있다. 더 나아가 지역별 특색과 수요를 반영한 맞춤형 협업 모델이 개발되고, 이를 뒷받침할 정책적 지원이 균형 있게 이루어질 때, 학교와 행정기관 간 협력이 진정한 교육 혁신의 기반으로 자리 잡게 될 것이다. 소개할 필자의 학교-지역 거버넌스 사례는 학생맞춤통합지원 사례, 대구 사례는 지역 거버넌스를 통해 학교의 안전과 복지를 강화한 사례이고, 광주 사례는 위기 학생에 대한 실시간 대응 체계를 구축한 사례이다.

• 학교-지역 거버넌스를 통한 학생맞춤통합지원

필자가 근무하는 학교는 지역교육전문가와 상담 관련 인력(상담교사, 상담전문사, 상담교육공무직 등)이 없는 학교이다. 요즈음의 학교에서는 학교폭력의 어려움 외에도 빈번하게 사회정서역량이 부족한 학생들이 수업 시간에 분노 조절 등이 이루어지지 않아 정규 수업의 진행이 힘들어져 관리자에게 도움을 요청하는 경우가 많다는 것이다. 학급의 다른 학생들에 대한 학습권의 보호 및 선생님들의 교수권을 위해 해당 학생을 타임아웃하게 되는 경우가 빈번해짐에 따라 해당 학생에 대한 맞춤 지원이 전문적으로 필요하다. 이에 대한 전문적인 지원이 없이 생활규정에 따른 훈육만 이루어진다면 해당 학생의 행복한 학교생활에 대한 책임과 지원은 어려워지게 된다. 교장실에서 해당 학생과 이야기를 나누고 힘든 점을 이야기하다 보면 가정과의 연계가 필요하게 된다. 학부모님과 만나서 상담을 하다 보니 학교 단위에서 문제를 해결하기에는 어려움이 크다는 것을 알게 되었다.

재직하고 있는 학교 주위의 ○○주민센터, 청소년 전문 상담기관, ○○구복지센터, 드림스타트 등의 전문가와 함께 협의하여 해당 학생이 가지고 있는 어려움을 다층적으로 지원할 수 있게 되었다. 개인정보보호로 구체적인 사례를 명시하기는 어렵지만 해당 학생은 ○○구 복지센터의 지역사회교육전문가와 매치되어 지속적으로 주1회 이상의 개인상담활동을 하고, 해당 학부모님도 함께 상담에 참여하여 학생과 소통하는 방법을 배우게 되었다. 한 부모 가정으로서 생계를 책임지고 있는 어머니의 이른 출근으로 자녀들이 제때에 일어나지 못하여 지각하거나 등교를 못하는 일이 없도록 주민센터에서 돌봄인력을 지원받았으며, ○○구의 등교도움인력을 지원받아 학생의 일상적인 학교생활이 가능하게 되었다.

[그림 5-9]와 같이, 이를 계기로 해당 유관기관들과 MOU를 체결하게

되었다. 학교와 지역사회가 함께하는 체계적 조직을 통한 효율적 학생맞춤형통합지원 운영이 가능하게 되었다. ○○초, ○○교육복지센터, ○○동주민센터, ○○종합사회복지관, ○○지역아동센터 외 기관의 기관장과 담당자들이 함께 모여 도움이 필요한 학생의 특성을 공유하면서 해당 학생을 전인적으로 돕고 지속적으로 성장하게 하는 각각이 역할과 지원을 약속하는 거버넌스를 형성하였다. 학교의 담을 넘어 한 걸음 더 가까이 유관기관과 연계하는 체제를 통하여 전문상담사, 지역사회교육 전문가가 없는 어려움을 극복할 수 있었다.

[그림 5-9] 학교-지역 거버넌스를 통한 학생맞춤통합지원

• 지역 거버넌스를 통한 학교 안전 · 복지 강화

대구교육청 지역협력추진단은 대구시청, 구청, 경찰청, 소방본부, 보건소 등 지역 내 주요 행정기관과 함께 '교육현안 공동협의체'를 구성해 협력 체계를 정례화하고 있다. [그림 5-10]과 같이 협의체는 단순한 정보 교류 수준을 넘어, 지역 교육문제 전반을 통합적으로 다루는 거버넌스 구조를 갖추고 있다. 2023년 한 해 동안만 총 6차례의 정례 회의와 워크

숍을 열어 학교 현안과 지역의 안전・복지・보건 이슈를 함께 점검하고, 기관 간 협력 방향을 구체화하였다.

특히 이 협의체는 매년 '지역교육 공동목표'를 설정하고, 그 목표를 실질적으로 실행하기 위한 전략 분과(안전・복지・시설・건강 등)를 운영하며 공동 대응력을 높였다. 예를 들어, 2023년에는 '학교폭력 근절'과 '감염병 대응 강화'를 핵심 과제로 삼아 기관별 역할을 명확히 나누고 협업 프로세스를 정비하였다. 그 결과, 대구 관내 학교폭력 사건은 전년 대비 17% 감소하는 의미 있는 성과를 보였고, 독감 등 감염병 유행 시기에는 신속 대응 네트워크를 가동해 전국 평균보다 26% 빠른 방역 완료율을 기록했다[54].

이 사례는 지역 행정기관과 교육청이 체계적으로 협업할 때, 학교 현장의 문제 해결 능력이 얼마나 강화될 수 있는지를 잘 보여준다. 나아가 교육・안전・보건・복지가 하나의 연계 시스템 안에서 움직일 때, 지역 전체 교육생태계의 품질이 크게 향상된다는 사실도 확인할 수 있다.

[그림 5-10] 지역 거버넌스를 통한 학교 안전・복지 강화

• 위기학생을 위한 실시간 대응 체계: 광주교육청 긴급 핫라인 운영

광주광역시교육청은 지역 복지관, 경찰, 보건기관 등과 협력하여 위기 학생 대응을 강화하기 위한 '긴급대응 핫라인'을 운영하고 있다. 이 체계는 기존의 공문·전화 중심 보고 방식보다 훨씬 빠르고 유연하게 움직일 수 있도록, 학교 현장의 실무자들이 즉시 연계하도록 설계된 것이 특징이다.

담임교사가 학생의 자·타해 위험이나 급성 정서 위기 징후를 포착하면, [그림 5−11]과 같이 복지관 사례관리사, 학교 전문상담사, 경찰 실무자 등과 메시지 앱을 통해 곧바로 상황을 공유하고 대응 절차를 협의한다. 이러한 실시간 소통 체계 덕분에 상담 배치, 가정 방문, 안전 점검, 경찰 연계 등이 평균 2시간 이내에 이루어지고 있으며, 과거 하루 이상 소요되던 대응 시간이 크게 단축되었다.

[그림 5-11] 위기학생을 위한 긴급 핫라인 운영

핫라인 운영 1년 차 결과에서도 변화가 분명하게 드러났다. 자·타해 위험이 높은 고위험군 학생의 위기 개입 성공률이 58%에서 83%로 상승한 것이다[55]. 이는 학생 위기 상황에서 즉각적 개입이 얼마나 중요한지를 보여주는 동시에, 기관 간 긴밀한 협업 체계가 실질적인 안전망 역할을 수행한다는 점을 확인시켜 준다.

광주의 이러한 사례는 지역사회와의 통합적 협업이 단순한 행정 지원을 넘어, 학교가 직면한 실제 위기 상황을 해결하는 데 직접적인 효과를 가져올 수 있음을 보여주는 대표적인 모델로 평가되고 있다.

참고문헌

[1] 교육부. (2023). 2023년 교육정책 시행계획. 세종: 교육부.
[2] 서울특별시교육청. (2024). 서울특별시교육청 학교구성원의 권리와 책임에 관한 조례 (서울특별시조례 제9196호). 서울: 서울특별시교육청.
[3] 교육부. (2023). 2023년 학교예산 집행 및 교직원 업무경감 지침. 세종: 교육부.
[4] 서울특별시교육청. (2024). 2024년 학교폭력 예방 대책. 서울: 서울특별시교육청.
[5] 한국교원단체총연합회. (2022). 2022년 전국 교원 정책 만족도 설문조사. 서울: 한국교원단체총연합회.
[6] 교육부. (2022). 2022년 학교 자율화 정책 만족도 조사. 세종: 교육부.
[7] 교육부. (2023). 2023년 교육 자치 및 학교장 책임 강화 정책자료집. 세종: 교육부.
[8] 한국교원단체총연합회. (2022). 2022년 전국 교원 정책 만족도 설문조사. 서울: 한국교원단체총연합회.
[9] 김지은. (2024년 1월 3일). 현장 교사 인터뷰, 동작구 ○○중학교. 개인 통신.
[10] 김현수. (2023년 12월 10일). 인터뷰 자료, 수원시 ○○초등학교. 개인 통신.
[11] 교육부. (2023). 2023년 교육 자치 및 학교장 책임 강화 정책자료집. 세종: 교육부.
[12] 한국교육개발원. (2023). 2023년 전국교육현장 정책동향 보고서. 진천: 한국교육개발원.
[13] 서울특별시교육청. (2023). 2023 학교장 책무성 평가운영 매뉴얼. 서울: 서울특별시교육청.
[14] 최은정. (2024). 법령 변화에 따른 학교장 행정책임의 변화 분석. 한국교육법학회 연구논문집, 28(1), 118-134.
[15] 국가법령정보센터. (2023). 학교폭력예방 및 대책에 관한 법률. 서울: 법제처.
[16] 김태윤. (2023). 학교장의 자율성과 책무성에 관한 정책적 과제. 한국교육행정학회지, 41(1), 45-66.
[17] 김태윤. (2023). 학교장의 자율성과 책무성에 관한 정책적 과제. 한국교육행정학회지, 41(1), 45-66.
[18] 장미숙. (2023). 교육분권시대, 교육청-학교 책임 관계 재구조화 방안. 교육정책포럼, 51, 21-32.
[19] 경기도교육청. (2022). 2022 감사 사례집. 수원: 경기도교육청.
[20] 교육부. (2024). 2024년 초·중등교육법 시행령 주요 내용. 세종: 교육부.
[21] 서울특별시교육청. (2025). 학교자치의 바탕을 이루는 학교평가 가이드북. 서울:

서울특별시교육청연구정보원.
[22] California Department of Education. (2023). *Local Control and Accountability Plan (LCAP)*. Sacramento, CA: CDE.
[23] OECD. (2023). *Finland country note – Education at a Glance 2023*. Paris: OECD.
[24] 강유진. (2022). 교육과정 분권화와 단위학교 자율성 확대. 교육과 커리큘럼, 25(3).
[25] 경기도교육청. (2024). 2024 학교자율운영제 안내 자료집. 수원: 경기도교육청.
[26] 문동원. (2022). 협상론적 시각에서 본 교육정책 갈등사례 분석. 제주대학교 대학원 석사학위논문.
[27] 전주지방법원. (2022). 2022구합1583 판결 (2022. 7. 5.).
[28] 대구지방법원. (2022). 2021구합22113 판결 (2022. 2. 17.).
[29] 경기도교육청. (2024). 2024 학교자율운영제 안내 자료집. 수원: 경기도교육청.
[30] 교육부. (2023). 2023년 학교 자율화 확대방안. 세종: 교육부.
[31] 이기동. (2022). 지역사회 교육 거버넌스 실태 분석 및 발전 방안. BLUE21포럼.
[32] 교육부. (2023). 2023년 학부모 학교 참여 실태조사. 세종: 교육부.
[33] 한국교육개발원. (2023). 2023년 학부모 민원 동향 분석 보고서. 진천: 한국교육개발원.
[34] 한국교육개발원. (2023). 2023년 학부모 민원 동향 분석 보고서. 진천: 한국교육개발원.
[35] 신선아. (2024). 학부모 교육이 학교 정책 이해도에 미치는 영향. 현대교육연구, 40(1), 22-44.
[36] 서울특별시교육청. (2023). 2023학년도 학교 민원관리 표준매뉴얼. 서울: 서울특별시교육청.
[37] 임경희. (2022). 민원 응대의 공감성 증진 방안 연구. 교육사회학연구, 33(4), 143-167.
[38] 박지현, 이민우. (2024). 온라인 플랫폼을 활용한 학부모-학교 소통 전략의 효과 분석. 한국교육정보학회지, 28(1), 47-65,
[39] 이채훈, 정시영. (2023). 학부모 참여가 학교 신뢰도에 미치는 효과. 학교경영연구, 39(2), 95-117.
[40] 이경화. (2023). 지역사회 연계 학교교육의 방향과 전략. 한국지방교육연구, 37(2), 132-149.
[41] 정지용. (2022). 학교와 지역사회 협력의 실태와 과제. 교육행정학연구, 40(4),

67-85.
[42] 박혜진. (2024). 지역사회 자원과의 협력을 통한 진로교육 실천 사례. 교육혁신포럼, 18(1), 55-72.
[43] 박혜진. (2024). 지역사회 자원과의 협력을 통한 진로교육 실천 사례. 교육혁신포럼, 18(1), 55-72.
[44] 서울특별시교육청. (2023). 2023 진로교육센터 운영보고서. 서울: 서울특별시교육청.
[45] 선우경희. (2022). 학생주도 봉사활동의 효과와 지역사회 연계. 청소년복지연구, 20(3), 34-47.
[46] 조현숙. (2022). 학교의 사회적 책임과 지역사회 연계. 교육사회학연구, 62(3), 121-138.
[47] 경기도교육청. (2024). 지역주민과 함께하는 학교시설 개방 우수사례집. 수원: 경기도교육청.
[48] 서울특별시교육청. (2023). 그린스마트 미래학교 사업보고서. 서울: 서울특별시교육청.
[49] 소방청. (2023). 2023년 전국 교육현장 소방교육 실적. 세종: 소방청.
[50] 김수연. (2022). 코로나19 이후 학교-보건소 협업의 변화와 과제. 교육행정학연구, 40(3), 231-250.
[51] 한지영, 임철호. (2022). 학교와 행정 기관 사이의 안전 협업 실태와 발전 방안. 학교안전연구, 20(2), 117-135.
[52] 한지영, 임철호. (2022). 학교와 행정 기관 사이의 안전 협업 실태와 발전 방안. 학교안전연구, 20(2), 117-135.
[53] 광주북구종합사회복지관. (2024). 지역사회 위기학생 지원 핫라인 운영 결과보고. 광주: 광주북구종합사회복지관.
[54] 대구광역시교육청. (2023). 대구 교육협의체 운영성과보고 (정책자료집 A-37). 대구: 대구광역시교육청.
[55] 광주북구종합사회복지관. (2024). 지역사회 위기학생 지원 핫라인 운영 결과보고. 광주: 광주북구종합사회복지관.

제 6 장

지속가능한 학교 조직 만들기

6.1 교직원 성장과 전문성 개발 지원

6.1.1 학교 비전과 교직원 역량 개발의 상관관계

가. 학교장 리더십과 교직원 역량 개발

학교 경영자인 교장이 리더십을 가지고 지속가능한 학교 조직을 만들어 감에 있어 학교 비전과 교직원 역량 개발은 상호 보완적이며 밀접한 상관관계를 갖고 있다. 학교 구성원들과 명확하게 공유된 학교 비전은 교직원 역량 개발의 방향을 제시해 주고 동기를 부여하며, 개발된 역량은 다시 비전 달성을 위한 학교 조직의 실제적인 힘이 된다[1].

지속가능한 학교는 변화하는 교육 환경 속에서도 흔들리지 않는 명확한 비전을 필요로 한다. 이 비전은 교직원 역량 개발의 목적과 기준을 설정하는 데 결정적인 역할을 한다. 즉 지속가능한 학교를 만들기 위한 방향성을 제시해 주는 데 있어서 학교 비전은 학교가 궁극적으로 추구하는 교육적 이상과 목표를 제시해 준다.

교직원 역량 개발은 이 비전을 실현하는 네 있어 필요한 지식, 기술, 태도를 함양하는 방향으로 수렴되어야 한다. 예를 들어 '창의성과 포용성을 갖춘 주도적 인간 양성'이라는 비전을 제시해 준다면 이를 실현하기 위해서 교사들은 프로젝트 학습, 디지털 교육 도구 활용 등 미래 교육

관련 역량 개발을 필수적인 과제로 인식하고 역량 강화에 힘쓰게 된다[2].

또한 비전 개발의 정당성 및 우선순위를 정하는 데 있어서 비전과 연계된 역량 개발은 그 필요성과 중요성이 교직원 전체에 명확하게 전달되어 역량 개발을 위한 노력의 원동력으로 작용할 수 있다. 그리고 한정된 자원 속에서 비전 달성을 위해 가장 시급하고 중요한 역량 개발의 우선순위를 부여하는 기준으로 작용할 수 있게 한다.

아울러 자기 효능감 및 직업 만족도 향상을 위한 교사들의 역량 개발이 학교의 교육 목표 달성에 기여하고 있음을 인지함으로써 업무에 대한 헌신도와 직업 만족도가 높아질 수 있다. 이는 교사의 자기 효능감과 긍정적인 상관관계를 가지고 있고 결과적으로 높은 직무 성과로 이어져 학교 조직의 지속가능성을 높일 수 있다.

교직원의 전문성이 지속적으로 개발되고 강화될 때에만, 학교 비전은 추상적인 구호에 그치지 않고 현실적인 실현 가능성을 얻게 된다. 실제적 실행 능력을 제공해 주는 데 있어서 아무리 훌륭한 비전이 있다고 하더라도 이를 실현할 수 있는 교직원의 전문적인 실행 능력이 없다면 의미가 없다.

역량 개발은 교직원에게 교육과정 설계, 수업 개선, 학생 지도, 행정 업무 등 학교 운영 전반에 걸쳐 비전과 일치하는 수준의 성과를 낼 수 있는 실제적인 도구를 제공한다. 집단 지성 및 학습 조직화를 위해 비전 공유를 바탕으로 한 역량 개발은 개별 교사의 성장에 머무르지 않고, 전문적 학습공동체의 활성화를 통해 학교 조직 전체의 집단 지성을 향상시킨다.

교사들의 역량 개발은 협력적으로 교육적 과제를 해결하고 공동으로 성장하는 학습 조직의 지속가능한 발전을 위한 핵심 동력이다. 아울러 변화에 대한 유연성 확보를 위해 급변하는 사회와 교육 환경에 대응하기 위한 학교 비전은 필연적으로 새로운 교육적 역할을 요구한다. 교직원들이 지속적으로 역량을 개발하는 문화는 이러한 변화를 능동적으로 수용하고 새로운 요구 사항을 교육 활동에 통합할 수 있는 학교 조직의 유연성을 높여 준다.

지속가능한 학교 조직을 위해서는 학교 비전과 교직원 역량 개발이 선순환 구조를 이루어 나가도록 연계해야 한다. 비전 기반 개발 체계 구축을 위한 학교 비전을 구체화한 교직원 역량 표준을 설정하고, 이를 바탕으로 개인별, 조직별 맞춤형 연수, 멘토링, 전문적 학습공동체 활동을 기획하고 지원해야 한다. 민주적 참여를 통한 비전의 구체화를 위해 교직원 비전 수렴 및 구체화 과정에 민주적으로 참여하여 비전을 내면화하고, 자신이 필요한 역량 개발 내용을 주도적으로 설계하도록 한다. 결과에 대한 책임 및 피드백을 강화하여 개발된 역량의 비전 실현에 대한 기여도를 평가하고, 그 결과를 바탕으로 지속적인 피드백과 보상을 제공해 주어야 한다.

학교 비전은 교직원 역량 개발의 나침반 역할을 한다. 이미 개발된 교원 역량은 비전을 현실로 만드는 엔진 역할을 하여 학교 조직의 지속적인 성장과 발전을 가능하게 한다. 즉, 교원의 성장을 위해서는 학교장이 비전을 바탕으로 교사들과 끊임없이 소통하며 서로의 공감대를 형성하는 것이 중요하다[3]. 이는 단위 학교에서 생활지도 역량이나 수업 전문성을 키워 줄 수 있는 지원 체제를 구축하기 위해 교사들과의 공감대 형성이 필수적이기 때문이다. 이때 가장 효과적인 방법은 교사들의 자기 주도성을 확보하고, 그들이 하고자 하는 의욕을 불러일으키는 동기 유발을 촉신해 주는 것이다. 교사들이 자발적으로 전문성 신장을 위해 노력하게 되는 동기를 제공해 준다면, 학교는 더 높은 수준의 전문성을 이루어갈 수 있다.

다음의 사례는 학교장이 연구 환경과 자원을 체계적으로 지원하여 교사 주도의 진로 교육 프로젝트가 학교 전체의 전문성 성장으로 이어진 사례를 보여준다.

• 교직원 역량 강화를 위해서 교육력 제고 지원

○○초등학교 사례를 살펴보면 학교장이 교직원 역량 강화를 위해서 교사들이 교육력 제고 연구팀을 구성하여 운영할 수 있도록 적극적으로 지원을 해주었다. 교육력 제고팀 참여를 희망하는 교사들이 다른 교사들과 협의를 통해서 소통을 하도록 하고, 학교장은 지속적으로 지원과 격려를 약속하며 교사들의 전문성 제고를 위한 역량 의지를 북돋아 주었다. 그 결과 진로 교육을 6학년 전체 학생을 대상으로 실시하는 교육력 제고팀이 드디어 구성되었다.

학교장은 교육력 제고팀의 컨설팅을 위해 진로 교육 전문가인 인근 학교 교장을 컨설팅 위원으로 섭외하였고, 더불어 다양한 인력풀을 제시하여 선택하도록 안내하였다. 3명의 6학년 담임교사와 2명의 교과 교사로 구성된 교육력 제고팀은 5명의 교사들이 각각의 교육과정 재구성을 통한 주제 중심 교육과정으로 10개씩 프로젝트 수업을 진행하였다. 그리고 교육력 제고 팀 운영을 위해서 수시로 모여서 프로그램을 만들고 컨설팅도 받으며 교육적 역량을 키워나갔다.

또한, 학교장이 나서서 예산 확보를 위해서 공문이 오면 관련 예산 지원 사업을 찾아서 사전에 안내를 해주었다. 그 결과 다양한 교육청 지원 사업과 지역 연계 사업 예산을 지원받아 프로그램을 진행할 수 있었다.

학생들에게 다양한 프로그램을 제공하였는데, 특히 [그림 6-1]과 같이 교육력 제고팀 수업 공개를 진행한 후 이어진 수업평가회에 전 교원이 참가하여 높은 관심을 표하였다. 전 교원들에게 자발적으로 희망자에 한하여 평가회에 참가하도록 사전에 안내를 했음에도 불구하고 전 교원이 참가하였다. 전 교원이 평가회의 프로그램을 살펴보고 의견을 나누는 등 소통하며 전문성을 신장하는 자리를 가졌다.

특히 평가회를 참관한 인근 학교 교장들이 소감을 발표하는 자리에서 이 모습을 보고서 교사들의 연구에 대한 열정과 헌신이 놀랍고 이를 통해서 교원의 전문성이 신장되는 역량 강화의 모습을 보면서 매우 감동적이었다는 강평을 해주기도 하였다.

성공적으로 진행된 진로 관련 교육력 제고팀의 활동을 마무리하는 마지막 프로그램인 겨울방학 진로 캠프를 진행하였다. 겨울방학 중에 6학년 대상 진로캠프를 운영하였는데, 졸업을 앞둔 상황임에도 불구하고 절반 이상의 학생들이 참가하여 진로 캠프를 성공적으로 마칠 수 있었다.

이를 바탕으로 이 학교의 교육력 제고팀은 ○○교육지원청에서 교육력 제고 우수 팀으로 입상하는 우수한 성과를 거두었고, 학교도 진로교육 우수학교로 ○○○교육청 교육감 표창을 수상하는 등 학교의 교육력 제고에 큰 계기를 마련하는 성과를 보이는 알찬 학교 교육과정을 운영하였다.

[그림 6-1] 교육력 제고팀 운영을 통한 교사 전문성 강화와 진로교육 성과

나. 학교장의 역할과 교직원 역량 강화 전략

학교장은 교원의 역량 강화를 위한 교사들의 업무 경감을 위해서 지속적으로 관심을 가져 업무를 좀 더 쉽게 추진하고, 더 효과적인 업무 추진 방안을 새롭게 구안하며, 학교 업무를 더 보람 있게 만드는 방법을 정확하게 알아내고 실천하는 방식을 연구해야 한다.

학교장이 학교를 성공적으로 이끌어 가기 위해서는 모든 교사들이 교육적 효율성을 높은 수준으로 끌어올리도록 리더십을 발휘하여 조장하고 촉진하는 역할을 활발히 해야 한다. 그리고 교사들이 자기 주도성을 갖고 자율적으로 끊임없는 실천과 반성을 통해 더 높은 수준을 유지할 수 있도록 교사들 사이에서의 상호작용을 촉진해 주는 것도 중요하다.

이처럼 학교장의 역할이 중요한 이유는 그들이 교육 현장에서 교사들과 함께 역량 강화를 위해서 항상 함께 있기 때문이다[4]. 교사들이 학교에서 근무하는 근무시간 동안 매일매일 일어나는 일상에서 가장 큰 영향을 주는 사람이 학교장이다. 학교장은 교감과 자신이 임명한 부장들을 통해 직접적 혹은 간접적으로 교사들에게 많은 영향을 줄 수 있다.

학교장은 교사들과 머리를 맞대고 교실 안에서 일어나는 일들을 실질적으로 바꿀 수 있는 방법을 찾을 필요가 있다. 교사들은 수업을 포함한 학교 교육 과정 운영과 관련하여 다양한 학교 업무들을 효과적으로 역할 수행을 하기 위해 역량 강화와 자기 연찬을 끊임없이 실시하여 교사로서의 전문성을 신장하고 깊이 있는 교육적 지식을 함양해 나아가야 한다.

다음에서 살펴볼 학교는 충분한 예산 지원과 자율적 운영을 바탕으로 교원학습공동체를 활성화하여 수업 연구와 생활 연계 활동을 통해 교사의 전문성과 협력 문화를 지속적으로 확장하고 있다.

• 함께 배우고 성장하는 교원학습공동체 문화

○○초등학교에서는 혁신학교를 처음 시작한 2020년부터 교원학습공동체를 활발하게 운영해 왔다. 혁신학교를 처음 시작하면서 혁신교육의 본질은 수업에 있다는 공감대 속에서 모든 교사가 매년 전 교원을 대상으로 수업 공개를 하는 것을 원칙으로 삼았다. 수업을 시작하기 전에 컨설팅 장학을 활용하여 수업에 대한 컨설팅을 실시하였다.

특히 수업 후 수업 나눔과 관련하여 지적하는 지시 감독형 수업 장학이 아닌 배움 중심으로 수업 나눔을 하자는 의견에 따라 구체적인 실행 방안을 만들기 위해서 ○○○ 수석교사의 컨설팅 장학을 실시한 이후 구체적인 수업협의회 실시 방안을 논의하였다. 이후 현재까지 이 학교에서는 공개 수업을 한 후 즉시 수업 나눔을 지속적으로 운영하고 있다.

모든 교사가 각자 1년에 2주일 정도씩 돌아가며 수업을 공개하고, 수업 참관은 같은 학년군 교사들은 모두 참석하도록 하여 수업 나눔을 할 때 좀 더 깊이 있는 수업 나눔이 될 수 있도록 수업 공개가 진행되었다. 이 학교 교사들 사이에는 교실과 수업은 개인의 영역이 아니라 함께 연구하고 학습하는 공공재가 되고 있다는 공감대를 형성하여 본교 교사는 물론 외부 교사, 학부모들까지 공개하는 수업 공개 행사도 진행하였다.

이 학교 교내 교원학습공동체 활동을 살펴보면 수업 연구회 이외에도 작은 텃밭 동아리, 독서 동아리, 음악사랑 동아리, 종이접기 동아리, AI연구 동아리, 수리수리 탐험대, 교육철학 나눔 동아리 등이 운영되고 있다.

교사 독서 동아리는 동화책을 읽고 서로 의견을 나누고 좋은 동화책은 추천 도서 목록에도 추천하여 학생들이 도서관에서 책을 찾아 읽을 수 있도록 신간 도서로 구매하기도 하였다.

작은 텃밭 동아리에서는 봄에는 상추와 루콜라, 고추 등을 심어서 아이들과 함께 잡초도 뽑고 물도 주고 해서 작물을 잘 키우고 수확하여 점심

시간에 따서 쌈을 싸먹기도 하고 실과 시간에 샐러드를 만들어 먹기도 하는 체험을 하였다. 가을에는 무와 배추를 심어서 가을걷이를 하여 깍두기도 만들어 먹고 김치도 담가 먹는 등 생활과 연계된 생태전환교육을 재미있게 진행하기도 하였다.

교사들은 다양한 교원학습공동체를 운영하는 과정에서 서로 소통하고 배우며 함께하는 삶과 연계된 교원학습공동체를 만들어 가고 있다.

[그림 6-2] 함께 배우고 성장하는 교원학습공동체

이 학교에서는 [그림 6-2]와 같이 예산이 허용하는 범위에서 교원학습공동체를 전폭적으로 지원하고 있다. 대부분의 학교들은 교원학습공동체 지원 예산으로 연간 150만 원까지 최소한의 기준에 입각하여 지원하고 있는데, 이 학교에서는 300만 원으로 두 배 확대하여 예산을 편성하여 운영하고 있다. 사전에 충분한 예산 지원을 목표로 예산을 편성하였기에 재료비나 협의회비가 부족함이 없이 지원되어 왕성한 교원학습공동체 활동이 이루어지고 있다.

이 학교에서는 혁신학교 운영을 함에 있어 특색 있는 대표적인 교육과정 운영 사업으로 교원학습공동체의 활성화를 꼽고 있다. 교사들의 전문성과 역량을 길러주기 위해서는 교사의 자기 주도성과 자발성을 바탕으로 해야 효과를 크게 얻을 수 있다.

그런 의미에서 이 학교의 교원학습공동체 활동은 창의적이고 자율성을 바탕으로 운영되고 있다는 점에서 우수한 사례이다. 매년 학년 초인 3월에 교원학습공동체 구성을 위한 안내를 전 교사 대상으로 실시하면 다양한 부서의 교원학습공동체 계획안이 올라오는데, 14학급 규모인데도 불구하고 무려 7개의 교원학습공동체 구성 계획안이 신청되었다.

이를 바탕으로 모든 교사들이 2~3개 정도 관심 있는 교원학습공동체 활동에 회원으로 참여하였다. 매월 1회 정도는 동아리 별로 모여서 연구활동을 활발하게 진행하였다. 협의한 결과물은 학교 교육활동에 반영하도록 하였으며, 학기 말에는 교원학습공동체 운영의 날을 운영하여 학기당 1회씩 직접 체험활동을 진행하기도 하였다. 학교 울타리를 벗어나 다양한 체험기관 방문, 서점에서 직접 책 구입하기, 박물관이나 미술관 견학 등 자율적인 교원학습공동체 활동을 운영하였다.

6.1.2 교원의 성장과 전문성 향상

지속가능한 학교 조직을 만들기 위해서 학교장은 교원의 지속적인 성장과 전문성 향상에 관심을 가져야 한다. 이는 단순히 개별 교사의 역량을 높이는 것을 넘어서, 학교 전체의 학습 조직 역량을 강화하고, 변화하는 교육환경에 유연하게 대처하는 동력이 되기 때문이다.

학교장은 비전 기반의 체계적인 전문성 개발을 하기 위해서 교원들의 성장 방향을 명확히 제시하고 학교 조직의 목표를 달성하는 데 기여하도록 해야 한다. 학교 비전과 연계한 역량 표준을 설정하여 학교의 비전과 교육 목표를 달성하는 데 필요한 구체적인 교사 역량, 즉 미래 교육 역량, 디지털 리터러시, 협력적 문제 해결 능력 등을 명확히 정의하고 이를 기반으로 한 교원 전문성의 표준 기준을 세워야 한다. 또한, 개별화된 맞춤형 성장 계획을 세워 교사 개개인의 경력 단계, 강점, 부족한 부분을 진단하고, 학교 비전과 연계된 역량 표준에 맞춰 개별 성장 계획을 수립하도록 지원한다.

학교 내 전문적 학습공동체를 활성화시키고 학교 조직 자체를 성장시키는 가장 효과적인 방법은 교사 간의 협력적인 학습 문화를 조성하는 것이다. 현장 중심의 공동 연구를 위해 교과, 학년, 주제별 등 다양한 형태의 전문적 학습공동체를 활성화하여 교사들이 수업 혁신, 교육과정 재구성, 학교 현안 문제 해결 등의 실제적인 문제를 공동으로 연구하고 실천해야 한다. 집단 지성 기반의 공유화 확산을 위해 전문적 학습공동체 활동을 통해 개발된 우수 사례, 노하우, 교육 자료 등은 학교 전체 구성원과 공유하고 확산하는 시스템을 구축하여 개인 성장이 조직 성장으로 이어지는 선순환 구조를 만들어야 하도록 한다[5].

자율과 책무성에 기반한 연수 시스템을 구축하여 수동적인 연수가 아닌 교사가 주도하고 책임을 지는 연수 문화를 정착시킨다. 즉, 교사 주도형 연수 설계를 통해 학교나 교육청이 일방적으로 지정하는 연수보다는 교사들 스스로 자신의 개별 성장 계획과 학교 비전에 따라 필요한 연수를 선택하고 설계할 수 있는 자율권을 확대해야 한다. 그리고 경험 기반의 성찰적 실천을 위해 연수 내용이 단순히 지식 습득에 그치지 않고 실제 수업과 학교 활동에 적용한 후 그 결과를 동료 교원과 공유하며 성찰하는 과정을 의무화하여 연수의 효과를 극대화해야 한다[6].

또한, 교원 업무 환경 개선 및 행정 지원을 통해 교사가 교육활동과 전문성 개발에 집중할 수 있는 환경을 조성해야 한다. 이러한 업무 재구조화와 경감을 통해서 교사들이 본질적인 업무인 교육과 수업 이외의 행정 업무는 적극적으로 경감하고, 학교 내 업무 지원 인력을 확충하여 교사가 전문성 개발을 위한 시간을 확보하도록 도와야 한다.

성장 지원형 인사 평가를 하기 위해서 교사들의 전문성 신장을 위한 노력과 성과를 정기적으로 평가하되, 처벌이나 통제 목적이 아닌 성장과 지원에 초점을 맞추고 개발된 역량이 승진, 보직, 연구 기회 등과 연계되도록 인사시스템을 개편해야 한다.

이러한 방안들은 교원의 전문성과 자기 효능감을 높여 학교 교육의 질을 지속적으로 향상시키고, 궁극적으로 외부 환경 변화에 흔들리지 않는 지속가능한 학교 조직의 기반이 된다. 이러한 바탕 위에 학교장은 학교 교육공동체가 만들어낸 그 학교만의 학교 문화로서의 리더십을 구현하여 특색 있는 학교 교육 활동을 추진하기 위한 비전을 제시해 준다.

이러한 학교장으로서의 리더십은 대개 학교구성원인 교원들이 자신의 역량을 최대한 발휘하여 학교 교육 활동을 적절하게 수행할 수 있도록 도와주는 학교장의 중요한 업무 중의 하나이다. 지원을 해 준다는 관점에서 교육적 리더십을 살펴보면 효율성보다는 효과성 그리고 목표 달성보다는 결과의 질에 더 관심을 두고 있다는 사실을 알 수 있다.

학교 경영을 성공적으로 수행하기 위해서는 학교장이 교육공동체 구성원들의 주요 욕구를 충족시킬 뿐만 아니라, 이러한 욕구를 미리 예측하고 대응할 수 있는 역량을 갖추어야 한다. 이를 위해 학교장은 구성원들의 성장과 발전 가능성에 대한 확고한 신뢰를 바탕으로 적극적으로 지원하며, 교원들의 전문성 향상과 성장을 이끌어낼 수 있어야 한다.

학교장은 교사들의 욕구를 이해하고 인정하며, 이를 충족시키기 위한 구체적이고 개별적인 방안을 마련해야 한다. 또한, 교사들의 자발성을 바탕으로 열정과 헌신을 이끌어내기 위해 의견을 수용하고, 구체적인 방향을 제시하며 지원을 아끼지 않는 자세가 필요하다.

다음 사례는 "행복숲 ○○교육" 비전을 바탕으로 학교 교육과정을 활발하게 전개한 결과 우수학교 표창을 받았고, 디지털미디어센터와 교실 키폰 교체 등 교육 혁신을 위한 시설 개선을 성공적으로 추진하는 과정을 보여주고 있다.

• 어느 공모 교장의 학교 교육 과정 운영

○○초등학교의 현황을 살펴보면 대도시에 있는 15학급 규모의 자그마한 학교임에도 불구하고 더함과 나눔교육으로 꿈을 키우는 행복숲 ○○교육이라는 비전 아래 전 교사들의 열정과 헌신이 바탕이 된 학교 교육과정을 운영한 결과 공모 교장으로 부임한 첫해부터 다양한 성과를 거두게 되었다. 이를 결산하는 교사 다모임에서 [그림 6-3]과 같이 학교장의 발언한 내용을 정리해 보면 다음과 같다.

[그림 6-3] 학교 교육과정 성과 발표

올해 ○○초등학교 학교 교육과정 운영을 알차게 해주신 ○○교육가족 여러분께 감사드린다. 겨울방학이 시작되면서 공문으로 우리 학교 표창 소식이 연이어 전해지고 있다.

먼저 학교 표창으로 꿈잼 네트워크 우수학교 교육감 표창과 1-2학년 안성맞춤 교육과정 우수학교 교육장 표창을 수상하였다. 특히 꿈잼 네트워크 교육감 표창은 ○○시내에서 6개교가 선정되었고 기관 표창과 더불어 개인 표창을 동시에 수상한 학교는 단 2개교밖에 안될 정도로 매우 우수한 성과를 얻었다.

그리고 초 3-6학년 협력적 창의·지성·감성 교육과정 유공 교원 표창을 받으신 김○○ 선생님과 학생 정신건강 관리 교육감 표창을 받으신 조○○ 보건선생님, 그리고 학교 시설관리에 항상 최선을 다하시는 최○○ 시설주무관의 수상도 축하한다.

또한, 학교시설 개선의 측면에서 겨울방학 동안 학교에서는 교직원 휴게실이 완성되었다. 학교장이 매일매일 공사 현장에 올라가서 공사하는 과정을 살펴보았는데 여러 선생님들의 의견을 모아서 공간 배치를 해서 그런지 어느 한 구석 빈틈없이 모두 유용한 공간으로 거듭나지 않았나 하는 생각이 든다. 그동안 교감선생님을 비롯하여 여러 선생님들의 노력 덕분이라고 생각한다. 인테리어 업체와의 협의를 지속적으로 가지면서 공사 일정을 겨울 방학 동안에 끝내려고 했으나 하지 못했다. 업체의 사정으로 한옥도서관 보강 공사는 최대한 빨리 봄 방학 동안이라도 끝내려고 노력하겠다.

앞으로 예정된 학교 시설 개선 사업으로는 디지털미디어센터를 구축하고 각 교실 키폰을 모두 교체할 예정이다. 특히 디지털미디어센터는 8000만 원의 예산을 확보하여 최첨단 에듀테크 교육 시스템을 구축하여 오프라인에서의 교육 공간 재구조화를 통한 수업 혁신뿐만 아니라 온라인상에서도 수업 혁신을 이룰 수 있는 인프라를 구축하고자 한다. 이를 통해서 메이커 교실을 통한 메이커 교육, 신나는 AI교실 기자재를 활용한 AIDT교육, 창의·융합 과학교실을 활용한 STEAM교육 등 다양한 교육활동을 전개할 수 있으리라 기대한다.

6.2 학교 운영의 투명성과 공공성 확보

6.2.1 민주적 학교 운영의 의미와 원칙

학교장은 학교 운영의 투명성과 공공성 확보 측면에서 민주적으로 학교를 운영해야 한다. 학교 교육 공동체 구성원이 학교의 주요 의사결정 과정에 자율적이고 책임감 있게 참여하여 교육활동의 목표와 과정, 결과를 합리적이고 공개적으로 관리할 수 있는 민주적인 학교 문화를 조성해야 한다. 이는 학교가 단순한 행정기관이 아니라 교육공동체의 자치 공간으로서 기능하며 모든 교직원의 신뢰를 바탕으로 지속가능한 교육 발전을 이루기 위한 핵심적인 기반이 되기 때문이다.

학교장이 학교를 민주적으로 운영한다는 것은 투명성과 공정성 확보라는 두 가지 핵심 가치를 실현하는 과정이다.

먼저, 투명성 확보의 측면에서 보면 학교장이 정보 공개를 통해서 학교 운영에 관한 주요 정보를 학교 구성원과 지역 사회에 적시에 명확하게 공개하는 것을 의미한다. 책무성 강화의 측면에서 학교 운영에 대한 투명한 정보 공개는 학교 교직원의 역할과 의사 결정 과정을 명확히 드러내어 모든 구성원이 자신의 행동과 결정에 대한 책임을 지도록 하는 순기능으로 작용할 수 있다.

다음은 공공성 확보의 측면에서 보면 학교장이 공익을 지향하여 학교 운영의 목표와 내용은 특정 개인이나 집단의 이익이 아닌, 모든 학생의 성장과 교육 공동체 전체의 공익을 최우선으로 해야 한다. 학교 교육공동체의 참여는 학교 운영을 교육 전문가인 학교장만의 영역이 아닌 교육공동체 전체의 협력적 과제로 인식하여 다양한 주체의 의견을 수렴하여 의사결정의 합리성과 수용성을 높일 수 있다.

투명성과 공공성을 효과적으로 실현하기 위해 민주적 학교 운영은 다음과 같은 원칙을 준수해야 한다.

첫째, 참여의 원칙으로 학교 운영의 주요 의사결정 과정에 교원, 학생, 학부모, 지역 사회 등 모든 교육 주체의 자율적인 참여를 제도적으로 보장한다.

둘째, 자율성의 원칙으로 학교 공동체가 교육적 전문성과 현장 상황에 근거하여 교육과정, 예산, 인사 등의 운영에 대하여 스스로 결정할 권한을 갖는다.

셋째, 합의의 원칙으로 의사결정은 단순한 다수결 보다는 토론과 협의 과정을 거쳐 공동체의 광범위한 합의를 도출하는 것을 지향한다[7].

넷째, 책무성의 원칙으로 학교 운영에 참여한 모든 주체는 자신의 역할과 결정에 대해 책임을 지며 그 결과와 과정을 투명하게 보고하고 평가받는다.

마지막으로 법치주의의 원칙으로 학교 운영의 모든 과정을 관련 법규, 규정, 학교 헌장 등 공동체가 합의한 규범과 절차에 따라 공정하게 이루어져야 한다. 이러한 원칙들은 학교 운영이 소수 특정인의 전횡이 아닌 공동체의 합의와 검증을 통해 이루어지도록 보장하여, 학교의 교육적 효과와 사회적 신뢰를 극대화하는 지속가능한 운영 체계를 구축할 수 있다.

이러한 민주적인 학교 운영을 위한 기본 원칙은 교사와 학부모가 함께하는 민주적인 학교 문화를 이루는 것이다. 일찍이 듀이(Dewey)는 민주주의의 의미를 삶의 양식이라고 정의하였다. 삶의 양식으로서의 민주주의는 사람들 사이의 관계의 양상과 조직 운영 원리라는 관점에서 살펴볼 수 있다.

듀이(Dewey)는 민주적인 삶의 특징을 사회집단 구성원이 수많은 다양한 관심을 공유하고 다른 집단과 상호 교섭하는 것에서 찾았다[8]. 즉, 선택과 경쟁보다는 학교 구성원들 간에 서로 협력하여 문제를 해결해 나가는 과정으로 학생과 교사, 학부모와 교사, 교사와 교장 등 학교 울타리 안팎의 사람들이 서로에게 관심과 애정을 가지고 함께 성장하는 관계를 형성해 나가야 한다. 또한, 민주적인 학교 문화를 만들기 위해서는 학교 울타리 안에서는 누구나 자유롭게 자신의 의견을 제시할 수 있어야 하고 그것이 교사들의 민주적인 학교 운영을 위한 동기를 유발하는 것으로 작용해야 한다.

누스바움(Nussbaum)은 민주적인 학교 운영을 위한 민주주의 실천에 대하여 타인의 관점이 중요하다고 하였다, 특히 사회가 그저 사물보다 덜 중요하게 보는 이들의 관점에서 세계를 볼 수 있는 능력을 계발하기 위한 실천을 강조하고 있다. 가까이 있든 멀리 있든 다른 사람에 대해 진심으로 큰 관심을 기울이는 능력을 계발해야 한다. 또한 모든 학생들을 책임 있는 행위자로 대하여 학생들의 책임감을 진작시키고, 반대 목소리를 내는 비판적 사유에 필요한 기술과 용기, 비판적 사유 자체를 활발히 진작시키는 실천을 위한 노력을 해야 한다고 강조하고 있다[9].

이처럼 자신의 의견을 자유롭게 제시하는 문화를 형성한다는 것은 일차적으로 학생이 교사에게 무엇을 요구하는 것, 학부모가 교사에게 요구하는 것, 때로는 교사가 학교장에게 무엇을 자유롭게 주장할 수 있는 문화를 만들어 가는 것이다.

혼자만의 교실과 교문을 걸어 둔 학교 안에서는 교사들과 학교장에 의해서 바람직하지 못한 학교 문화가 확립될 가능성이 많이 있다. 어설픈 권위주의 문화가 확립된 학교에서는 교사들이 학생의 의사표현을 가로 막거나 학교장이 교사의 뜻과는 관계없이 학교를 비민주적으로 운영하는 일도 일어날 수 있다.

이렇게 보면 민주적인 학교 문화를 이루기 위해서는 민주주의라는 조직 운영 원리는 참여를 보장하는 제도로만 실현되는 것이라기보다는 그 이상으로 상대방에 대한 존중을 바탕으로 해야 한다. 학교장이 교사를 존중하고, 교사가 미숙한 아이들을 존중할 때, 전문가인 교사들이 비전문가인 학부모를 존중할 때, 그 반대의 경우로 학생이 교사를, 학부모가 교사를, 교사가 학교장을 존중할 때 민주적인 학교 문화는 조성될 수 있다.

이처럼 단위 학교의 민주적인 학교 문화를 조성하기 위해서 교사 다모임과 같은 형태로 실질적으로 교사 회의에서 중요한 결정을 하는 사례도 있고 학생회를 중심으로 학생 자치 활동을 강화하여 교육과정에 반영하여 실천하는 학교도 많이 있다. 또한 학부모 조례를 제정하여 학부모회 설치를 의무화하여 학부모의 학교 교육활동 참여를 적극 보장하는 노력도 병행하고 있다.

이런 상황 속에서 민주적 학교 운영과 관련하여 검토해야 할 점이 있다. 즉, 학교장이 독단적으로 학교를 운영하며 교사들을 존중하지 않는 것과 마찬가지로, 교사들이 학교장을 존중하지 않는다면 그것 역시 문제이다. 타인 존중이라는 민주주의 인프라가 갖추어지고, 여기에 학교 구성원들의 지속적인 민주주의 연습이 동반된다면 민주주의 역량을 발전시켜 나갈 수 있다. 이러한 방식으로 민주적인 학교 문화를 만드는 과정에서 학교장의 리더십은 매우 중요하다. 학교장은 교사들이 민주적으로 학교 운영에 참여하도록 실질적으로 보장해야 한다.

다음의 사례는 교사들과의 민주적 협의를 통해 현장체험학습을 대안적으로 재구성하고, 유연한 목표 조정과 합의를 실천한 학교 운영의 경험을 보여주고 있다.

• 작은 합의에서 시작한 민주적 학교 운영: 현장체험학습의 대안적 실행

○○초등학교에서 있었던 사례인데 학교장으로서 처음 부임하여 하고 싶은 사업을 한꺼번에 이루려 한다면 교사들의 저항에 막혀 시작하기 어려운 상황에 종종 봉착하게 된다. 특히, 학교 일은 그런 경우가 많은데 사업 목표를 두고 기간이 길어지면서 피로감은 커지고 일은 진척이 없게 된다. 그런 이유 때문에 학교장은 추진하는 사업의 특성에 따라 목표를 유연하게 조정해야 쉽게 시작할 수 있다.

[그림 6-4] 합의와 조정을 통해 이어간 현장체험학습 협의회

그런 사례로 2022년 2학기를 마치고 [그림 6−4]와 같이 교육과정 협의

회 때의 일이다. ○○초교 사건 이후 학교 현장에서는 교사의 번아웃과 교권보호에 대한 목소리가 높았다. 특히 현장체험학습 실시에 대해서 ○○도 교육청 관내 교사에 대한 형사상의 책임 소재와 관련하여 시행을 하지 말자는 교사들의 의견이 비등하였다.

학교 교육과정을 새롭게 작성하는 단계에서 학교장이 너무 많은 의견을 제시하면 선생님들의 반발이 우려되는 상황이었다. 그래서 모두 발언으로 현장체험학습이 학생들에게 유의미한 교육활동으로 삶과 연계된 체험을 할 수 있는 필요한 교육활동이라는 점을 강조하고 이를 시행하기 위한 효과적인 방안을 모색해 보도록 방향을 제시하였다.

교사들의 열띤 토론이 이어졌다. 현장체험학습을 절대 추진하지 말자고 하는 의견과 그럼에도 불구하고 아이들이 좋아하니 어렵지만 추진해 보자는 의견이 팽팽하게 맞섰다.

전 교사들과 학교장이 열띤 난상 토론을 한 결과 현장체험학습을 진행하되 차량을 대여하여 현장체험학습을 실시함으로써 야기되는 여러 가지 안전상의 문제를 고려하여 우리 고장 탐방으로 현장체험학습을 바꾸어 실시하도록 의견을 모았다. 그래서 이 학교에서는 학교 주변의 유적지와 체험학습 공간을 찾아서 환경 캠페인도 하고 인근 공원에서 자연도 관찰하고 사진 찍기 활동 등 삶과 연계하여 의미 있는 현장체험학습을 실시하여 만족도가 높은 교육활동을 할 수 있었다.

이처럼 민주적인 토론을 통해서 장거리 현장체험학습 실시는 아니어도 대안으로 우리 고장 탐방을 실시한 점은 학부모들에게도 학교에서 정상적으로 학교 교육과정을 운영한다는 모습으로 받아들여져 학교와의 갈등을 해소할 수 있었다.

학교마다 규모가 크고 의견이 팽팽하게 맞서는 학교 행사를 정상적으로 추진하기 위한 협력의 과정이 어렵다. 그래서 올해 학교 행사는 여의치 않아서 그냥 넘어가고 내년부터 제대로 협의해서 정리해 보면 어떨까? 하고 넘기는 일이 가끔씩 있는데, 그런 것들 중 상당 부분은 내년이 되면 올해 행사를 진행하지 못했던 그 당시의 사정은 고려하지 않고 다시 추진하기보다는 그냥 슬그머니 편의주의적 발상에서 사라져 버리는 경우가 다반사이다.

학교 현장의 교사들이 공립학교 특성인 짧은 주기의 인사 교체로 인하여 기존에 업무가 수시로 변경됨에 따라 업무 추진 과정에서 있었던 맥락을 전달하거나 고려하지 않고 단지 추진하지 않았다는 결과만으로 올해의 업무 추진을 위한 판단 자료로 삼아 결정하려고 하는 경향이 있다.

학교 구성원인 교사들은 매년 인사이동을 통해서 바뀌면서 학교교육과정 운영의 지속성과 안정성이 낮아진다. 이런 공립학교의 현실 속에서 이를 타개하기 위하여 학교장이 리더십을 발휘하여 민주적 학교 운영을 위한 협의 과정을 통해서 작게나마 발걸음을 떼는 게 좋다. 이것이 징검다리에 놓이는 첫 번째 돌이 되어 결국 목표한 대로 강을 건너게 된다.

이처럼 필자가 근무한 학교에서는 2022년 현장체험학습에 대한 전 교사와의 민주적인 논의 과정을 거친 이후 학교 주변의 지역을 탐방하는 현장 체험학습을 실시하기도 하고, 가까운 고궁을 방문하거나 과학관, AI체험관 등을 탐방하기도 하는 등 실효성 있는 현장체험학습을 지속적으로 운영하는 성과를 얻었다.

6.2.2 교사와의 민주적이고 투명한 학교 운영

학교 경영에 있어 학교 운영의 투명성과 공공성을 확보하여 리더십을 성공적으로 발휘하기 위한 학교장의 학교 운영 역량을 살펴보면 다음과 같은 특징이 있다.

먼저, 정확한 비전을 설정한 후 학교장은 리더십을 발휘하기 위해서는 현재의 상황을 전체의 흐름 속에서 읽어내고 나아갈 방향과 목표를 정확하게 설정하는 능력이 필요하다.

다음은 비전의 공유로 이는 학교장으로서 리더십을 발휘함에 있어 비전을 학교의 구성원인 교사들과 공유하여 함께 나아가는 의사소통의 능력 및 신뢰감을 주는 인격을 갖추어야 함을 의미한다.

이를 위해서 학교장은 학부모와 교사 그리고 학생들에게 학교장으로서 비전을 제시하고 학교 운영의 방향에 대하여 학부모 총회 때부터 지속적으로 홍보하여 비전을 평소에 공유하도록 한다. 또한 교사들과도 교육과정 평가회와 협의회를 통해서 지속적으로 학교장이 추구하는 학교 운영의 방향으로서의 비전 제시를 꾸준히 함으로써 일관성과 지속성을 바탕으로 한 학교 경영의 투명성을 확보할 수 있을 것으로 판단된다.

사실 학교를 경영함에 있어 학부모와 교사의 학교장에 대한 요구 사항이 다소 차이가 있을 수 있다. 학부모들은 학교장이 학교 시설 개선이나 교육 활동 프로그램 운영을 위한 예산을 많이 확보하는 것을 선호하지만 교사들은 좋아하는 편은 아니다. 또한, 학부모들은 공모 교장을 바라지만 교사들은 소극적인 편이다. 학부모들은 아이디어가 많고 사업을 많이 벌이는 학교장을 선호하지만, 교사들은 업무가 가중될 것으로 예견되므로 선호하지 않는다. 이렇게 학부모들과 교사들이 좋은 학교장에 대한 의견이 다른 이유는 명확하다. 학부모들은 학교장이 벌이는 사업에 대해서 직접 담당하는 사람들이 아니지만 교사들은 사업을 가져오면 사업 추진과 관련하여 직접 담당해야 하기 때문에 부담을 많이 느낀다.

학교에 근무하지 않는 학부모의 입장에서 생각해 보면 교사들은 하루에 수업이 끝나면 그걸로 모든 업무가 끝났다고 생각할 수 있다. 하지만 학교에 근무하다 보면 수업 외에 담임 업무와 행정 업무가 추가된다.

이러한 상황 속에서 학교장이 학교 교육활동을 위해서 새로운 교육프로그램을 운영하고자 새로운 사업을 만드는 것은 일선 교사들에게 환영받기 어려운 상황이다.

학교 현장에서 학교장으로서 빠지는 가장 큰 딜레마는 변혁적 리더십의 부족 문제이다. 교육혁신을 위해서는 새로운 변혁적 리더십을 발휘해야 하는 것이 필수적이다. 그런데 학교장이 학교 혁신을 실현하기 위해 하는 모든 일들은 학교장 혼자서는 절대 할 수 없는 일들이다.

학교장이 교사들에게 자발성이 없이 강제로 사업을 추진하도록 한다면 의미 있는 성과를 내기가 어렵다. 교사들이 좋은 교육을 향한 의지와 신념을 가질 수 있도록 설득하여 자율적으로 움직이도록 한다면 교사들의 열정과 헌신은 자연스럽게 따라온다.

학교장은 교사들이 의지와 신념을 바탕으로 한 내적 동력으로 학교 교육에 헌신할 수 있도록 서번트 리더십을 발휘해야 한다[10].

이처럼 교사들은 새로운 사업을 하려는 학교장을 별로 좋아하지 않는데, 그 이유는 교사가 그 일을 해야 하기 때문이다. 그렇기 때문에 학교장이 먼저 제안해서 시작한 일은 최대한 솔선수범하여 앞장서서 하고 학교에 꼭 필요한 사업이면 민주적인 절차를 거쳐서 교사들을 설득하여 교사들의 자발적인 협조를 구하도록 해야 한다.

학교장은 업무를 추진하는 리더십을 발휘하고자 할 때 모든 학교 교육과정 운영에 대해서 다수결로 의견을 결정하는 것이 최선의 방안은 아니라고 생각한다. 학교에서 학교 교육과정을 운영하면서 교사들과 다양한 교육과정 운영에 대하여 사업을 제안할 때 학교장은 사업 성격에 따라 적합한 의견 수렴 방식을 다수결의 원칙을 맹목적으로 반영하기보다는 협의해야 할 안건에 따라 적합한 방법이 무엇인지를 고민하고 그에 따라 구성원들에게 협의 방법을 다양하게 제안해야 한다. 그래야 내부 혼란을 줄이면서도 실제적이고 알차게 학교를 운영할 수 있다.

이러한 융통성 있는 유연한 의견 수렴 방식을 활용하여 투명하고 공정한 학교 운영을 위한 학교장으로서의 리더십을 발휘했을 때 학교는 진정한 의미의 학교 민주주의를 구현하는 길이라고 생각한다.

학교장의 결정에 기준이 있고, 본인의 결정에 대해서는 책임지는 학교장의 솔선수범하는 모습을 보여 준다면 학교장의 결정에 대하여 무조건 부정적인 것은 아니다. 다만 학교장이 책임지는 모습을 보이지 않고 업무는 직접 하지 않으면서 자신은 지시만 하기 때문에 같이 할 마음이 생기지 않는 것이다.

학교장이 솔선수범하고 교사와의 민주적이고 투명한 학교 운영을 통해서 교육활동을 추진한다면 훌륭한 교육적 성과를 거둘 수 있다[11].

다음의 사례는 교사와의 민주적 협의를 바탕으로 독서교육을 활성화하고, 다수결을 넘어 학생과 학부모의 요구를 함께 반영한 학교 운영의 실천을 보여준다.

• 민주적 협의로 만들어 낸 학교 맞춤형 독서교육 실천

○○초등학교의 사례로 이 학교에서는 특색사업으로 독서교육 활성화를 추진하기 위해서 먼저 교사들과 의견을 모아 보았다. 공모계획서에 제시했던 독서교육 활성화를 위한 프로그램을 교사들과 공유하며 실천 가능성을 민주적인 분위기 속에서 논의하였다.

학교장도 큰 방향에서 독서교육 활성화를 위한 방안을 마련했으면 좋겠다고 했고 그 실천 방안은 학교 교사들이 협의해서 좋은 방안을 마련해 보자고 협의의 자리를 가졌다. 교사들은 학교장이 허심탄회하게 의견을 구하는 모습에서 마음을 열고 집단 지성의 힘으로 묘안을 모색하였다. 그래서 탄생한 것이 독서 영수증 사업이다.

독서 영수증 사업은 기존의 독서기록장이 학생들의 흥미와 호기심을 증진시키기보다는 독서 의지를 감소시키는 역할을 할 뿐이라는 문제의식 속에서 탄생하였다. 학생들이 독서를 편하게 하고 이를 편하고 쉽고 재미있게 기록할 수 있는 방안을 모색하여 이를 구체화하였다. 학생들에게 40권 60권 80권이 되면 그에 따른 선물도 증정하였다. 특히 80권이 되면 학교장 명의의 독서인증장을 발급해 주고 도서를 한 권씩 구입하여 책 앞페이지에 친필로 칭찬의 글과 함께 아침 조회 시간에 직접 시상하고 같이 사진도 찍어서 가정에 배부하였다.

시행 첫 해에는 [그림 6-5]와 같이 40명의 학생들이 독서인증장을 받았는데 그 후에는 학생들에게 널리 홍보되고 독서문화가 안착이 되어 120명의 학생들이 독서인증장을 수상할 정도로 큰 성공을 거두었다. 이러한 결과를 바탕으로 ○○시교육청 교육감으로부터 독서교육 우수학교 표창도 수상하고 ○○시교육청 유튜브에 독서교육 우수학교로 시내 600여 개 초등학교 중에서 유일하게 선정되어 홍보되기도 하였다.

[그림 6-5] 독서 인증장을 부여하는 모습

• 다수결을 넘어 학생과 학부모의 요구를 반영한 상담 운영의 전환

○○중학교의 사례로 이 학교에서는 학년 초 상담 주간을 두는 문제를 전 교직원 토론회를 통해서 결정한 일이 있었다. 교사들은 상담 주간을 두어 일부러 학부모들과 저녁 늦게까지 상담 약속을 잡아서 하는 것은 의미 없는 일이라고 지적하였다. 필요한 학생들과는 가정과 충분히 상담하고 있는데 굳이 상담활동을 일부러 단기간에 잡아서 하는 것이 보여주기식 행사이고 효과가 낮은 교육활동으로 상담 주간을 없애자고 주장하였다. 학부모 입장에서는 1년에 한 번 학급 담임과의 만남의 자리임에도 불구하고 이를 박탈당하고 있다는 민원도 제기되었다.

이러한 상황 속에서 전 교사들을 대상으로 다수결로 결정하기로 하고 찬반토론을 실시하였다. 교사들은 형식적인 상담 주간은 없애자고 다수표를 던져서 다수결의 원칙에 따라 없애기로 하였다. 하지만 학부모의 상담하고자 하는 요구를 무시할 수는 없는 노릇이었다. 그래서 절충적인 대안으로 교사들에게 상담 주간은 없애는 대신에 평시에 상설 상담 주간을 운영하자고 설득하였다.

학부모들이 담임교사와 상담을 원하는데 상담할 수 있는 창구를 마련해 놓지 않으면 안 된다는 논리로 교사들을 설득하여 교사들의 동의를 얻었다. 그래서 일정한 양식의 상담신청서를 학교 홈페이지에 띄워놓고 언제든지 상담을 할 수 있도록 가정통신문과 함께 학부모들에게 안내를 하였다. 그 결과 [그림 6-6]과 같이 학부모들이 수시로 학교 담임 교사와 상담을 할 수 있는 여건이 조성이 되어서 원활한 상담 활동할 수 있었다.

[그림 6-6] 학부모와 상담하는 교사의 모습

학기 초에 2주 정도 정해놓고 했던 기존의 상담 주간을 상설 상담 주간으로 바꾸자는 제안을 하고 논의를 하면서 놀랍고 감동했던 일이 있다. 평소 조용하고 차분하게 자신이 맡은 일을 하던 담당 부장이 상담 주간 행사의 취지에 동의한다는 의견을 밝히고, 스스로 나서 교사들에게 열심히 참여를 설득했다는 이야기를 나중에야 알고 깜짝 놀랐다.

학교장이 제안하는 일에 대하여 무조건 교사들의 의견을 따르기보다는 무엇이 학생들을 위한 일인지 고민하고 그에 따라 올바르게 판단하고 학교 변화에 필요한 일이면 마음속으로 함께하는 사람이 반드시 생기는 법이라고 재차 확신하게 되었다.

상담 주간의 상설화에 대한 설득을 한 결과 모든 반에서 상담활동이 수시로 이루어지고 있는 것을 보았다. 학부모들도 담임교사와 상담할 문제가 생기면 그동안 학기 초에만 상담을 했는데 이제는 수시로 상담을 신청해서 할 수 있다는 면에서 학부모 호응도가 높아졌다.

이처럼 학부모와 상시적으로 소통하는 창구가 마련되어 선생님들과 좀 더 상담의 기회가 많아졌다는 점에서 학부모 만족도가 높아져서 성공적인 상담 주간 운영을 할 수 있었다.

6.3 민주적 학교 문화 조성

6.3.1 민주적 학교 문화의 의미와 실현 원리

민주적인 학교 문화의 특성을 이해하는 것은 모든 학생이 참여하는 교육적 역량을 갖춘 학교를 만드는 데 필수적이다. 민주적인 학교 문화는 교사의 업무를 지원하기 위한 토대이다[12].

오늘날 학교장의 가장 중요한 역할은 학교 문화의 역동성과 조직 내 리더들과 조직 내 사람들이 학교 문화에 어떤 영향을 주는지를 이해하는 것이다.

셰이퍼(Shafer)는 학교장이 문화를 구성하는 구체적인 요소를 이해하면, 문화적 비전을 실현하기 위한 실천이 가능하다고 보았다. 그는 문화를 '흐릿한 무형의 덩어리'가 아닌, 정확히 파악하고 설계할 수 있는 체계적인 구조로 보아야 함을 강조하였다[13].

성공적인 리더십을 발휘하는 학교장은 민주적인 학교 문화를 깊이 이해하기 위해 넓은 시야를 가져야 하며 넓은 시야는 어려운 문제에 대한 해결책을 모색할 수 있게 해준다고 하였다.

민주적인 학교 문화 비전을 만들고 실행하는 것은 학교장이 어떻게 리더십을 발휘하여 이끄는가에 관한 문제로 학교장은 기존의 문화를 개념화할 때 자신의 리더십 스타일과 특성을 이해하는 것이 중요하다. 학교장 자신을 성찰해 보았을 때 교사들의 신뢰 확보 여부, 일관성 있는 대응 여부, 자주 소통하고 정보를 공유하는지 여부, 협업을 촉진하는지 여부 등을 살펴보아야 한다.

이를 통해서 민주적인 학교 문화를 이끌어 갈 리더십을 발휘하는 학교장이 되기 위해 필요한 리더십에 대한 강력한 통찰력을 얻을 수 있다. 또한 시간이 지남에 따라 민주적인 학교 문화를 변화시키고 주도하는 핵심 요소인 교사의 목소리와 주도성, 자율성, 권한 부여 및 참여를 지원하는 데 있어 학교장의 역할을 이해하는 것도 중요하다.

민주적인 학교 문화는 사람들이 함께 일하고 문제를 해결하고 도전에 직면하면서 시간이 지남에 따라 축적된 규범과 가치, 신념, 전통 및 의식의 저변 흐름으로 이러한 가치와 신념이 학교 문화의 토대이다[14].

학교장은 자신의 행동 및 결정을 통해 학교 비전과 학교 문화의 기반이 형성되는 데 중심적인 역할을 하게 된다. 즉, 구성원들 간의 상호작용, 학교 거버넌스 체제, 교사 지원, 교사의 업무분장 등을 면밀히 살펴보아야 한다.

〈표 6-1〉 학교 문화의 특성

긍정적인 학교 문화	부정적인 학교 문화
교사들은 의사결정과정에서 그들의 목소리와 주도성이 있다는 임파워먼트를 가진다.	교사들은 학교장을 그저 따르기만 한다.
교사들은 소속감을 갖는다.	교사들은 소외되고 고립되었다고 느낀다.
교사들과 교장은 협력적이다.	교사들은 과도한 규제와 탑다운 방식의 결정에 의해 통제된다.
교사들은 전문성을 인정받으며 학생들의 필요에 기반하여 교수·학습 전략, 교육과정, 평가에 대한 자율성을 갖는다.	교사는 광범위하게 승인된 교육과정이나 교수·학습 전략에서 벗어날 수 없다.

긍정적인 학교 문화	부정적인 학교 문화
교사들은 지지와 격려를 받으며 안전하다고 느낀다.	교사들의 노력에 대한 지지와 지원이 없다.
교사들은 심리적으로 안전한 환경에서 업무를 하고 실수도 할 수 있다고 느낀다.	과실을 찾는 것이 일반적이다.
교사들은 통찰력, 숙고, 신념에 기반하여 행동하는 집단적 책임을 수용한다.	교사들은 자신의 신념, 전문성, 그리고 학교와 학생들에 대한 직접적인 지식에 따라 행동하기를 멈춘 관람자이다.

〈표 6-1〉에서 살펴보면 긍정적인 학교 문화와 풍토를 조성하는 데 학교장의 역할이 무엇보다 중요하다. 유능한 학교장은 집단적 효능감의 학교 문화 조성에 온 힘을 쏟는다. 학교 문화는 교사의 신념과 태도, 교사 주도성, 교사 역할 부여, 자율성, 자기 및 집단 효능감에 내재되어 있다는 것을 알 수 있다. 또한 긍정적인 학교 문화는 공동의 비전을 공유하는 교장과 교사들의 연대에 의해 만들어지며, 이때 공동의 비전은 교사들 간의 리더, 학생들, 다른 공동체 구성원들과의 상호작용 방식을 구체화하는 데 기여한다[15].

긍정적인 학교 문화를 발전시키는 데 있어 중요한 것은 규범의 역할과 그 규범이 사람들과 상호작용하며 협력하는 방식으로 교장은 존중과 신뢰의 분위기를 조성하기 위해 노력해야 한다. 자신감은 신뢰를 기반으로 하는 것으로 교사는 학교장에 대한 신뢰가 있어야 한다. 교사가 의사결정과정에 참여하지 않는 상황이라면 그 학교는 건강하지 않은 학교로 평가되며 학습공동체를 만든다는 희망은 기하급수적으로 감소할 것이다. 긍정적인 학교 문화와 풍토는 서로 간의 책임을 통해 만들어질 수 있으며 이는 민주적인 학교 문화 조성으로 이어진다고 할 수 있다.

다음 사례는 학교장이 일상적인 만남과 이름을 불러주는 작은 실천을 통해 학생들과 신뢰 관계를 형성하고, 이를 바탕으로 학생 자치와 민주적 학교 문화를 확장해 간 경험을 보여주고 있다.

• 학생과의 관계 맺기를 통한 민주적 학교 문화 형성

필자가 ○○초등학교 교장으로 부임하여 빼놓지 않고 4년 동안 눈이 오나 비가 오나 잊지 않고 등교하여 매일 아침마다 하는 활동이 교문 앞 아침맞이 활동이다.

필자가 근무한 학교는 220명 정도의 학생이 다니는 소규모 학교로 모든 학생들의 신상을 손쉽게 파악할 수 있는 여건이어서 전교의 모든 학생들의 이름을 우선적으로 외웠다. 그리고 아침마다 아이들 이름을 불러주며 교문 앞에서 학생맞이를 하다보면 아이들의 오늘의 기분 상태를 확인해 보기도 하고, 요즘 어떤 것에 관심이 있는지 이야기도 하고, 다치거나 부상을 당한 아이가 있다면 왜 당했는지 물어보는 시간을 가져 아침 등교 시간을 학생들과의 소통의 시간으로 만들었다. 등교맞이를 하다보면 가끔씩 아이들과 함께 등교하는 학부모들과 교문 앞에서 잠깐이나마 대화를 하는 등 친밀하게 관계를 맺는 시간을 지속적으로 보냈다.

그 결과 퇴근 시간이나 출장을 다니러 학교 밖을 벗어났을 때 역까지 걸어가는 동안 학교 내에서는 여기저기서 학부모들과 인사하고 아이들이 반갑게 다가와서 인사를 하는 등 정겨운 학교 문화를 조성할 수 있었고 아이들과 친하게 지내는 학생들에게 관심이 많은 교장으로 학부모들 사이에서 좋은 평판을 얻기도 하였다.

학생들을 교내에서 만날 때마다 수시로 그들의 이름을 불러주었다. 아침맞이를 하면서 학생들의 이름을 불러주면 학생들이 자신의 존재를 교장선생님이 인지하고 있음에 뿌듯함과 함께 좀 더 친밀감을 느끼기도 하였다.

한 사례로 2학년 ○○은 운동신경이 매우 좋은 여학생이다. 아침마다 ○○은 10m 앞에서부터 "교장선생님 안녕하세요?" 크게 인사를 하고 교문을 들어온다. 그리고 자신의 특기인 발차기를 매우 뽐내고 들어간다. 매일매일 교장선생님과의 만남을 즐겁게 이야기한다.

그런데 교장선생님이 자신의 이름을 불러주지 않자 자신의 이름을 모른다고 생각하고 적극적으로 자신을 알리려는 일도 있었는데 이제 막 학교에 입학하여 3월 어느 날 등굣길에서 1학년 ○○이란 학생과 있었던 일화이다.

그날은 마침 1학년 학생들의 이름을 입학 초기이기에 모두 외우지 못하고 있는 상황이었다. 그런데 1학년 학생이 필자에게 갑자기 다가와서 "교장선생님 제 이름 아세요?" 하면서 물어보아서 아직 너의 이름을 모른다고 하자 실망의 눈빛이었다. 앞으로는 잊어버리지 않고 불러줄게 하면서 1학년 학생의 이름을 물어보았다. 그는 자기의 이름이 선○○이라고 알려주었다. 그래서 필자는 "○○아! 오늘도 학교에서 즐겁게 지내다 가렴"하고 덕담을 하자 그제야 고개를 끄덕이고 돌아갔다. 다음날 아침맞이 할 때부터 ○○이의 이름을 잊지 않고 필자가 항상 아침마다 "○○이 왔구나!" 하면서 반갑게 맞이해 주니 입꼬리가 올라가며 즐거워하였다. 이처럼 학생들의 이름을 불러주는 행위 하나만으로도 학생들과 소통할 수 있는 계기가 된다는 것을 새삼 느끼고 인식하게 되었다. 그렇다 보니 점심시간에 식당에서 식사를 하려고 들어가면 학생들이 교장선생님에게 친밀감을 느껴서 밥 먹다 말고도 여기저기에서 "교장선생님 안녕하세요?"라고 인사하느라고 왁자지껄한 모습을 평소에도 많이 볼 수 있었다.

이처럼 학교장이 리더십을 발휘하기 위해서는 학생들에게 조금만 관심을 더 가지면 훨씬 더 좋은 교육적 효과와 민주적 문화를 조성할 수 있게 됨을 알 수 있었다. 그래서 필자는 학교 문화가 민주적으로 되기 위해서는 학생들과의 관계 맺기가 기초가 되어야 하고 이를 바탕으로 민주적 학교 문화를 조성할 수 있다고 판단하기에 매우 중요하다고 생각한다.

[그림 6-7] 학교장과 학생자치회 간담회

이러한 민주적 학교 문화를 바탕으로 [그림 6-7]과 같이 학교장과 학생 자치회 간담회를 주기적으로 실시하면서 학생 자치 활동을 적극적으로 전개할 수 있는 큰 동력을 얻을 수 있었다. 3학년 학생들이 자치 활동으로 환경보호를 위해서 교내 분리수거를 철저히 하자며 학교의 문제점을 찾아보고 교장실로 직접 찾아와서 교내 쓰레기장에 페트병을 수거하는 마대를 따로 만들어 달라는 등 분리배출을 위한 건의 사항을 스스럼없이 전달하고 이를 학교 경영에 반영하는 선순환 구조를 실천할 수 있어서 학생들과의 민주적 학교 문화 조성을 이룰 수 있었다.

6.3.2 관계중심 실천과 문화 변화

민주적인 학교 문화는 권위적인 위계 대신 신뢰와 존중에 기반한 수평적 관계를 통해서 구축된다. 이를 위해 수평적 의사소통 및 협력 강화를 위해서 전문적 학습공동체의 내실화를 꾀해야 한다[16].

경청과 존중의 교육으로 교직원뿐만 아니라 학생들에게도 민주적 의사소통 기술, 즉 경청, 비판적 사고, 타협 등을 학습시키고, 실천하게 하여 일상적인 관계 속에서 민주주의를 경험하게 해야 한다. 교육공동체 간 신뢰를 구축하기 위해서 학교생활 협약을 제정하고 교원, 학생, 학부모가 함께 학교의 핵심 가치, 행동 규범 및 갈등 해결 절차 등을 민주적으로 논의하여 제정하고 이를 공유하도록 한다. 이는 공동체 내의 상호 이해와 예측 가능성을 높일 수 있다. 수평적 피드백 시스템을 강화하여 관리자의 일방적인 평가 대신, 교사-교사 간, 교사-학생 간 상호 성찰적 피드백을 일상화하여 비판을 성장의 기회로 인식하는 문화를 만들어 나갈 수 있다[17].

이러한 민주적인 학교 문화 조성을 위해서 학교교육 비전의 수립은 학교교육과정의 운영 방향을 정하는 중요한 일이다. 학교장은 교육활동 중심의 학교가 될 수 있도록 학교교육 비전의 기본 방향을 제시하고 이를 토대로 민주적인 방식으로 학교 구성원들이 학교 운영의 주체로 참여하여 학교교육 비전을 함께 수립하도록 이끌 책무성이 있다. 학교장은 민주적 의견 수렴 과정을 통해서 모든 구성원들의 의견을 수렴하여 학교 비전을 수립하는 리더십을 발휘해야 한다.

학교 구성원들이 집단 지성의 힘을 발휘하기 위한 학교 문화 조성의 선결 조건은 무엇보다도 각 개인의 자율성과 다양성을 충분히 보장해 주는 민주적인 분위기를 조성해 주는 것이다. 학교 구성원들 누구나 자신의 자아실현을 위해서 자신의 삶이 지향하는 방향에서 삶을 가꾸어 나간다.

여기에서 언급되는 자아실현이란 학교 구성원으로서 자신이 타고난 하나의 가능성으로 잠재되어 있던 교사로서의 자아의 본질을 완전히 실현하는 단계를 의미한다. 이러한 자아실현은 학교구성원으로서 교사들이 각자마다 가지고 있는 개별 구성원의 특성인 다양성과 자유의지인 자율성이 있는 그대로 수용되는 학교 환경 속에서만이 추구될 수 있다. 더불어 집단 지성의 힘으로 학교가 학습하는 전문 학습공동체로서의 조직으로 작동이 될 때만이 가능하다[18].

단위 학교에서 급격한 사회 변화에 대응하는 효율적인 교육 비전을 수립하려면 학교 구성원이 함께 연구하고 학습하며 교육혁신의 방향을 찾고 실천하는 전문 학습공동체로서의 교육공동체를 구성해야 한다.

학교의 조직 문화는 기존의 권위주의적이고 하향식의 탑다운 방식이 아닌 민주적인 상향식의 바텀업 방식으로 변혁적인 혁신이 이루어지도록 학교 조직이 작동되어야 한다. 이를 통해서 그저 수동적으로 주어진 업무만 형식적이고 기계적으로 수행하였던 기존의 학교조직 문화에서 벗어나 구성원들이 자율적이고 창의적인 학교 조직 문화를 구축할 수 있다.

다음의 사례는 민주적 회의 문화 조성과 학부모와의 열린 소통을 통해 학교 운영의 투명성과 참여를 높인 학교장 리더십의 실천을 보여주고 있다.

• 전달에서 토론으로: 민주적 회의 문화로의 전환

○○초등학교는 혁신학교로 지정되면서 새롭게 혁신학교를 시작하면서 기존의 회의 문화에서 벗어나 민주적이고 실효성 있는 회의 문화를

만들자고 구성원들끼리 의견을 모으고 전 교직원 회의 명칭도 토론이 있는 교직원 회의를 강조하기 위하여 전 교사 다모임으로 바꾸었다. [그림 6-8]과 같이 회의 장소는 소규모 학교이다 보니 마제형으로 연수실을 새롭게 꾸며서 모든 구성원들이 마주 보고 회의를 할 수 있도록 회의 공간을 재구조화하였다.

전 교사 다모임을 할 때에는 지침상 필요한 경우 이외에는 일방적인 전달을 지양하고 현안이 되는 문제 중심으로 토론하는 회의로 바꾸었다. 회의 주기도 기존의 주 1회의 회의에서 월 1회로 바꾸고 회의 주제는 교직원들이 자유롭게 구글앱으로 신청하도록 하여 선정된 내용을 주제로 회의를 진행하여 실효성 있는 회의가 될 수 있도록 하였다.

[그림 6-8] 민주적 회의 문화

회의를 연수실에서 수평적이고 민주적 분위기 속에서 회의 방식도 상향식의 바텀업 방식으로 회의 주제를 정하여 진행하였더니 교사들의 참여가 활발해졌다. 학교장도 회의 시간에 다른 교사들과 함께 참여하여 마지막에 한마디 하던 방식에서 벗어나 회의 중간에도 활발하게 의견을 개진하였다. 최종 결정은 충분한 토의 후에 상황이나 안건에 따라 합의나 거수 또는 무기명 투표로 진행하는 것을 원칙으로 하여 민주적인 회의 문화 정착을 위해서 이 원칙을 계속 유지했다.

민주적인 집단 지성의 힘이 학교 조직에서 발휘되려면 함께 만나 논의하는 과정이 반드시 필요하다. 기존의 권위적이고 형식적인 회의라면 교사들이 바쁜 시간을 내어 회의에 참석하고 싶은 의욕과 동기가 매우 줄어들게 된다. 그래서 교사들은 학교 업무보다는 개인적인 용무로 조퇴를 하는 경우도 많아서 학교 교육과정을 운영하는 데 협의해야 할 회의 진행에 어려움을 겪을 수도 있다.

그동안의 토론이 있는 교직원 회의 개최 경험으로 볼 때 회의에 참석하여 의견을 자유롭게 말할 기회가 없고 말을 하더라도 반영되는 경우가 거의 없기 때문에 교사들의 참여율도 저조해지는 경향성을 띠었다. 필자가 예전에 근무했던 학교에서 추진하였던 전 교직원 회의는 교무실이 작아서 멀티미디어실에서 진행하였는데 교사들이 회의에 집중하지 않고 잡담을 하는 경우도 종종 있었다.

일반적으로 학교에서 실시하는 전 교직원 회의의 전형적인 모습은 교무부장이 사회를 보고 부장교사들이 차례대로 부서별 전달 내용을 이야기하고 교감, 교장 순으로 할 말을 전달하고 마치는 것이 회의의 전체적인 모습이었다.

이러한 회의가 끝난 후에 교사들이 품는 생각은 일방적인 지시 전달만 하는 회의 방식에 대한 불만을 품게 되고 교사들 스스로 주체적으로 학교 업무를 추진하려는 의지도 약하여 전 교직원 회의를 개최한 효과를 보기가 어려운 상황이었다. 이런 경우는 극단적으로 표현하면 학교장의 입장에서 교사들이 해야 할 일을 지시 전달하였으니 부서별 업무를 신속하게 처리하라는 일종의 의례적인 절차로 여겨진다. 이러한 학교 문화에서는 구성원의 다양한 창의성이 열리는 토론다운 토론이 제대로 이루어지기 어렵고 모든 구성원들의 의견을 모으기도 어렵다. 이러한 이유로 인하여 민주적인 회의 문화로의 변화가 필요하였다.

• 경청에서 참여로: 학부모와 함께 만드는 학교 문화

필자가 ○○초등학교에 학교장으로 부임하면서 학교 교육과정 운영과 학교 교육환경에 대한 현안 문제에 대하여 다양한 의견을 소통하고 청취하며 민주적인 학교 운영이 되도록 적극적으로 노력하였다.

민주적인 학교 문화를 조성하는 것의 첫 단추는 학교공동체 간의 원활한 소통이라고 생각하였다. 그래서 학교의 모든 교육과정 운영과 시설 관련하여 학교운영위원회를 통해서 자세히 공지하고 학부모들이 불필요한 오해가 생기지 않도록 적극적으로 홍보하고 안내하는 것도 학교장의 역할이라고 생각하고 실천하였다. 학교운영위원회가 열리는 날에는 학교장이 항상 직접 모두 발언을 통해서 학교의 상황을 자세히 안내하고 적극적으로 의견을 나누는 시간을 가졌다.

사실 본교는 학부모들과 학교 간에 어떤 사안으로 인하여 소통이 되지 않고 갈등을 심하게 일으켜 1학년 학생들이 입학을 거부하고 다른 학교로 입학하는 상황까지도 필자가 교장으로 부임하기 전에 있었다는 이야기를 전해 들은 상황 속에서 학부모들과의 소통은 새로 부임한 신임 교장으로서 가장 우려되는 현안 문제였다.

그래서 시도한 것이 첫째, 학부모들과 마음을 여는 대화를 나누었다. 주요 학부모 단체 임원들을 모아서 우리 학교 한옥도서관 나리재에서 마주 앉아서 학교 운영에 대하여 자세하게 이야기를 나누었다. 처음에는 학부모들이 어색하고 다른 분위기이다 보니 머뭇거리고 불편해하였다. 그래서 학부모들과 편안한 분위기를 조성하기 위해서 간단히 차를 준비하여 한 잔씩 하면서 학부모들의 요구 사항을 하나하나 적어가며 자유롭게 이야기를 하도록 유도하였다. [그림 6-9]와 같이 학부모와의 대화를 할 때 학교장은 되도록 경청을 하고 이야기를 최대한 자제하며 학부모들의 이야기를 들어주려고 하는 자리를 마련하였더니 학부모들의 만족도가 매우 높아졌다.

이처럼 학부모와의 관계 속에서 민주적인 학교 문화를 조성하는 데 노력한 결과 학부모들과 허심탄회하게 학교 운영에 대하여 의견을 나누는 학부모들과의 대화의 시간을 마련하는 것이 매우 중요하고 효과적이었다.

[그림 6-9] 학부모회 회원들과의 대화의 시간

더불어 학부모 활동을 활성화하기 위해서 [그림 6-10]과 같이 학부모 독서동아리를 조직하여 활동을 적극 지원하였다. 필자가 근무한 학교에는 그 학교의 특색 있는 건물인 한옥도서관이 있었는데 학부모들이 1주일에 한 번씩 모여서 독서를 한 후 독서 토론을 하는 학부모 독서동아리 활동을 조직하여 운영하였다.

학부모들이 평소 학교 공간에 대한 호기심과 궁금증이 많았다. 그런데 학부모 동아리 활동에 참여하여 일정한 시간에 학교에 나와서 학교 시설인 한옥 도서관을 학부모들에게 개방하여 동아리 활동을 하자 호응도가 높아졌다.

소규모 학교임에도 불구하고 무려 20여 명의 학부모가 독서동아리 회원으로 활동하였다. 집이 아닌 학교라는 공간에서 자녀들과 함께 한 공간에서 활동한다는 것에 선호도가 높았다. 학부모 동아리가 활성화되면서 학부모들이 교육 기부를 하였으면 한다고 의견을 제시하여 이를 적극 수용하였다.

[그림 6-10] 학부모회 독서동아리 회원들과의 대화의 시간

이듬해 학교 교육과정에 직접 참여할 수 있도록 학부모와 함께하는 독서 활동 프로그램을 일단 저학년 학년 교육과정 운영에 도입하였다.

학부모들이 각 반별로 책 읽어 주기 행사를 자율적으로 운영하도록 하였다. 학부모들이 직접 민주적인 토론과 회의 진행을 통해서 추진 계획을 세우도록 학부모 활동을 지원하였다. 독서동아리에 참여 하였던 학부모들이 자기주도적으로 각 반별로 실시하는 책읽어주기 행사에 학부모들이 참석하기 위해서 한 달 전부터 준비하였다. 그리고 저학년 각 학급에 들어가 성심성의껏 독서 활동을 전개하는 것을 보면서 학부모들에게도 자율적이고 민주적인 문화를 조성해 주면 학교 교육 활동에 도움을 주는 교육적 효과가 크게 얻을 수 있다는 것을 느낄 수 있었다.

6.4 조직 내 회복탄력성과 학습공동체 구축

6.4.1 회복탄력적 조직과 학습공동체의 의미

학교 현장은 매일매일 크고 작은 학부모 민원과 다양한 현안 문제가 발생한다. 이를 해결하기 위해서 학교 조직은 회복 탄력적 조직이 되도록 학교장은 리더십을 발휘해야 한다. 즉, 예측 불가능한 위기나 변화에 대해서 학교 구성원들이 효과적으로 대처하고, 이를 통해 학교 구성원 간의 결속력이 강화되어 더욱더 학교 교육력이 강해지는 학교 조직을 구축해야 한다. 이러한 과정 속에서 학교장은 리더십을 발휘하여 구성원의 신뢰와 유대감을 바탕으로 서로를 지지하고 정보를 공유하며 공동의 교육목표를 향해 함께 나아가는 방향으로 학교 조직을 지원해 나가야 한다.

학교 내에서의 회복탄력성 조직은 학교장이 리더십을 발휘하여 단위

학교에서 학습공동체를 활성화하도록 지원하여 활발하게 운영이 된다면 그 능력을 크게 향상시킬 수 있다. 교사들의 학습공동체는 단위 학교의 회복탄력성 조직의 핵심 요소를 강화하는 데 중요한 역할을 한다는 점을 학교장은 명확히 인식하고 지원방안을 모색해야 한다. 교사들이 교원 학습공동체 활동의 활성화를 통해서 함께 배우고 성장하는 과정 속에서 학교 구성원 간의 신뢰와 협력관계가 깊어지게 되며, 이는 위기 시 학교 조직의 결속력을 높이는 기반이 된다. 따라서 교원학습공동체 활동은 회복탄력적 조직이 단순한 생존을 넘어 끊임없이 발전하고 성장하는 데 필수적인 동력원이라고 할 수 있다[19].

학교 내 교원학습공동체를 강화하는 다섯 가지 중요한 요소를 제시하면 성찰적인 대화하기, 제반 교육적 실천 탈사유화하기, 학생들의 학습에 대한 공동의 관심을 가지기, 공동으로 연구하기, 규범과 가치를 공유하기 등이다. 특히, 두 가지 필수 조건으로 첫 번째 조건은 구조적인 것으로 특히 만나고 이야기하는 시간, 가르치는 역할들의 상호의존성, 의사소통 구조 등이 여기에 해당된다. 두 번째 조건은 우리가 흔히 문화로 지칭하는 사회적 인적 자본에 관한 것으로 학교 문화 개선에 관한 열린 마음, 신뢰와 존중, 기술 기반, 지원적 리더십, 새 직원과 기존 직원 간의 학교 문화 공유 등이 이에 해당된다[20].

정체된 학교의 문제점을 살펴보면 교사들은 어떤 일이나 사람에 대한 애착의 정도가 낮다고 한다. 교사들도 공동체 의식의 공유보다는 자신만의 정체성 혹은 독자성에 더 많은 관심을 가지고 있는 경우가 많다. 이러한 상황 속에서 교사들은 번아웃을 호소하며 좌설, 실패, 권태나 지루함 등에 대해 주로 이야기한다. 이러한 문제점을 해결하고 회복탄력성을 높이기 위해서 교사들은 상호 간에 전문적인 지원을 요구하기도 하고 제공받기도 해야 한다. 또한 교사들은 학생들의 행동에 일관된 기준을 적용해서 사안 처리를 해야만 학생과 학부모들의 불만을 최소화할 수 있다.

이처럼 학교의 회복탄력성을 높이기 위해서 교사들은 협력적으로 학교 교육활동에 참여해야 하고, 학부모들은 학교 교육 활동에 능동적으로 참여하여 적극적으로 학교 교육활동을 지원해 주어야 하며, 학생들은 자기 주도적으로 성장과 발달을 하기 위해서 교육적 성장에 대한 정보를 지속적으로 제공받고 피드백하는 과정 속에서 회복탄력성을 높여가야 한다[21].

이러한 상황 속에서 학교장이 회복탄력성을 높이기 위해 발휘해야 할 리더십은 교사와 학생 모두에게 일관된 행동 기준을 마련하고, 이를 협력적이고 공정하게 적용하는 것이다. 이러한 리더십은 학교 내 갈등을 줄이고 신뢰를 형성하는 중요한 기반이 된다. 실제로 교사들은 학생, 학부모, 교장·교감, 동료 교직원, 그리고 자신으로부터 긍정적인 피드백을 받을 때 회복탄력성이 향상되며, 그 결과 교직 수행에 대한 성취감 또한 고취된다. 따라서 회복탄력성을 바탕으로 교사들이 자존감을 높이고 능동적으로 교육 활동에 참여할 수 있도록 학교장이 적극적으로 지원하는 리더십이 필요하다. 이를 위해 학교장은 학교 전반에 걸쳐 교육전문가로서의 문화와 분위기를 형성해 주는 것이 바람직하다.

다음 사례는 돌발적이고 격앙된 학부모 민원 상황에서 학교장이 직접 나서 경청과 중재를 통해 갈등을 해결하고 교사를 보호함으로써 신뢰를 회복한 민원 대응 실천 사례이다.

• 학교장이 책임지는 민원 대응과 교사 보호의 실제

○○초등학교에서 있었던 사례인데 ○○초 사건을 계기로 교직원 회의에서 학교 민원 대응 매뉴얼을 교무실에서 전담하는 방안으로 새롭게

세우자는 의견이 제기되었다. 하지만, 학교장 입장에서 살펴보면 그동안 본인은 학교장으로서 민원 해결의 중심 역할을 해야 한다는 생각에서 사안을 적극적으로 처리해 왔음에도 불구하고 교사들은 학교장의 관심과 지원이 부족했다고 불만을 제기하자 고민에 빠졌다. 평소에 자신이 학교장으로서 교사들에게 책임 회피 내지는 방임을 하지는 않았는지에 대하여 다시 한번 성찰을 하고, 교사들의 학교장을 바라보는 왜곡된 시각으로 인한 소통의 부재를 해결하려는 방안을 모색하였다.

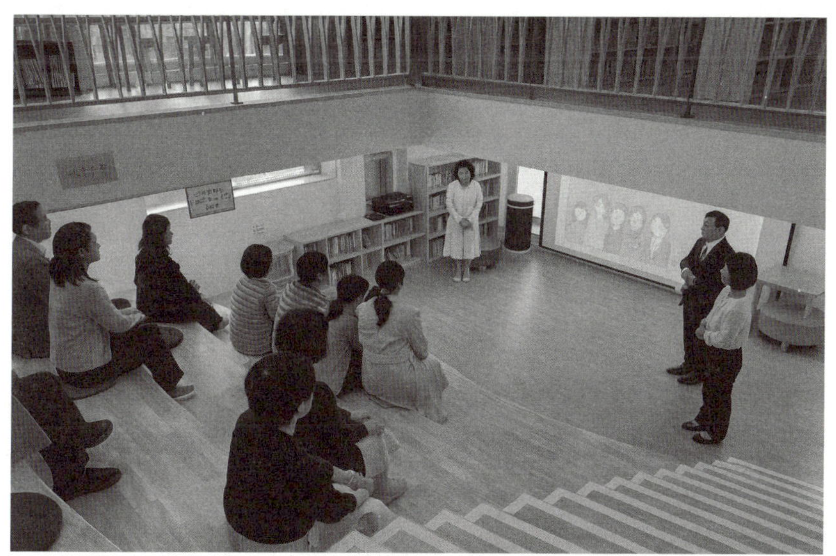

[그림 6-11] 학교장이 실시하는 학부모 교육

2023년 12월 퇴근 무렵이었는데 1학년 학부모 한 분이 교무실로 막무가내로 찾아왔다. 그 내막을 들어보니 며칠 전에 해당 학생 가족이 동해안으로 체험학습을 신청하여 가족 여행을 떠났다고 한다. 그런데 가족 여행에 참여한 학생이 도서관에서 3학년 남학생의 필통을 꺼내서 훔쳐갔다고 신고가 들어왔다는 것이 사건의 발단이었다.

담임 교사는 그 사실을 확인하고자 그 아이에게 전화를 걸었는데 이 사실이 알려지면서 가족 간에 다툼이 일어나서 다음 일정을 취소하고 가족 여행을 중단하였다고 한다. 그리고 다시 집으로 돌아온 학부모가 가족 여행을 중도에 그만두고 집으로 다시 돌아오게 된 원인을 제공한 교사에게 항의하러 학교에 방문하였다.

학부모는 무리한 교사의 행위에 대한 책임을 묻겠다며 학교에 쳐들어와서 교무실에서 엄청 크게 소리를 지르길래 교장실로 불러서 자초지정을 차분히 들었다. 물론 교장실에 들어오면 마음을 가라앉히도록 차를 한잔 권하면서 가볍게 이야기를 풀어갔다. 학부모는 교장실에 들어와서도 처음에는 흥분을 해서 교장실 의자에 몸을 뒤로 젖히고 앉았다. 아무리 흥분했더라도 예의를 갖춘 모습은 아니었다. 따뜻한 차를 대접하고 이야기를 들으며 마음이 진정될 때까지 시간을 두고 기다렸다. 학생의 어머니도 점차 차분해져서 결국 퇴근 시간을 훌쩍 넘겨서까지 대화를 잘 마무리할 수 있었다.

학생 어머니는 이 사건 이후 마음이 풀려서 인지 이후 독서동아리 활동과 학교 활동에도 적극적으로 참여하게 되었다. 담임교사는 너무 떨리고 무서워서 병가를 내고 집에서 병가를 내고 진료를 받았는데 교장, 교감 선생님이 신속하게 하고 적극적으로 대응해 주셔서 정말 감사하다고 고마운 마음을 표현했다.

2023년 ○○초 교사 순직 이후 교권 5법 개정 등 제도 개선이 있었는데 교원 대부분은 실질적 변화와 체감 효과를 느끼지 못하고 있다고 한다. 교권 침해 논란이 여전한 끊이지 않고 있는 현실 속에서 교원들이 소신을 갖고 교육활동에 임할 수 있도록 학교장이 [그림 6-11]과 같이 주기적으로 학부모 교육을 실시하고, 민원이 발생할 때에는 앞장서서 민원 해결을 위해 솔선수범하는 모습을 보여 주어야 한다.

6.4.2 정체된 학교 문화를 일으키는 회복탄력성

학교 현장에서는 교사들의 교원학습공동체를 통해 함께 공유하고 협력하여 문제를 해결하는 집단 지성의 역량을 발휘하도록 하는 다양한 시도는 정체된 학교 문화를 일으키는 회복탄력성을 길러 주기 위한 학교 조직으로 교사들의 교원학습공동체 활성화를 위해서 중요한 화두로 등장하고 있다. 일선 학교가 혁신하여 강한 학교 조직으로 성장하기 위해서는 학교 내 교원학습공동체의 활성화는 학교 개혁의 핵심 요소로, 교육적 개선과 혁신의 중심에 있다고 할 수 있다. 따라서 학교장이 변혁적인 리더십을 발휘하여 학교 문화를 혁신하기 위해서는 학교 구성원들 간의 협력을 촉진하고 전문성을 강화할 수 있도록 교원학습공동체를 활성화하도록 적극 지원해야 한다.

학교장이 리더십을 발휘하여 교사들의 교원학습공동체를 성공적으로 이끌어가기 위해서는 교장이 해야 할 일로서 가장 먼저 꼽는 것은 본질적으로 교실 수업을 개선하도록 지원해야 한다는 점이다. 학교장은 학교 경영에서 리더십을 발휘하기 위한 모든 동력의 초점을 가르침과 배움에 두어야 한다.

학교장은 교원학습공동체가 원활히 활동할 수 있도록 리더십을 발휘하기 위해서는 예산, 전문가 학습, 회의, 학교 안팎으로 소통 등 모든 주요 요소들을 앞서 제시한 다섯 가지 요소들의 논점에 맞출 수 있도록 수시로 지속적으로 검토하고 확인하여 수정 보완하여 교내 교원학습공동체가 적극적으로 활동 할 수 있도록 지원해야 한다. 학교장은 리더십을 발휘하기 위해서는 학교 시설, 재정, 교원 인사, 구성원들의 건강과 안전, 행정적 요구 사항에 대처하기 등 행정적이면서 관료주의적인 업무를 다른 사람들에게 어떻게 위임할지 분명하게 표현해야 한다[22].

학교장의 업무와 위임해야 할 업무를 명확히 하여 리더십을 발휘하여 업무를 처리하지 않는다면 교사들에게 학교장들이 교장이 되어서는 무사안일하게 책임을 회피하고 교장 역량 강화를 위해서 지금껏 자신들의 교육적 전문성에 정통했거나 그것을 함양하기 위해 꾸준히 노력한 적이 없었다는 오해를 받을 수 있다.

현실적으로 출근을 해서 담임 업무를 맡지 않다 보니 학교 경영자인 학교장들은 당연히 수업을 담당하지 않게 보고 그에 따라 자연스럽게 수업이나 교실에서 일어나는 당면한 교육적인 이슈들과 거리가 멀어지게 되는 상황이다. 이에 따라 학교 경영자인 학교장들은 일부러 관심을 갖고 복잡한 학교 내 회복 탄력성이나 학습공동체에 대한 관심과 전문적인 지원을 하는 리더십을 발휘하기 보다는 더 구체적이고 실체가 있는 단순 관리적 업무에 손쉽게 끌리게 되는 경향이 있다.

하지만 변혁적 리더십을 갖춘 선도적인 학교장들은 교육에 대한 열정과 헌신으로 스스로 학교장으로서의 리더십을 발휘할 수 있는 역량 강화를 위해서 노력하고 교육적 비전을 제시하며, 교사들에게만 전문성을 갖추라고 요구하지 않는다. 학교장들도 자기 주도성을 바탕으로 교육의 전문성 함양을 최우선 순위에 두고 지속적인 자기 연찬에 노력을 기울여야 한다.

사실 학교에서 학교를 혁신한다는 것은 수업을 혁신하는 것이다. 따라서 학교장이 리더십을 발휘하기 위해서 수업을 가장 핵심적인 급선무로 삼아야 하는 것은 학교장 책무성 문제이다. 다시 말해서 학교장은 교육시스템이 어떻게 돌아가든 상관없이 항상 교사들의 수업 장학에 최우선에 두고 이를 위해 열정을 쏟아야 한다. 학교장이 교사들의 수업에 대한 역량 강화에 열정과 헌신을 쏟을 수 있도록 수업 장학과 교육과정 디자인에 대한 다양한 지원을 적극적으로 해야 한다.

교실 수업 혁신을 위한 활발한 교원학습공동체 운영에 리더십을 발휘하도록 중점을 두고 학교 경영을 하는 학교장들은 교장으로서 실제적으로 행해지는 행정적 단순 관리적 업무에서 벗어나 어떻게 하면 단위 학교 차원에서 학교 교육과정을 효율적으로 운영하여 교실 수업 혁신을 할 것인지에 대하여 고민하고 성찰하여 대안을 마련하는 역량을 발휘할 것이다.

학교장은 학교 현장에서 수업 등 교수활동과 관련된 업무는 반드시 모든 교사들에게 함께 협력하여 업무를 추진할 수 있도록 합리적인 분배 리더십을 발휘해야 한다. 학교장의 리더십은 상호작용을 하면서 공유하는 것으로 구성원들의 협력적 노력에 의해서 하나로 합해진다. 학교장은 구성원들인 교사들을 코칭하고 칭찬하며 또한 그들에게 권한을 부여하는 방법으로 바람직한 리더십을 형성해 가는 과정을 통해 교사들의 전문성이 향상되어 역량 있는 교사로 성장하도록 지원해야 한다.

학교장 변혁적 리더십은 학교장의 열정과 헌신을 바탕으로 만들어진다. 수업 향상시키기, 행정적 업무를 다른 사람에게 위임하기, 미래 리더로의 성장을 촉진해야 하는 과제를 고려해가며 자신들의 업무 추진하기 등을 동시에 추진하는 역량 있는 학교장만이 최종적으로 단위 학교에서 지속가능한 학습공동체를 구축하여 수업 혁신을 이룰 수 있다.

다음의 사례는 학교장이 학교 교육 과정을 운영한 결과를 함께 성찰하고 성과를 공유하며, 교사들의 자율과 협력을 바탕으로 다음 해 교육과정의 방향을 모색한 교육과정 평가 협의회 운영 사례이다.

• 함께 성찰하고 설계하는 학교 교육과정 운영

필자가 학교장으로 근무한 ○○초등학교의 사례이다. 학교 현장은 매년 학년 말에 이번 학년도 교육과정을 평가하고 신학년도 교육과정을 작성하기 위한 의견을 수렴하는 교육과정 평가회를 시작하면서 신학기 교육과정을 어떻게 작성할 것인지에 대한 의견을 모으는 자리를 가진다. 이때 [그림 6-12]와 같이 학교장으로서 내년도 교육과정을 작성하는 교육과정 토론회를 개최하기에 앞서 그간의 학교 교육활동에 대하여 간략하게나마 설명의 자리를 마련하였다.

[그림 6-12] 학교 교육과정 평가 협의회 과정

○○초등학교에 부임하여 어언 4년의 시간이 지나가고 있는데 그동안 ○○혁신교육 1.0을 함께하신 많은 선생님들께서 올해 우리 학교를 떠나시는 상황이다. 오늘의 교육과정 토론회는 그래서 그간의 ○○혁신교육의 실천에 대한 평가의 시간으로 삼아 몇 가지 소회를 밝히고자 한다.

먼저 우리 학교 선생님들께 항상 고마운 마음을 갖고 있다. 옷깃만 스쳐도 인연이라는데 이 학교에서의 지난 4년의 시간은 우리 선생님들과 교육동지로서 치열하게 무엇이 우리 아이들을 위한 교육인가? 어떻게 하면 우리 아이들이 보다 행복한 학교생활을 할 수 있는가? 고민하고 의견을 나누는 소중한 시간이었다.

그동안 ○○초등학교는 많은 교육적 성과를 이루어냈다. 꿈잼네트워크 우수학교, 독서교육 우수학교, 생태전환교육 우수학교, 정보교육(AI SW) 우수학교 교육감 표창을 연이어 수상하였고 학교 교육공간 재구성과 그 속에서 이루어지는 다양한 교육과정 운영의 성과를 바탕으로 아름다운 학교 최우수학교로 선정되어 교육부장관 표창까지 수상하는 영광을 거두었다. 이처럼 15학급 규모의 ○○초등학교가 최근 4년 동안 풍성한 교육적 성과를 거두게 된 비결은 ○○초등학교 모든 선생님들의 헌신적인 교육에 대한 열정 덕분이다.

더함과 나눔 교육으로 꿈을 키우는 행복숲 ○○교육을 비전으로 학교 경영을 하였다. 이를 통해서 학교장으로서 선생님들께서 자율적으로 다양한 교육활동을 전개하고 이를 나누고 공유함으로써 학생과 함께 성장해 나가는 교육과정이 실천되는 학교를 꿈꾸었다.

○○혁신교육의 근간은 학년별 , 다양한 교원학습공동체 활성화, 그리고 수업 나눔에 있다. 특히 수업 나눔은 정말 큰 의미가 있다고 생각한다. 동료 교사, 교장, 교감이 함께하는 이 소박하지만 실질적인 수업 나눔의 과정이 ○○ 혁신교육의 가장 핵심이라고 생각한다. 선생님들과 머리를 맞대고 아이의 눈높이로 수업 나눔을 하는 과정은 정말 의미 있는 시간이고 소중한 자리라고 생각한다. 이러한 알찬 수업 나눔 사례를 벤치마킹하여 ○○○○ 교육지원청에서 감동 수업 릴레이 수업 나눔 행사를 개최하는 등 큰 반향을 일으키고 있다.

모쪼록 학교 교육활동이 원활히 추진되기 위해서는 소통하고 존중하고 배려하는 민주적 학교 문화의 조성이 필수적이라고 생각한다. 학교장은 교육과정의 큰 방향성을 제시하고 그 구체적인 것들은 자율적으로 선생님들이 협력하고 연대하여 창의적으로 교육과정을 운영할 수 있도록 여기저기 살펴서 적극 지원하도록 하겠다.

참고문헌

[1] Leithwood, K., Harris, A., & Hopkins, D. (2020). Seven strong claims about successful school leadership. *School Leadership & Management, 40*(1), 5–22.

[2] 교육부. (2022). 2022 개정 교육과정 총론 해설. 세종: 교육부.

[3] Venter, E., Pillay, J., & Mpofu, S. (2018). Emotional intelligence as a core competency in school leadership. *South African Journal of Education, 38*(4), 1–12.

[4] Ramlah, N., Nurdjan, S., & Mahmud, M. (2022). Emotional leadership and teacher job satisfaction in primary schools. *International Journal of Educational Leadership, 7*(1), 14–27.

[5] Pretorius, L., & Plaatjies, P. (2020). The role of emotional regulation in school principals' leadership effectiveness. *Journal of Educational Psychology, 112*(3), 409–423.

[6] Pont, B., Nusche, D., & Moorman, H. (2008). *Improving school leadership: Volume 1—Policy and practice*. Paris: OECD Publishing.

[7] Vygotsky, L. S. (2013). 사고와 언어 (이재혁 역). 서울: 한길사.

[8] 이한구, 이돈희, 이지순, 이병기, 최병조. (2022). 민주주의란 무엇인가? 서울: 학지사.

[9] Nussbaum, M. (2022). 역량의 창조: 인간다운 삶에는 무엇이 필요한가? (한상연, 번역). 서울: 돌베개.

[10] 이수창. (2015). 서번트 리더십, 조직시민행동 그리고 조직성과 간의 영향관계. 울산대학교 대학원 박사학위논문.

[11] 홍제남. (2024). 교장이 바뀌면 학교가 바뀐다. 서울: 살림터.

[12] Zepeda, J., Lanoue, D., Rivera, M., & Shafer, D. (2024). 교사 주도성: 학교문화 혁신의 열쇠 (이병도, 한은혜, 신상용, 노영현 공역). 서울: 학지사.

[13] Shafer, D. (2018). *What makes a good school culture?* Cambridge, MA: Harvard Graduate School of Education.

[14] 성열관. (2019). 학교는 어떤 공동체인가. 서울: 살림터.

[15] 유네스코한국위원회. (2018). 한국교육과 지속가능발전목표(SDG) 4: 교육 2030. 서울: 유네스코한국위원회.

[16] 오윤주, 간은균, 김명희, 김미영, 이유리. (2024). 학교의 미래, 전문적 학습공동체로 열다. 서울: 살림터.

[17] Prensky, M. (2018). 미래의 교육을 설계한다 (허성심 역). 서울: 한문화.

[18] 양정호. (2016). OECD 교원의 역량 국제비교 분석: PIACC 언어능력, 수리력, 문제해결력 순위 비교. 한국교원교육학회 제70차 연차학술대회 자료집, 457-460.

[19] 대전광역시교육청. (2021). 학교 교육과정 리더십 연구. 대전: 대전광역시교육청.

[20] Fullan, M. (2021). 학교를 개선하는 교장 (서동연, 정효준 역). 서울: 살림터.

[21] Holmes, W. (2020). 인공지능시대의 미래교육 (정제영, 이선복 역). 서울: 박영story.

[22] 박현정. (2020). 지역사회 기반 학교 혁신에서 학교장의 역할: 행정 리더십을 넘어서. 교육행정학연구, 38(3), 89-112.

제 7 장

미래형 학교장의 리더십 모델

7.1 포스트 팬데믹 시대의 학교 운영

7.1.1 학교자치와 갈등관리로 설계하는 미래 학교

가. 학교 자치 구현

코로나 팬데믹으로 인하여 교육 및 사회 전반에 걸쳐 다양한 영역에서 변화와 혁신이 강력하게 요구되고 교육계의 급격한 변화의 속도도 만만치 않은 현실이다.

교육자치는 결국 학교 자치로 귀결되며 단위 학교의 자율적이고 민주적인 운영이 교육자치의 핵심으로 학교장의 역할이 중요하다. 학교 자치가 발전하려면 학교 교육공동체의 노력이 필요하며 교육공동체가 서로 신뢰하고 믿고 맡기는 학교 문화가 조성되어야 한다.

교육의 본질인 학생의 온전한 배움과 성장 그리고 학교 환경과 여건을 고려하여 특성에 맞는 학교 발전을 위하여 교육공동체가 학교 운영의 주체로서의 인식 변화가 필요하며 효과적인 추진 전략도 필요하다. 이러한 학교자치 구현을 위한 학교장의 리더십이 중요하게 대두되고 있다.

교사들의 학교 자치에 대한 인식을 조사해 보면 학교 자치에 대한 필요성에 대하여 교사들은 필요하다고 생각하고 있기 때문에 의욕적으로 참여하려고 하는 경향을 띠고 있다, 하지만 현실적으로 교사들은 의욕만큼 학교장보다 본인들의 영향력은 그리 높지 않다고 생각하고 있다. 학교 자치를 위한 필요성 영역에서 교사들은 학생과 학부모를 교육공동체의 파트너로 인정하는 데 소극적인 경향을 가지고 있다. 진정한 학교 자치를 위해서는 이러한 교사들의 인식 극복이 절실하다[1].

학부모의 실태를 살펴보면 교육공동체로서의 학부모의 영향력은 학부모 스스로 교장, 교사 다음으로 거의 없는 것으로 인식하고 있다. 그러나 자치 실현 영역에서는 교사의 인식 개선과 학부모, 학생의 의견 반영이 필요하다고 응답한 비율이 높았다. 따라서 학부모들은 학교 자치 실현에 있어서 교사 인식 개선이 필요하고 자신들의 의견이 적극 반영되었으면 하는 경향을 띠어 교사와 학부모의 인식 차이에 대한 대안 마련이 필요하다.

학생들은 전체적으로 학교 자치 활동에 대하여 과연 자신들이 참여가 가능할지에 대한 의구심을 갖고 있지만, 학교 자치에 대하여 관심도가 높아서 학생 스스로 교육공동체로서의 역할 수행에 참여 의지가 높다는 것을 알 수 있다[2].

이러한 학교 자치 실현을 위해서 학교장은 마인드를 새롭게 하는 것이 중요한데, 학교를 운영함에 있어 학교 자치의 가장 큰 목적은 교육의 본질인 학생들의 온전한 성장, 행복한 성장을 위해서 교육공동체는 어떤 역할을 할 것인가의 문제이다. 학교 자치가 구현되는 학교는 자율적 교육과정의 수립과 교사들의 열정 있는 수업 전문성 신장을 통하여 학생들의 배움이 전개되고, 학부모들의 신뢰가 넘치는 학교이다. 이를 통해 학교장은 학교의 특색 사업, 교육 여건 및 학교 환경, 교육공동체의 의견을 반영한 교육공동체가 함께 만들어 가는 학교 자치를 이룩해야 한다. 따라서 결국 중요한 것은 학교장의 학교 자치에 대한 마인드와 리더십 구축이 가장 기본이 되어야 한다[3].

다음으로는 교육공동체의 인식 개선을 위해 학교장은 교육공동체의 인식 개선을 위한 마중물 역할을 해야 한다. 앞선 실태 분석 결과에 따르면 교사와 학부모의 학교 자치에 대한 인식의 차를 확인할 수 있었고 학생들의 적극적인 의지도 확인하였다. 따라서 학교 자치를 위해서 학교장이 솔선수범하여 교사, 학생, 학부모 공동체의 소통과 협력을 통한 민주적인 방법으로 학교를 경영해야 한다. 이를 위해 교육공동체별 인식 개선, 특히 교사와 학부모 간의 건강한 의사소통 방법 제시 등을 위한 공동체별 연수 및 간담회를 체계화해야 한다. 이를 통하여 교육공동체별로 학교 자치 구현을 위한 중요한 기능과 역할 수행에 있어서 긍정적인 관계를 맺음으로서 학교가 발전해 나갈 수 있음을 일깨워줘야 한다.

코로나로 인한 급격한 사회 변화는 학교 현장을 혼란스럽게 만들기도 하였지만 교육공동체들의 든든한 파트너십을 통한 의사결정과정을 통해서 학교 현장은 다시 회복되었으며 학교 자치의 중요성이 새삼 인식되는 중요한 계기가 되었다.

교사는 창의적인 교육과정 수립 및 수업 전문성으로, 학생들은 온전한 배움으로, 학부모는 학교에 대한 신뢰로 모두 함께 공존의 책임을 다하는 교육공동체로서 학교 자치 실현의 역할을 담당해야 한다. 학교장은 사람 중심으로 교육공동체와 함께 소통하며 조율하는 역할을 수행해야 하며 교육공동체 간의 긍정적인 파트너십이 성장되어 학교 자치 구현에 지금보다 한걸음 더 다가가며 발전될 수 있도록 해야 한다.

다음의 사례는 석면 해체 공사라는 민감한 사안을 학부모 총회를 통해 투명하게 설명하고 충분한 소통과 토론을 거쳐, 학부모의 높은 신뢰와 지지를 이끌어낸 결과물이다.

• 학부모와의 소통으로 신뢰를 구축한 석면 해체 공사 운영

○○중학교에서는 교육부 정책에 따라 학교마다 환경 유해 시설인 석면 해체 공사를 순차적으로 실시할 수밖에 없는 상황이었다. 이로 인하여 학부모와의 갈등이 많이 야기되기도 하고 학사일정에도 많은 어려움을 겪는 학교도 있어서 학교장으로서 쉽게 공사를 결정하기 어려운 문제였다. 하지만 ○○중학교는 학생들의 안전을 위해서 석면 해체 공사를 하기로 교사들과 협의하여 결정한 후 석면으로 인한 유해물질 배출에 대한 우려로 인해 소극적인 학부모들을 설득하기 위한 방안을 고민하였다.

이 어려운 문제를 해결하기 위해서는 학부모들과 끊임없는 소통이 필요하였다. 학부모가 동의하지 않는 학사 일정 운영은 부담이 크기 때문이다. 석면 해체 공사를 하지 않으면 학교의 낡은 시설을 개선할 수 없는 상황이기 때문에 부득이하게 공사를 해야 하는 상황 속에서 학교장은 학부모와 공감대를 적극적으로 형성하려는 노력이 매우 필요했다. 이런 고민 속에서 전체 학부모 대상 학부모 총회를 실시하는 것이 중요하다고 판단되었다. 그래서 2024년 3월 학부모 대상으로 [그림 7-1]과 같이 전체 학부모 총회를 개최하였다.

평일 수요일 2시에 개최하였는데 생업으로 바쁜 학부모가 많은 환경임에도 불구하고 전교생 1000여 명인 학교에서 300여 명의 학부모가 참여할 정도 높은 관심을 보였다. 어머니뿐만 아니라 아버지도 많이 참석했다. 결과적으로 석면 해체 공사 관련 학부모 설명회는 놀라울 정도로 성공적이었다.

2024학년도 학교교육과정 운영이 석면공사를 하다보면 파행적으로 운영될 수밖에 없다는 점과 이 공사를 통해서 얻게 되는 학교 시설 개선에 대한 내용과 우려되는 사항 등에 대해서도 자세하게 설명해 주었다. 학

교가 대규모 학교이다 보니 여름 방학 동안 공사가 진행되는 동안 교실 집기는 체육관과 운동장에도 일부 텐트를 치고 두어야 한다는 점과 공사 기간도 다른 소규모 학교에 비하여 대규모이기 때문에 60일이 아닌 90일 정도를 두어야 해서 여름 방학 후 개학을 10월에 해야 하는 상황임을 안내하였다. 그리고 이로 인하여 겨울방학은 오히려 일주일 정도밖에 실시할 수 없다는 점을 설명하였다.

이후 학부모들과의 난상 토론 속에서 공사로 인해 학사 일정에 무리가 많다는 점, 석면 공사 노출에 대한 안전을 확보하기 위해서 마무리 공정이 신뢰할 수 있도록 철저하게 해야 한다는 점 등이 논쟁거리로 부각되어 토론을 하였고, 특히 학생들의 석면 노출을 피하는 안전 확보 문제는 학부모들과 매우 깊이 있게 협의를 하였다. 그 결과로 학부모 설명회를 실시하기 전에 많은 민원을 제기하였던 학부모들의 민원이 잦아들었다.

그리고 학부모 설명회 이후 학부모 만족도 조사를 해보니 만족 이상이 97.5%였고, 매우 만족이 77.5%에 달하였다. 또한 학교장이 설명한 학교 교육 방향에 대해서도 동일한 만족도를 보였다. 더욱 놀라운 결과는 설명회를 통해 학교 교육 과정에 대한 생각에 긍정적인 변화가 있었는가에 대해서 매우 그렇다 75%, 그렇다까지 포함하면 97%의 학부모가 긍정적으로 답변을 하였다.

학부모 만족도 조사에 남긴 메시지를 보니 교장 선생님과 선생님들의 설명을 직접 듣고 나니 아이를 맡긴 학부모로서 석면 해체 공사로 인한 불안감이 믿음으로 바뀌고 선생님들이 노력하시는 모습에 감사한다는 의견이 대부분이었다.

또한 석면 해체 공사 실시에 따른 전반적인 학교 교육 과정 운영에 대한 정보 부족으로 인하여 학교교육과정 운영에 대한 이해도가 낮았는

데 이번 학부모 설명회 시간을 통해 학교에 대한 신뢰가 상승되었다는 의견이 대부분인 설문 결과를 보면서 학부모 총회를 개최한 것이 잘 했구나 하는 생각이 들었다.

특히 학교 교육 과정 운영에 큰 부담이 되는 상황 속에서 학부모의 전폭적인 지지를 받다 보니 교육의 한 주체로서 학부모의 의견을 적극 반영하는 것이 옳은 판단이었구나 하는 생각과 함께 교육공동체 간의 긍정적인 파트너십에 대하여 다시 한번 생각해 보는 계기가 되었다.

[그림 7-1] 석면 해체 공사 설명을 위한 학부모 총회 모습

나. 학교 갈등관리 설계

코로나 이후 학교 현장은 코로나 대응으로 인한 업무 폭증, 불명확한 지침에 따른 혼란 등으로 교직원 간 갈등이 크게 늘어났다[4]. 여기에 워라밸을 중요시하는 문화가 확산되면서 보직교사 기피와 업무 부담 회피 경향도 두드러지고 있다. 미래 교육 정책의 빠른 변화와 교육 수요자

의 요구 증대는 학교 구성원들 간 의견 충돌을 더욱 복잡하게 만들고 있으며, 이 모든 상황은 학교장의 갈등 관리 역할을 한층 더 중요하게 하고 있다[5].

특히 교직원 갈등 중에서 가장 빈번한 것은 학사 운영과 관련된 문제이다. 학예회, 운동회, 현장 체험학습 등에서 학교장은 교육과정 정상 운영을 강조하지만, 교사들은 안전 문제와 보여주기식 행사 지양 등을 이유로 축소 혹은 폐지를 주장하는 경우가 많다. 이처럼 입장이 충돌할 때, 학교장은 학부모와 학생 대상 설문을 통해 의견을 수렴하고, 그 결과를 바탕으로 교육 비전과 철학을 교직원들과 공유해야 한다. 구성원들이 같은 목표를 향해 갈 수 있도록 신뢰를 형성하고 민주적 의사결정 과정을 마련하는 것이 중요하다. 이를 위해 학교장은 평소부터 경청과 존중의 리더십으로 교직원과의 소통을 꾸준히 이어가야 한다[6].

실제로 코로나 팬데믹 시기 교직원들의 갈등 사례를 나눠 보면, 서로 다른 입장과 상황에서 비롯된 다양한 긴장이 존재함을 쉽게 알 수 있다. 그러나 이런 갈등은 적절히 다루면 학교 교육을 추진하는 데 오히려 동력이 될 수 있다. 그래서 학교장은 갈등을 완화하고 해결하는 과정에서 핵심적 역할을 해야 한다. 갈등 관리의 출발점은 경청이다[7]. 갈등 당사자들은 자신의 억울함이나 답답함을 이해받고 싶어 하기에, 학교장이 기꺼이 귀를 기울일 때 부정적 감정이 완화되고 해결의 실마리가 열린다. 평소에도 소통 통로가 열려 있다면 갈등을 예방하거나, 발생하더라도 부드럽게 조정할 수 있다.

갈등 상황에서 권위적으로 밀어붙이거나 단순히 다수결로 결론을 내리는 방식은 해결을 어렵게 만든다. 대신 학교장은 "왜 이 일이 중요한가?"라는 교육철학과 가치 기준을 제시해 교사들의 이해를 돕고, 각자의 역할과 책임을 다할 수 있도록 지원해야 한다. 더불어 칭찬과 격려를 아끼지 않아 구성원 간 관계를 단단히 만들고, 공정한 업무 분장과 솔선수범으로 신뢰를 쌓아야 한다.

또한 학사 운영과 관련된 중요 결정은 교사 전체가 참여하거나, 최소한 의견을 충분히 나누는 과정이 필요하다. 보결수업 규정 개정이나 방학 중 근무 기준 마련처럼 누구에게나 영향을 주는 사안일수록 민주적 의사결정 구조를 마련해야 한다[8]. 갈등이 생겼을 때는 상대방의 관점을 이해하려 노력하고, 학교 구성원의 다양성을 인정하며 서로의 가치를 존중해야 한다. 교사의 전문성을 신뢰하고 자율성과 책임감을 바탕으로 교육활동을 운영하도록 권한을 부여하는 것도 학교장의 중요한 역할이다.

다음의 내용은 온라인 수업 확대 과정에서 드러난 세대 간 업무 불균형 문제를, 학교장이 조정과 협업을 통해 공정한 역할 분담으로 풀어낸 사례이다.

• 온라인 수업 확산 속 세대 간 협업과 공정한 업무 분담의 과제

코로나 이후 ○○고등학교에서는 온라인 수업이 급격히 확대되면서 정보기술 활용 능력에 따라 교사 간 격차가 뚜렷해졌다. 나이가 어릴수록 온라인 도구 활용이 익숙해 자연스럽게 초임 교사들의 업무 부담이 커질 수밖에 없었다. 기존에는 선배 교사가 후배 교사를 돕는 교직 문화가 작동해 나이에 따라 업무가 분배되어도 큰 문제가 되지 않았다. 그러나 팬데믹 상황에서는 모든 것이 새롭게 재편되면서 그동안의 관행이 더 이상 작동하지 않았다. 모든 교사가 처음부터 온라인 수업 방식을 고민해야 했기 때문이다.

이 변화 속에서 ○○고등학교에는 극명한 대비를 보여주는 사례가 있었다. 코로나 직전 명예퇴임을 고민하던 한 선배 교사는 학교장의 요청으로 1년 더 근무하게 되었고, 온라인 수업에 대비해 젊은 후배 교사와 같은 학년에 배치되었다. 후배 교사는 온라인 학습 자료를 제작해 업로드하고, 출석 체크를 위한 엑셀 파일까지 만들어 선배 교사를 도왔다. 선배 교사는 이를 부담으로 느끼기보다 "업무가 단순해졌으니 오히려 좋다"며 웃어 보였다. 그는 "잘하는 사람이 하면 된다"는 태도로 도움을 자연스럽게 받아들였고, 후배 교사도 평소 선배에게 받았던 도움을 떠올리며 이를 협업의 일부로 받아들였다.

하지만 이런 관계가 모든 교사에게 동일하게 적용되는 것은 아니었다. 서로 도움을 주고받은 경험이 거의 없는 선배 교사와 저경력 교사 간에는 업무가 한쪽으로 쏠리면 억울하게 느껴질 수 있다. 온라인 수업을 잘한다고 해서 젊은 교사에게만 업무를 몰아주는 것은 공정하지 않으며, 선배 교사도 적절히 역할을 나눌 수 있음에도 모두에게 동일한 업무를 배정하는 방식은 협업의 가치를 인정하지 않는 결과가 되기 때문이다.

따라서 학교장은 나이에 따른 업무 위계를 그대로 두기보다 문제를 적극적으로 조정하려는 자세가 필요하다. 이를 위해 [그림 7-2]와 같이 온라인 시대의 세대 간 협업과 균형의 중요성을 인식하고 전 교직원이 참여하는 회의를 열어 학교 자치와 민주적 의사결정 원칙을 바탕으로 합리적인 업무 분담 방안을 함께 마련해야 한다. 젊은 교사가 컴퓨터 활용 능력이 뛰어나면 온라인 수업을 조금 더 맡을 수는 있다. 그러나 "나이가 어리기 때문"에 업무가 몰리는 구조는 결코 바람직하지 않다. 선배와 후배 교사가 서로의 강점을 보완하며 균형 있게 역할을 나눌 때, 겉으로 고마움을 표현하지 않더라도 자연스러운 인정과 협력이 이루어지는 건강한 학교 문화가 만들어진다.

[그림 7-2] 온라인 수업 시대의 세대 간 협업과 균형

7.1.2 상생의 교육생태계 기반 미래 학교 운영

코로나 팬데믹을 겪는 동안 학교 현장은 한 번도 경험해 보지 못한 도전과 갈등에 직면해 있었다. 학생과 교사, 학부모는 생소한 쌍방향 수업에 적응하기, 원격 수업에 대한 피로감, 코로나 방역 등으로 인하여 상당한 혼란을 겪었다. 이러한 상황은 건강한 교육생태계를 위협하는 요소로 작용하고 있는데, 이것은 직접적으로 학교 현장에서 교사의 협력과 성장을 저해하는 요인으로 작용하고 있다. 따라서 팬데믹 이후 상생의 교육생태계 구축을 통한 교육공동체 위기 극복 방안을 마련하기 위하여 교사의 협력과 성장을 돕는 학교장의 리더십이 필요하다.

학교장으로서 교사의 협력과 성장을 저해하는 요인을 살펴보면, 학생 관련해서는 업무 부담으로 인한 개인주의가 심화되는 교직 문화 속에서 팬데믹 이후 학생의 특성 및 생활 지도에 대한 노하우 공유가 부족한 실정이다. 학부모 관련해서는 학부모 민원 사례 및 해결 방법에 대한 공유가 부족하고 학생 가정환경 파악 및 상담 방법에 대한 전문성 부족과 동학년 간 협력이 부족한 실정이다. 또한 급증하는 학부모 민원으로 인한 심리적 위축으로 교사 성장 저해와 교권에 대한 학부모 인식 부족, 코로나 팬데믹 이후 교사에 대한 학부모의 지나친 역할 기대와 책임 전가로 심리적 압박이 증가하고 있다[9].

이러한 상황 속에서 학교는 결코 코로나 이전의 학교로 복원되기는 어렵다. 오히려 학교가 경험한 위기를 학교 구성원인 교사와 학생들의 미래 역량을 확장하는 기회로 삼아야 한다. 학교가 당면한 코로나 팬데믹 이후 당면한 위기를 극복하기 위해 교사의 협력과 성장을 지원하고 상생의 교육생태계를 구축하기 위해서 학교장의 역할이 중요하다.

먼저, 교사의 협력을 이끌어 내기 위한 소통과 공감의 리더로서의 역할을 수행해야 한다. 학교장은 교사의 협력을 이끌어내기 위해서 소통과 공감을 통해 교사들이 당면한 다양한 위기 요인을 분석하고 교사의 협력을 저해하는 장애요인을 제거하여 침체된 교육공동체에 새로운 활력을 불어넣어야 한다.

다음으로는 교사의 자발적 협력을 이끌어내는 민주적인 리더로서의 역할을 수행해야 한다. 학교장 역할은 학생, 학부모, 교사 등의 교육공동체가 상호 존중하며 상생할 수 있도록 리더십을 발휘하는 것이다. 의사결정과정이 민주적이고 공정하게 이루어질 때 공동체의 구성원들은 학교장을 신뢰하며 교육활동에 능동적으로 참여하게 된다. 교육공동체의 민주적 의사결정에 대한 관리자의 전폭적 지지와 수용 선언을 통해 교사의 협력과 성장을 유도해야 한다[10].

마지막으로 교사들의 새로운 변화와 혁신을 이끌어가는 리더로서의 역할을 수행해야 한다. 팬데믹 이후 교실은 디지털 학습환경의 급격한 변화, 학생들의 학력 격차 심화, 학부모의 민원 급증 등 엄청난 변화의 물결이 밀려오고 있다. 학교장은 이러한 변화에 대하여 저항자가 아니라 새로운 변화에 적응하기 위한 교사들의 역량을 배가시켜 새로운 변화와 혁신을 이끌어 가는 변혁적 리더로서의 역할을 수행해야 한다. 또한, 전문적 학습공동체의 리더로서의 역할을 수행해야 한다. 코로나 팬데믹 이후 학교는 학생들의 학습 지도와 생활지도에서 중대한 도전에 직면하고 있다. 학교장은 교사의 전문적 학습공동체를 통해 학습 지도와 생활 지도에서 교사들의 역량을 신장시켜 여러 가지 위기 요인에 대처할 수 있도록 해야 한다. 이를 위해 교사 상호 간 배움을 확산하고 수업 전문가로서의 전문성과 열정을 발휘할 수 있는 성장의 기회를 부여해야 한다[11].

다음의 사례는 코로나19로 인한 온라인 개학 과정에서 비대면 수업의 가능성과 한계를 동시에 경험하며, 대면 교육이 지닌 소통과 관계 중심 교육의 가치를 다시금 인식하게 된 과정을 보여주고 있다.

- **코로나19 온라인 개학이 드러낸 교육의 본질과 대면 수업의 가치**

2020년 상반기 ○○초등학교는 코로나19라는 전대미문의 상황 속에서 큰 혼란을 겪었다. 연초만 해도 감염병 사태가 곧 진정될 것이라는 기대 속에 개학만 계속 미뤘을 뿐, 어느 학교도 온라인 수업을 본격적으로 준비한 곳은 없었다. 결국 온라인 개학이 결정되자, 재택근무 중인 교사들을 향해 "수업도 안 하고 집에서 쉬면서 월급을 받는다"는 곱지 않은 시선도 뒤따랐다. 심지어 "차라리 사설 기관의 영상 자료를 활용하자"는 여론과 함께 교사 무용론, 학교 무용론까지 고개를 들었다.

하지만 학교는 본래 전인교육의 장이며, 교사와 학생이 마주 보고 소통하며 함께 활동하도록 설계된 공간이다. 온라인 교육이나 AI교사의 등장은 어디까지나 보조적 수단일 뿐, 학교 교육의 근본을 대체할 수 없다. 다만 세계화와 4차 산업혁명 흐름 속에서 비대면 교육에 대한 장기적 대비가 필요하다는 점만은 분명했다.

당시 다행스러웠던 점은 이미 다양한 온라인 학습 플랫폼이 존재했다는 것이다. '학교온'과 '위두랑', KERIS 디지털 교과서 등은 자료 탑재, 과제 제출, 온라인 교실 운영을 가능하게 했고, 이를 중심으로 수업 체계가 급히 마련되었다. 온라인 수업은 실시간 쌍방향 수업뿐 아니라, 교사가 녹화한 영상을 업로드해 학생들이 필요할 때 시청할 수 있는 방식까지 선택지가 넓었다. 실시간 수업이 원칙이었지만 사정이 있으면 사후 시청이 가능하다는 점은 오히려 온라인 수업의 장점이 되었다.

그러나 예상하지 못한 문제도 있었다. 특히 초등 저학년은 부모의 도움 없이는 수업 접속 자체가 어려워, 수업이 자연스럽게 '학부모 공개수업'처럼 변하는 경우가 많았다. 학부모가 자녀 수업에 관심을 갖는 것은 바람직하지만, 고학년일수록 이런 상황이 교사의 수업 자율성과 독립성을 침해할 수 있다는 점도 드러났다.

[그림 7-3] 온라인 수업의 혼란과 도전

돌이켜 보면, 온라인 수업에 익숙지 않은 담임교사가 다소 서툴러도, 교사와 학생 간의 신뢰 관계는 대면 수업이든 랜선 수업이든 크게 다르지 않았다. 온라인 수업은 '언택트 시대에도 변하지 않는 교육의 본질'을 확인하게 한 동시에, 대면 교육만이 줄 수 있는 경험의 소중함을 다시 느끼게 했다.

하지만 [그림 7-3]과 같이 온라인 수업의 실시에 따른 예기치 못한 교육공동체들 간의 혼란과 도전으로 인하여 온라인 수업의 현실적 어려움은 적지 않았다. 학생들을 접속시키고 집중하게 만드는 것 자체가 하나의 과제였으며, 실시간 수업 중 학업 태도와 성취를 평가하는 일은 더욱 힘들었다. 대면 수업에서도 딴짓하는 학생은 있었지만, 화면 속 수십 명의 얼굴을 보며 음성과 채팅이 동시에 오가는 상황에서 평가까지 해야 하는 일은 교사들에게 큰 부담이었다.

7.2 디지털 전환과 학교장의 역할 변화

7.2.1 디지털 전환 속 학교장의 새로운 역할

디지털 전환이 빠르게 진행되는 지금, 학교 교육은 그 어느 때보다 큰 변화를 맞이하고 있다. 이러한 변화 속에서 학교장이 어떤 비전과 리더십을 갖추어야 하는지에 대한 논의가 필요한 시점이다. 단순히 기술을 도입하는 차원을 넘어, 실제 수업 현장의 사례를 바탕으로 학교장이 교육 혁신의 중심에서 어떤 역할을 수행해야 하는지 깊이 고민해야 할 시점이다.

특히 AI 기술이 교실 수업에 본격적으로 도입되면서 교사와 학생의 상호작용 방식이 달라지고 있다. 이런 디지털 전환의 시대일수록 학교장은 구성원 간의 신뢰와 협력이 혁신의 핵심임을 인식하고, 함께 나누고 함께 성장하는 교육 문화를 만들어 가야 한다. 학생의 성장을 중심에 두고 학교 공동체가 조화를 이루도록 이끌며, 인근 학교들과도 긴밀히 협력하여 디지털 전환 경험과 자원을 공유하는 노력 역시 중요하다.

'디지털 전환'이라는 개념은 코로나 팬데믹 이후 한국 사회 전반의 급격한 변화를 설명하는 핵심 키워드가 되었다. 팬데믹 기간 중 의무적으로 사용하게 된 원격교육 시스템과 비대면 서비스는 예상보다 큰 사회적 반향을 불러일으켰고, 그 흐름은 학교 교육 인프라 구축에도 직접적인 영향을 미치고 있다. 디지털 교과서(AIDT) 도입 시도, 시도별 AI 기반 학습 플랫폼 구축, AI 평가 체제 도입, 디지털 교육 규범 마련 등은 앞으로 학교 교육의 구조 자체를 변화시키는 요인들로 평가된다. 그러나 학교 구성원들은 이러한 변화의 속도와 폭을 충분히 예측하지 못해 적응에 어려움을 겪고 있다. 따라서 학교장은 이러한 변화가 학교 현장에 미칠 영향을 선제적으로 고려하고, 학교와 교사가 대비해야 할 방향을 제시하는 리더십이 요구된다[12].

디지털 전환이 가져온 변화의 특징 중 하나는, 새롭게 도입되는 플랫폼이 '패키지 형태'로 다양한 도구를 포함하고 있으며 학교 교육의 중심에 직접적으로 통합된다는 점이다. 과거 라디오・텔레비전 기반 원격교육이나 PC・인터넷 기반 e-러닝은 학교 체제와 별도로 존재하는 보완적 수단이었다. 그러나 AI 기반 시스템은 수업 설계, 학습 운영, 평가, 분석 등 교사의 교육 활동 전반과 긴밀히 연결되어 있다. 그만큼 기능은 뛰어나지만, 기존 업무와 디지털 데이터를 통합하는 과정에서 교사의 부담이 증가할 가능성도 존재했다.

반면 최근 AI 기반 플랫폼은 교실 수업 속으로 자연스럽게 들어와, 학습 분석을 통해 학생 활동 데이터를 곧바로 평가에 활용하는 등 학교 교육 과정과 하나의 체계로 움직이고 있다. 디지털 자료를 활용한 행정 시스템까지 통합된다면 학교는 교수·학습·평가·진로·행정이 유기적으로 연결된 '디지털 학교 체계'로 운영된다[13]. 이러한 변화는 더 이상 미룰 수 없는, 한국 교육이 반드시 준비해야 할 과제가 되었다.

이처럼 빠르게 변화하는 교육 환경 속에서 학교장이 주의해야 할 점이 있다. 첫째, AI 기반 플랫폼이 일상화될 경우 교사는 수업 중 어떤 방식으로 AI 기술을 활용할지 스스로 결정해야 한다. 이는 단순히 종이 교과서를 쓸지, 디지털 교과서를 쓸지를 넘어서는 질문이다. 이미 학생들은 모바일 기기를 통해 자연스럽게 AI 기술과 접하고 있으며, 사교육·온라인 강의 업체들이 앞다투어 AI 기능을 탑재하면서 학생들의 학습 환경은 기성세대와 비교할 수 없을 만큼 변화하고 있다. 교사는 이러한 외부 환경까지 고려해 수업 철학과 운영 방식을 정해야 한다.

둘째, AI 디지털 교과서의 수업 설계·평가·피드백 기능은 교사의 업무를 돕는 유용한 도구지만, 플랫폼의 구조에 우리의 교수·학습 관행이 지나치게 맞춰지는 '주객전도' 상황을 경계해야 한다. 플랫폼 기능이 고도화될수록 맞춤형 교육이 플랫폼의 방식으로만 이루어질 위험이 있기 때문이다.

셋째, 디지털 플랫폼이 평가와 학급 운영을 자동화해 업무 부담을 줄여준다고 해도, 교사는 확보된 시간과 역량을 어떻게 교육의 질 향상에 사용할 것인지 고민해야 한다. 수업 설계와 평가의 전문성을 높이기 위한 데이터 활용, 학생·교사·학부모 간의 소통 강화, 학습 데이터를 학생의 전인적 성장과 진로 지도로 연계하는 체계 마련 등 학교 교육이 해결해야 할 과제는 여전히 남아 있다.

이러한 맥락 속에서 디지털 전환 시대의 학교장은 변화하는 환경 속에서 전략적 리더십을 발휘하고, 학교 차원의 디지털 교육 비전을 명확히 제시해야 한다. 학교장은 기술을 단순히 배우는 수준을 넘어, 미래 교육의 방향을 함께 설계하고 실천하는 디지털 리더가 되어야 한다. AI 기반 교육이 확산되는 시대에 학교장은 '관리자'가 아니라 '변화를 이끄는 촉매'로서의 역할을 요구받고 있다. 이는 기술보다 중요한 것이 사람이며, 교육의 핵심은 언제나 인간 중심의 사고라는 사실을 되새기게 한다.

현실적으로 디지털 기반 교육을 구현하는 과정에는 여러 어려움이 존재한다. 그럼에도 불구하고 미래 사회를 준비하는 학교 경영자로서 학교장은 AI 기반 교육 환경 속에서 분명한 방향성을 제시하고, 교사의 성장을 지원하며, 학교 공동체를 이끄는 변혁적 리더십을 발휘해야 한다. 학교장은 더 이상 변화에 뒤따르는 존재가 아니라, 변화를 주도하는 리더가 되어야 한다.

이러한 관점에서 다음의 사례는 학생·교사·학부모가 함께 준비한 행복숲 AI페스티벌을 통해 체험 중심의 AI 활동을 운영함으로서, 학생들이 미래 기술과 진로를 자연스럽게 경험하고 미래교육의 방향을 실질적으로 체감한 학교 차원의 실천이라 할 수 있다.

• 학교 공동체가 함께한 체험 중심 AI 교육 축제

○○초등학교는 인공지능 시대를 맞아 학생들이 미래 산업과 연계된 진로를 자연스럽게 탐색할 수 있도록, AI 체험 중심의 '○○ 행복숲 AI 페스티벌'을 개최했다. 학교장은 "미래 진로의 문을 넓혀주는 것이 학교의 역할"이라는 비전을 바탕으로 행사를 기획했고, 담당 교사는 학생들이 안전하고 질서 있게 행사에 참여할 수 있도록 사전 준비에 공을 들였다.

행사 전, 담임교사는 학급에서 학생들을 3~4명씩 모둠으로 묶고 역할과 규칙을 충분히 안내했다. 외부 전문업체가 운영하는 AI 체험 부스는 체육관 안쪽에, 학부모 봉사단이 운영하는 AI 체험 부스는 체육관 입구

쪽에 배치되었으며, 학생들은 담임교사를 따라 정해진 순서에 맞춰 이동하도록 하였다. 특히 모둠원과 함께 다니지 않거나, 제멋대로 움직이거나, 질서를 어기는 행동이 발생하지 않도록 사전에 명확한 규칙을 안내했고, 이를 어겼을 때 사용할 '질서 스티커 감점' 방식도 설명해 두었다.

행사 운영을 위해 업무 담당자는 모둠 목걸이를 미리 제작해 각 학급에 배부했다. 학생들은 목걸이를 착용한 후 모둠별로 체험하고 싶은 부스와 이동 순서를 의논해 정했다. 인기 부스에 사람이 몰릴 경우 이동할 '대체 부스'를 정해두는 등, 체험 동선도 미리 계획하여 혼잡을 최소화했다. 모든 체험이 끝난 뒤에는 담임교사가 학생들을 안전하게 교실로 인솔해 돌아갈 수 있도록 전체 동선이 사전에 세심하게 마련되었다.

이처럼 ○○초등학교의 AI 페스티벌은 [그림 7-4]와 같이 단순한 체험 행사를 넘어, 학생·교사·학부모가 함께 준비하며 미래교육의 방향을 자연스럽게 체감하는 의미 있는 시간으로 구성되었다.

[그림 7-4] AI 페스티벌 활동 모습

행사 당일, 학생들은 모둠별로 질서 있게 줄을 맞춰 입장했다. 모둠장은 미리 지급받은 목걸이를 착용했고, 학년별로 시간차를 두어 체육관에 들어가도록 하여 안전사고를 예방했다. 분위기는 들떠 있었지만 전체 흐름은 차분하고 안정적이었다.

○○ 행복숲 AI페스티벌의 체험 프로그램은 키오스크 기반의 AI 로봇 딜리버리, 인공지능 포즈 스쿼드, 로봇 축구 챌린지, 로봇 슈팅 스포츠, 자율주행 자동차, 로봇 팔 제어 프로그램 중 4가지를 선택해 참여하는 방식이었다. 외부 업체가 운영하는 체험 부스는 반별 80분 동안 진행되었고, 한 부스당 20분씩 체험한 뒤 정해진 시간에 맞춰 다음 부스로 이동했다. 2개 학년이 2교시 동안 나누어 체험하도록 구성해 혼잡을 최소화했고, 이동할 때마다 담임교사가 학급을 함께 이동시키며 안전을 챙겼다.

학부모가 운영하는 체험 부스 역시 반별 3~5명으로 구성된 모둠 단위로 참여하도록 사전에 안내했다. 이 프로그램은 반별 40분 동안 진행되었고, 학생들이 4개 부스 중 원하는 체험을 자유롭게 선택할 수 있도록 하였다. 체험 방식이 자유로웠지만, 모둠 운영 규칙을 충분히 교육해 두었기 때문에 큰 혼란 없이 자연스럽게 운영되었다.

이날 ○○초등학교의 행복숲 AI페스티벌은 학생·교사·학부모 모두가 참여한 가운데, 처음 계획했던 흐름 그대로 안정적이고 성공적으로 마무리되었다. 학생들은 다양한 AI 기술을 직접 경험하며 안목을 넓혔고, 학교장은 "미래 교육은 이렇게 현장에서 시작된다"는 확신을 다시 한번 느낄 수 있었다.

7.2.2 디지털 교육의 기회 확대와 교육격차 문제

가. 디지털 교육, 새로운 기회의 확대인가, 격차의 또 다른 이름인가?

학교장으로서 디지털 전환을 바라볼 때 가장 중요한 관점 중 하나는 '교육격차'이다. 기술이 빠르게 발전하는 만큼 새로운 형태의 불평등도 함께 생겨나고 있기 때문이다. 이제는 기기를 얼마나 갖추고 있는지가 아니라, 그 기기를 얼마나 깊이 있게, 교육적으로 활용할 수 있는가가 학습의 질을 좌우하는 시대가 되었다. 다시 말해, 디지털 접근의 양적 평등보다 디지털 활용의 질적 우위가 훨씬 중요해지고 있다.

맥루한(McLuhan)이 말한 것처럼 "미디어는 메시지"이며, 기술은 단순한 도구를 넘어 문명 자체를 변화시키는 힘을 가진다[14]. 이러한 디지털성의 도입은 학교 수업의 방식만 바꾸는 것이 아니라, 학습 기회의 접근성, 지식 전달 방식, 학생의 참여 형태까지 교육 전반을 구조적으로 흔들고 있다. 이 변화의 한가운데에서 학교장은 디지털 전환이 기존 교육의 전제를 바꾸고 있으며, 그 과정에서 새로운 형태의 학습격차, 즉 '디지털 리터러시 격차'가 빠르게 확산되고 있다는 사실을 분명히 인식해야 한다.

코로나 이후의 연구들은 이러한 변화가 실제 학교 현장에서 어떤 양상으로 나타나는지를 보여준다. 우리나라는 교육용 디지털 기기와 네트워크 보급률이 세계 최고 수준이지만, 그 활용의 질은 OECD 평균 이하라는 분석이 반복해서 나오고 있다. 같은 기기를 제공받아도 활용 방식에 따라 학습 효과는 크게 달라지는데, 특히 사회·경제적 취약계층 학생들의 경우 접근 수준은 일반 학생과 비슷하지만 활용 역량은 현저히 낮은 수준에 머물러 있다. 다시 말해, 디지털 전환은 교육격차를 좁히는 도구가 될 수도 있지만, 오히려 격차를 더 벌리는 매개체가 될 가능성도 함께 존재하는 것이다[15].

이 지점에서 학교장의 역할이 더욱 중요해진다. 학교장의 관점은 기기 보급이나 인프라 구축이라는 1차적 수준에 머물러서는 안 된다. 어느 학생이 어떤 방식으로 디지털 자원을 학습에 활용하며, 그 과정에서 어떤 격차가 발생하는지에 주목해야 한다. 디지털 기기를 제공한다고 해서 디지털 전환이 완료되는 것이 아니며, 기술이 학습 과정에서 어떻게 작동하는지, 학생의 경험이 어떻게 달라지는지가 더 핵심적인 지점이다.

특히 디지털 리터러시는 단순한 기술 사용 능력이 아니라, 정보 탐색·평가·활용·창작을 모두 아우르는 복합적 역량이다. 이 역량의 차이는 학습 과정의 질과 결과에 직접적인 차이를 만든다[16]. 따라서 학교장은 이러한 '질적 격차'를 줄이기 위해 교육과정 운영에서 선택과 집중이 필요하다. 교사 연수, 학습 지원 프로그램, 디지털 기반 수업 설계, 취약계층 맞춤형 지원 등 전략적 접근이 요구된다.

이러한 관점에서 학교장은 디지털 전환 속에서 학교 교육이 어떤 방향으로 가야 하는지 명확한 비전을 가진 리더가 되어야 한다. 교육의 디지털화는 피할 수 없는 흐름이며, 이 흐름 속에서 학생 간 학습 경험의 질적 격차가 확대되지 않도록 지속적으로 점검하고 대책을 마련하는 것이 학교장의 중요한 책무이다. 기술보다 중요한 것은 언제나 사람이며, 학교장은 디지털 시대에도 '모든 학생이 함께 성장하는 교육'을 실현할 수 있도록 중심을 잡아야 한다.

다음 사례는 5주 동안 진행된 학부모 AI 드론 특강으로 가족이 함께 AI와 드론을 체험하며 미래 기술에 대한 이해와 소통을 넓힌 의미 있는 시간이었다.

• 디지털 교육 격차 해소를 위한 학부모 AI 코딩 드론 특강

○○중학교에서는 토요일 오전을 활용해 학부모와 학생이 함께 참여

하는 AI 코딩 드론 특강을 진행했다. 5주 동안 매주 2시간씩, 10여 팀이 한 팀을 이루어 배우는 방식이었다. 첫날, 무더위 끝에 장맛비가 내리던 아침, 학교장은 간단한 인사말과 함께 특강의 취지를 소개하며 프로그램을 시작했다.

학교는 올해의 특색사업을 '미래 핵심역량 함양을 위한 AI 디지털 교육으로' 정하고 다양한 프로그램을 운영하고 있었다. 이번 학부모 참여 특강도 그중 하나로, 드론 교육과 카미봇, 스파이크 프라임을 활용한 코딩 실습을 함께 체험해 보는 자리였다. 특히 학교는 AI 교육 인프라 구축에 힘을 쏟아 교육용 드론 40대와 AI 교구 25대를 갖추었으며, 전 학년이 AI 교육을 받을 수 있는 환경을 마련해두었다는 점을 학부모들에게 안내했다.

[그림 7-5]와 같이 학부모와 함께하는 드론 수업이 진행된 디지털스튜디오(DMC 교실)는 전자칠판과 미디어 제작 장비가 갖춰진 첨단 공간이었다. 학교장이 이 교실을 소개하자 학부모들은 학교가 AI 교육을 위해 얼마나 적극적으로 준비해 왔는지 실감하며 만족감을 드러냈다.

이어 학교장은 이번 특강의 목적을 설명했다. 앞으로의 인공지능 시대를 대비해 학생들의 컴퓨팅 사고력과 디지털 미디어 리터러시 역량을 기르는 것, 그리고 가정에서도 AI 교육의 중요성을 인식하고 지원해 주기를 바라는 마음으로 이 프로그램을 마련했음을 전한 것이다.

또한 올해 학교가 AI 활용교육 선도학교로 운영되고 있음을 소개하며, 학생들이 크롬북으로 얼굴인식 프로그램을 만들거나, AI를 활용해 환경 포스터 이미지를 생성하는 미술 수업을 진행하는 등 개별 맞춤형 디지털 교육을 활발히 실천하고 있음을 설명했다. 이를 통해 학부모들에게도 학교의 AI 교육 활동에 대한 이해와 참여, 그리고 지속적인 지지를 부탁드렸다.

[그림 7-5] 학부모와 함께하는 드론 수업

학부모 AI 드론 토요특강을 지난주부터 5주에 걸쳐 진행하였는데, 5주 동안 이루어진 학부모 특강임에도 불구하고 인공지능(AI) 교육에 대한 우리 학교 학부모님들의 높은 관심을 확인할 수 있었다. 작년보다 두 배 더 많은 학부모와 학생들이 모여 AI 드론 교육을 실시하였고, 학부모님들의 호응도 매우 높았다.

이 프로그램을 5주간 운영한 후 학부모 소감문을 살펴보니, AI 코딩 실습과 드론을 조립해 함께 날려보는 체험을 통해 가족 간 소통과 화합은 물론, 미래 산업의 동력인 AI(인공지능)와 드론에 대한 이해를 넓히는 계기가 된 소중한 경험이었다는 의견이 많았다.

나. 디지털 전환 시대 교육격차의 조망과 전망

코로나 이후 나타난 교육격차의 변화는 우리가 디지털 심화 시대로 접어들었음을 보여준다. 이제 교육의 내용과 방식 역시 달라져야 한다. 이러한 전환 속에서 학교장은 단순히 디지털 기기를 활용하는 공간을 마련하는 수준을 넘어, 새롭게 형성되는 디지털 리터러시 환경 안에서 학생들이 표현력·해석력·자율적 사고력을 기를 수 있도록 교육과정을 운영해야 한다.

학교장은 미래교육의 필요성에 대한 사회의 요구에 귀 기울이되, 그 논의가 실제 학교 현장에서 어떤 의미를 갖는지 성찰하는 과정도 놓치지 말아야 한다. 교육부나 국제기구에서 말하는 미래 교육의 방향과 현장에서 교사와 학생이 체감하는 변화의 의미는 다를 수 있기 때문이다. 결국 미래교육을 실천 가능한 계획으로 이끌어가기 위해서는 교육 주체들의 경험과 인식을 면밀히 살피는 일이 학교장의 비전 제시에 필수적이다.

국내외 연구에 따르면, 학교장들은 교사들이 미래 교육을 디지털 기기로만 좁게 이해하는 것에 아쉬움을 느끼는 경우가 많았다는 점을 인식하고 있었다. 실제로 교사들은 미래 역량으로 제시되는 다양한 요소들, 그리고 인성·시민성·생태 감수성 등 교육의 본질적 가치에 대해 깊이 고민하고 있었다. 무엇보다 교사 스스로 자신의 역할 변화가 시작됐음을 체감하며, 그 변화 속에서 새로운 교육과정을 만들어가는 과정이 곧 미래 교육의 가능성을 실현하는 과정으로 인식하였다. 이러한 흐름을 종합해 보면, 미래 교육의 핵심은 디지털 기술을 활용하는 능력 자체보다, 그 기술을 바탕으로 학생의 미래 역량을 길러내는 데 있다[17].

따라서 학교장은 미래 교육을 단지 기술적 진보의 관점에서만 보지 말고, 공교육의 질을 높이는 혁신의 관점에서 접근해야 한다. 즉, 교육의 중심에 '사람'과 '학습 경험'을 둔 환경을 조성하여 교사와 학생이 미래 역량을 기를 수 있도록 지원해야 한다[18].

학교에서 미래 교육은 주로 디지털 디바이스 활용 정책으로 나타나고 있는 상황이다, 즉, 스마트 기기, 디지털 교과서, AI 교육, 블렌디드 러닝 등이 대표적이다. 이러한 정책은 학습 생태계를 변화시키고, 개별화된 교육과정을 가능하게 하는 기반을 구축하는 데 초점을 두고 있다. 2015년 이후 이러한 흐름이 본격화되었고, 디지털 사회의 특성과 미래 세대의 요구를 반영한 조치들이 꾸준히 제시되어 왔다.

이러한 흐름 속에서 학교장은 미래 교육의 방점을 '개별화된 교육과정'과 '학습자 맞춤형 교육 · 평가'에 두어야 한다. 블렌디드 러닝과 AI 기반 시스템을 통해 학생 개인의 학습 이력을 분석하고, 그 수준에 맞는 학습을 제공할 수 있기 때문이다. 중요한 것은, 학생들이 시공간의 제약 없이 주도적으로 학습 과정에 참여하고 성장할 수 있도록 학교장이 교육 시스템을 설계해야 한다는 점이다. 이를 위해 학교장은 교사의 역할 변화에 따른 역량 강화를 꾸준히 지원해야 한다.

여러 미래 교육에 대한 논의는 미래 학교에서 학교장을 '촉진자이자 멘토'로 정의한다. 학습자의 요구를 파악하고, 필요한 자원을 제공하며, 학생이 주도적으로 문제를 해결하도록 돕는 교육과정을 설계하는 것, 이것이 미래 교육에서 학교장이 맡아야 할 역할이다. 이를 수행하기 위해 학교장은 교사들과 함께 지능정보 처리 역량, 융합 · 통합 교육과정 재구성 역량, 네트워킹 역량, 공동체 역량, 협업 · 의사소통 역량 등 다양한 전문성을 기르기 위한 자기연찬에 힘써야 한다.

다음의 사례는 디지털 역량과 지속가능한 가치를 기반으로 교육과정과 학교 문화를 혁신하며 미래역량을 키워가는 혁신미래학교 운영 과정을 보여주고 있다.

• 디지털과 생태가 어우러진 혁신미래학교 운영

○○교육청은 2019년부터 '미래교육'과 '혁신교육'을 결합해 더 발산적이고 확장된 미래 교육을 구현하고자 혁신미래학교 모델을 도입했다. 그러나 도입 이듬해 코로나19가 확산되며 모든 학교가 갑작스럽게 원격수업으로 전환되었고, 그 결과 미래 교육의 다양한 실험과 실천이 계획대로 이어지기 어려운 상황이 되기도 했다. 그럼에도 불구하고 학교들은 예측 가능한 변화와 예측 불가능한 현실이 겹치는 가운데, 미래 교육을 실제로 구현하기 위한 시범 운영을 계속해 나갔다.

[그림 7-6]과 같이 디지털과 생태가 어우러진 혁신미래학교 운영 계획에서 제시하는 미래 교육은 크게 두 가지 기반 위에 서 있다.

첫째는 디지털 세대와 디지털화된 사회가 요구하는 ICT 활용 능력,

[그림 7-6] 디지털과 생태가 어우러진 혁신미래학교 풍경

둘째는 유네스코의 지속가능발전목표(SDGs)와 같은 지속가능한 사회를 위한 교육이다. 즉, 디지털 세대로 살아가는 학생들의 특성을 이해하고 그에 맞는 교육적 변화가 필요하다는 인식, 그리고 지속가능한 미래를 위해 학교가 역할을 해야 한다는 당위성에서 출발한 것이다.

혁신미래학교는 이를 실현하기 위해 학생에게는 디지털 리터러시 기반의 미래역량을 길러주고, 교사에게는 교육 현장의 변화를 이끌어갈 수 있는 혁신 과제를 제시했다. 이는 교육과정의 재구성, 학교 환경의 변화, 미래형 교육과정 운영, 삶을 확장하는 학교 환경 구축 등으로 구체화되었다.

먼저, 학교는 개별화 교육과정을 운영하고 기술 기반 환경을 구축하여 교육과정-수업-평가가 유기적으로 연결되도록 하였다. 테크놀로지는 수업 준비와 운영, 평가뿐 아니라 학급 경영과 교무 행정 전반에 활용되며 하나의 흐름 속에서 작동하도록 설계되었다.

다음으로는 생태적 학교환경 조성을 통해 기술과 실천이 조화를 이루도록 하고, 교사가 스스로 성장할 수 있는 문화를 구축하려는 노력이 이루어졌다. 교사의 도전과 성장을 지원하고, 학교 구성원이 함께 비전을 공유하며, 학교장은 민주적 리더십을 바탕으로 학부모와 지역사회와의 소통 문화를 정착시키는 것을 목표로 삼았다.

현재 ○○교육청의 혁신미래학교들은 각기 다른 배경을 기반으로 운영되고 있지만, 연구학교 발표를 통해 서로의 사례를 공유하며 일반화를 위한 다양한 방안을 모색하고 있다.

이러한 흐름을 통해 혁신미래학교는 미래역량(창의성, 의사소통능력, 협업능력, 비판적 사고력 등)을 함양할 수 있는 미래교육, 그리고 학교 문화·교육과정 혁신을 기반으로 한 공교육 혁신이 융합된 모델로 자리 잡고 있다. 더 나은 협력교육의 비전을 제시하며, 미래교육의 방향을 구체적으로 보여주는 좋은 사례가 되고 있다.

7.3 학생 중심의 학습 조직 설계

7.3.1 학습 조직으로서의 학교 학습공동체

학교 현장에서 학습 조직은 구성원 각자가 배움을 통해 새로운 지식을 얻고, 그 지식이 조직 안에서 공유되면서 문제 해결력이 향상되는 구조를 말한다. 학습조직으로서의 학습공동체는 '지식은 구성된다'는 관점에 기반하며, 학습자를 능동적인 지식 구성자로 본다.

이러한 관점은 비고츠키(Vygotsky)의 학습이론에서 출발한다. 그는 아동을 타인과의 관계 속에서 상호작용하며 성장하는 사회적 존재로 바라보았고, 특히 언어는 인지 발달의 중요한 지표라고 강조했다. 이를 바탕으로 제시한 근접발달영역(ZPD)은 학습자가 스스로 해결할 수 있는 수준과 성인 또는 유능한 또래의 도움을 받아 도달할 수 있는 잠재적 수준 사이의 간격을 의미한다[19]. 이 이론을 학교에 적용해 보면, 학교장은 교사와 학생이 지닌 잠재적 성장을 충분히 발휘할 수 있는 환경을 조성하는 역할을 맡는다. 언어, 상호작용, 협력의 중요성을 강조한 비고츠키(Vygotsky)의 관점처럼, 학교에서도 교사와 학생 간의 협력은 교육 활동의 핵심이 된다.

학습 조직이 강조되는 이유는 시대적 변화 속에서 학교의 목적을 분명히 하고, 필요한 인재를 길러내며, 학교의 교육력을 확장하기 위해서다. 이를 위해 학교장은 자신의 비전을 끊임없이 명확히 하고 발전시키며, 그 비전이 학교 교육력 향상으로 이어지도록 구성원을 지원해야 한다. 또한 학교 현장을 객관적으로 바라보고 지속적으로 개선하기 위해 조직 전체가 배움을 멈추지 않도록 하는 것 역시 학교장의 몫이다.

더불어 학교장은 교육공동체가 무엇을 함께 이루고 싶은지, 그리고 왜 그것이 중요한지 구성원 모두가 공감할 수 있는 '공유 비전'을 만들어야 한다. 공유 비전은 교사들이 즐겁게 일하고 함께 연구하고 싶다는 동기를 높이며, 학교장과 교사들 간의 공감대를 넓히는 기반이 된다. 학습 조직이 활성화되기 위해서는 협력적인 문화가 필수이며, 학교장은 집단 학습이 자연스럽게 이루어질 수 있도록 구성원의 역량 개발을 꾸준히 지원해야 한다.

특히 대화와 토론이 활발히 이루어지는 학교 문화는 학습 조직의 핵심이다. 구성원들이 복잡한 문제를 자유롭고 창의적으로 탐구하며 서로의 의견을 경청할 수 있어야 한다[20]. 학교장이 학습 조직 활성화를 위해 적극적으로 지원할 때, 학교는 새로운 지식을 받아들이며 창의적으로 성장하고, 협력과 조화를 기반으로 한 조직 발전을 이룰 수 있다. 결국 학습하는 조직은 변화하는 미래에 능동적으로 대응하고, 학교의 조직 능력을 극대화하는 힘을 갖추게 된다.

다음의 사례는 학습공동체로서 학교 구성원이 협력해 한 학생의 어려움을 함께 돌보고 변화로 이끈 따뜻한 지원을 보여 주고 있다.

• 학습공동체의 협력으로 함께 성장한 한 아이의 변화

○○초등학교에서는 학습 조직으로서의 교원학습공동체 활동을 통해 한 학생의 문제를 함께 해결한 사례가 있다. 이 학교에는 ○○이라는 아이가 있었다. 자폐를 가진 ○○이는 4학년이 되면서 체구가 커지고 감정 조절이 더욱 어려워졌다. 화가 나면 고함을 지르거나 물건을 던지고, 심지어 연필 같은 물건을 들고 갑자기 찌르며 교사를 위협하기도 했다.

그해 담임 선생님은 새로 부임한 선생님이었다. 담임 선생님의 말씀에 따르면 3년 전 담임의 요청으로 ○○이가 방과 후 공부방을 다녔지만,

○○이가 공부방에 잘 가지 않으려 했다는 이야기를 들었다고 했다. 특히 학교에서 힘든 일이 있었던 날이면 그 경향이 더 심해졌다고 한다. 그런 날이면 ○○이는 다른 아이들이 모두 돌아간 조용한 교실에서 담임 선생님 옆에서 그림을 그리고 색종이를 접으며 마음을 가라앉혔다. 그것이 ○○이에게 유일하게 평화롭고 긍정적인 시간이었고, 담임 선생님과 ○○이가 연결되는 소중한 순간이었다.

○○이가 학교에 적응할 수 있도록 학교는 모두가 힘을 모았다. ○○이는 거의 매일 화를 참지 못해 진정이 필요했는데, 그때마다 교무실로 연락이 오면 부장교사, 보안관, 교장·교감, 실무사까지 하루에도 여러 번씩 그 교실로 달려갔다.

[그림 7-7]과 같이 교장선생님은 전교생들을 대상으로 지속적으로 인성교육 수업을 진행하면서 정기적으로 ○○이를 교장실로 불러 미술 활동과 상담을 병행하며 마음을 열어 주려 애썼다. 보호자 면담을 위해 밤 9시까지 기다렸다가 직접 집 앞까지 찾아간 날도 있었다. 그 과정에서 어렵게 들은 ○○이의 이야기는 담임 선생님과 즉시 공유되었다. 교사들은 회의 때마다 함께 머리를 맞대고 문제의 원인을 찾고 해결책을 고민했다. 담임 교사가 도움을 요청하면 동료 교사들은 언제든 기꺼이 나섰다.

그렇게 시간이 흘러 여름방학이 끝날 무렵, 작은 변화가 찾아왔다. 격주로 가정 방문을 하던 상담 담당자가 전문적인 치료가 필요하다고 판단했고, 교장 선생님과 여러 교사들이 보호자를 설득해 2학기부터 ○○이는 상담기관의 전문 치료를 받게 되었다. 방황하던 ○○이도 새로운 시도에 마음을 열었고, 서서히 안정감을 되찾았다. 4학년이 끝날 즈음 반 친구들은 "○○이가 정말 달라졌어요!"라며 놀라워했다.

[그림 7-7] 학교장의 인성교육 수업

돌이켜보면 돌봄을 받은 것은 ○○이만이 아니었다. “선생님, 많이 힘드시죠?” 하고 먼저 다가와 주던 동료 교사들, 담임 교사의 노고를 인정하며 늘 응원해 주던 교장 선생님, 전문치료의 필요성을 조언하고 지역 복지 기관과 연결해 준 부장교사…. 모두의 따뜻한 보살핌 속에서 담임도 한 해를 버틸 수 있었다고 고마움을 전했다.

7.3.2 배움 중심의 교사 학습공동체

학교 교육 활동에서 가장 먼저 고려해야 할 점은 교사의 수업이 중심이 되어야 한다는 것이다. 이를 위해 학교장은 수업 장학에 관심을 기울이고, 교사의 수업 역량 강화를 적극적으로 지원해야 한다.

경기도교육청을 시작으로 전국으로 확산된 혁신학교 운동의 대표적 모델인 사토 마나부의 ‘배움의 공동체’ 역시 같은 맥락에서 출발한다[21]. 사토 마나부는 “한 명의 아이도 배움에서 소외되어서는 안 된다”는 원칙

아래, 교사를 수업 전문가로 성장시키는 것을 목표로 삼았다. 대화와 협력을 중시한 그의 관점은 비고츠키(Vygotsky)의 학습이론과도 맞닿아 있다. 그는 동아시아 교육에서 학생들이 '배움으로부터 도주'하고 있는 현상을 지적하며, 이는 진정한 배움이 이루어지지 않는 교육 현장의 문제라고 보았다. 공부를 강요하는 구조가 문제이며, 배움은 만남과 대화 속에서 일어난다는 것이 그의 주장이다.

이러한 이론적 배경을 바탕으로 전문적 학습공동체는 학교 현장에서 실천적 의미를 갖는다. 학습공동체는 교사의 전문성뿐 아니라 학교 전체의 역량 강화를 가능하게 한다. 이를 위해 학교장은 정기적인 전문적 학습공동체의 날을 운영하고, 교사들이 공유할 수 있는 컨퍼런스를 마련해야 한다. 그 과정에서 교사들은 비전을 함께 나누고, 서로를 존중하며 협력하는 규범을 만들어 갈 수 있다.

학교장은 행정 중심의 조직을 학습 조직으로 전환해 교사의 역량 강화가 곧 학교 역량 강화로 이어지도록 기반을 마련해야 한다. 또한 교원 업무 정상화를 추진하면서 교사들의 역할을 재정립해 지속적인 전문성 향상이 가능하도록 지원한 것도 그 일환이다[22].

전문적 학습공동체는 교사 개인의 성장을 돕는 동시에 학교 조직의 변화와 혁신을 이끌어 왔다. 그러나 운영 과정에는 해결하기 어려운 과제도 있다. 일부 교사들의 전문가 윤리 부족이나 학습 조직의 미비로 인해 자발적 참여가 이루어지지 않는 경우도 있다. 이를 해결하려면 비전 공유나 작은 성공 경험을 통해 전문적 학습공동체의 필요성을 구성원들이 스스로 느끼도록 해야 한다. 운영 규범을 만들어 모두가 지켜 나가는 것도 중요하다. 다양한 교육활동으로 인해 약속된 시간에 모이기조차 어렵고, 모인다고 해도 효과적인 학습 시간이 되기 어려운 현실 속에서 학교장은 구성원들의 합의를 이끌어 자율적 참여를 유도하고, 그 시간이 실질적인 배움의 시간이 되도록 도와야 한다.

학습 조직의 부재는 교사 전문성 향상에 큰 걸림돌이 될 수 있다. 학교장이 노력해도 학교 환경에 따라 학습 조직화가 제대로 이루어지지 않는 경우도 있다. 이를 개선하기 위해서는 교원학습공동체의 운영 수준을 높이고, 교육과정 중심의 학교 조직과 교원 업무 정상화가 함께 이루어져야 한다.

학교장은 학습공동체 활동의 가치와 의미를 구성원들과 충분히 공유하고, 상호 칭찬과 융통성 있는 운영을 통해 긍정적 학교 문화를 형성해야 한다. 소통과 참여, 공동 성찰이 어우러진 문화는 학습공동체가 지속적으로 유지되고 성장하는 원동력이 된다. 연구하고 학습하는 문화의 중요성을 인식하고, 함께 참여하고 공유하는 학교 문화를 만들어 가는 것이 무엇보다도 중요하다.

다음의 사례는 독서교육 혁신과 학교 교원학습공동체의 협력을 통해 학생들이 주도적으로 참여하는 독서문화 형성의 중요성을 보여준다.

• 북적북적 책 놀이터 축제

필자가 ○○초등학교 교장으로 부임해 처음 실천한 일 가운데 하나는 독서교육을 새롭게 바꾸는 작업이었다. 신학년 집중 준비 기간 동안 교사들에게 독서교육에 대한 의견을 묻자, 대부분 기존의 '수치화된 평가지표로 학생을 줄 세우는 독서 평가'에서 벗어나고 싶다는 뜻을 밝혔다. 학생들 역시 스스로가 주인공이 되는 독서 축제를 경험해 보고 싶다는 요구가 있었다. 이에 필자는 독서교육의 흥미와 효과를 높이기 위한 교원학습공동체 활동을 시작하기로 했고, 「책을 읽기만 하는 문화」에서 「책으로 놀며 즐기는 문화」로 바꾸자는 공동 비전을 세웠다.

북적북적 책놀이터 교원학습공동체 참여 신청을 받아보니 7명의 교사가 함께하기로 했다. 첫 모임에서는 학교장이 교사들과 함께 작성한 설문지를 토대로 2월 말 학생 독서 실태를 분석했다. 분석 결과, 대다수 의견이 〈○○○○ 북적북적 책놀이터〉 개최 필요성에 공감했고, 이에 행사 날짜・장소・대주제를 확정했다. 주제는 '지구를 구하는 책 축제'로 정하고, ○○○○년 10월 23일 체육관에서 개최하기로 했다.

3월에는 학교장과 교원학습공동체 회원들이 모여 ○○초 학생들을 위한 독서기록장 [독서영수증]을 제작・출간했다. 활용법을 담은 동영상도 직접 제작해 배포하며 홍보를 시작했다. 또한 10월 행사 때 우수작 전시 코너를 운영하기로 했다. 이와 더불어 학생 자율독서동아리 〈속닥속닥 북클럽〉을 창단해 학생들과의 연계 활동도 활성화하였다.

〈○○○○ 북적북적 책놀이터〉 준비를 위해 교사 협의회는 총 5회 열렸다. 이를 통해 생태・환경 관련 도서 10권을 선정해 각 학급에 책꾸러미로 제공하고, 책놀이터 코너 이름과 내용을 확정했다. 도서 10권을 읽고 해결할 수 있는 독서영수증도 제작해 배포했다. 아울러 어린이 스태프 모임을 6회, 학부모 스태프 모임을 4회 진행하며 행사 운영을 체계적으로 준비했다.

그리고 마침내 10월 20일, 체육관에서 [그림 7−8]과 같이 〈○○○○ 북적북적 책놀이터〉가 열렸다. 행사를 앞두고 학생들은 9~10월 동안 학급에서 선정된 10권의 책을 정독・탐독하며 독서영수증을 작성했다. 5・6학년 어린이 스태프들은 미리 코너 운영 연습을 했고, 행사 당일에는 A조와 B조로 나뉘어 진행과 체험을 번갈아 맡았다. 1~4학년 학생들은 17개의 코너 중 원하는 코너를 선택해 자유롭게 참여했다. 오전 체험을 마친 뒤 점심시간에는 샌드아트 공연도 관람했다.

[그림 7-8] 북적북적 책놀이터 행사 모습

11월에는 필자와 교원학습공동체 회원들이 모여 사후 평가회를 가졌다. 그 결과, 〈○○○○ 북적북적 책놀이터〉는 단순한 독서 행사를 넘어 한옥도서관과 함께 학교를 대표하는 책 축제로 자리 잡았다는 평가를 얻었다.

7.4 권한과 책임을 잇는 새로운 리더상

7.4.1 학교 거버넌스를 통한 삶 연계 리더십

학교 경영 전문가로서 학교장이 가장 먼저 해야 할 일은 학교의 교육 환경과 문화를 정확히 파악하고, 이를 바탕으로 교육공동체와 함께 교육 비전을 세우는 것이다. 학생·교사·학부모·지역사회와 비전을 공유하면서 다양한 학교 현안을 해결하고, 구성원의 화합과 단결을 이끌어내야 한다.

이러한 문화를 바탕으로 교직원들이 스스로 역량을 발휘하며 자율적으로 일하고 싶어지는 분위기를 만드는 힘의 근원은 결국 학교장에 대한 신뢰와 믿음이다. 또한 학교장은 예산을 투명하고 효율적으로 집행하여 최소의 비용으로 최대의 효과를 낼 수 있도록 선택과 집중을 해야 한다. 예산의 우선순위와 적정성을 꼼꼼히 살피며 집행할 수 있는 경영 능력도 필요하다.

학교장은 학부모와 지역사회의 참여를 바탕으로 혁신 미래교육을 추진하는 동력을 키워야 한다. AI·디지털 시대를 맞아 단순히 현상 유지에 머무르는 관료적 관리 방식에서 벗어나야 한다. 변화와 도전에 응답하고, 총체적 교육 위기 속에서 변혁 지향적 리더십을 발휘할 수 있어야 한다. 이를 통해 학교장은 단순 관리자 수준을 넘어, 현실에 도전하고 혁신을 추구하며 학교를 이끄는 진정한 리더로 성장해야 한다.

이러한 리더십을 발휘하기 위해 학교장은 창의성과 자기주도성을 이끌어낼 수 있는 삶과 연계된 교육 활동을 설계하고 실행할 역량을 갖추어야 한다. 학교 교육의 핵심은 결국 교과서와 학생이다. 교과서는 표준화된 개념과 원리로 구성되어 있어 객관적이지만, 학생의 삶과 연결되는 교육을 위해서는 학생들이 살아가는 마을을 이해하고, 그 속에서 형성된 특성을 교육과정에 반영해야 한다[23].

학교장은 이러한 삶 기반의 배움이 가능하도록 교육과정을 계획하고 실천하는 데 주도적인 역할을 해야 한다. 교육과정 운영을 위한 비전을 제시하고, 이를 실행할 교사의 역량을 키워 주며, 행정적·재정적 지원을 아끼지 않아야 한다.

특히 지역과 연계한 교육과정은 미래의 민주시민을 길러내는 중요한 과정이다. 학교와 마을이 함께 교육과정과 수업을 재구성함으로써 학생들은 지역 속에서 배우고 성장할 기회를 얻게 된다. 이를 위해 학교장은 지역에 기반한 특색 있는 교육과정을 운영하며, 학교와 마을이 함께 민주 시민을 길러낼 수 있는 환경을 만들어야 한다[24]. 최근 학계에서 이를 '거버넌스'라 부르며, 마을과 함께하는 교육공동체의 중심 역할로 주목하고 있다.

구체적인 예로 서울의 각 자치구는 2015년부터 서울형혁신지구 지역 민관학 거버넌스를 통해 다양한 마을 교육기관과 강사, 교육 콘텐츠를 개발해 학교에 제공해 왔다. 이처럼 지역 거버넌스의 노력은 학교 교육에 기여하기 위한 것이다. 그러나 정작 학교에서는 이러한 자원을 충분히 활용하지 못하거나, 학교장이 마을과의 연대에 관심이 부족해 적극적인 리더십을 발휘하지 않는 경우도 있다. 근본적으로는 학교장의 인식과 리더십 부족에서 비롯된 문제이다.

따라서 학교장은 권한과 책임이 결합된 새로운 리더십으로 지역 거버넌스와 연결망을 구축하고, 연대와 협력을 이끌어내야 한다[25]. 학교별 거버넌스 구축을 통해 마을교사와 다양한 인적 자원이 교사들과 협력할 수 있는 참여 분위기를 조성하는 것이 중요하다. 민・관・학이 함께하는 교육공동체 속에서 학생들은 삶과 연계된 깊이 있는 학습을 경험할 수 있고, 학습의 지속성을 높이는 자기효능감도 키울 수 있다. 학교장은 지역사회와 협력하고 연대하는 거버넌스를 활성화하여, 이를 가능하게 하는 리더십을 발휘해야 한다.

다음의 사례는 동교동락 프로그램을 통해 지역과 협력해 생태교육과 환경 보호 활동을 진행하며 학생들의 환경 감수성을 키우고 있다.

• 마을과 함께하는 더함과 나눔 교육

○○초등학교는 2024년에 ○○구청과 연계하여 동교동락 프로그램 운

영학교로 선정되었다. 전교생 230명, 15학급 규모의 작은 학교로, 서울 ○○구의 고지대에 자리해 지역의 경제적 여건도 좋지 않았다. 이런 이유로 교사들의 선호도가 낮아 초빙이나 전보 유예로 근무하는 사례가 드문, 이른바 기피 학교로 알려진 곳이었다.

하지만 학교 안으로 들어가면 이야기가 달라졌다. 이곳 교사들은 열정과 헌신으로 교육활동에 전념하며 따뜻한 학교 문화를 만들어가고 있었다. 수업 협의도 매우 활발했다. 새로운 아이디어가 떠오르면 곧바로 '○○나눔방'에 모여 수업 나눔 회의를 열었고, 의견이 모이면 블록타임 수업 등으로 빠르게 실행했다. 교원학습공동체 활동도 내실 있게 운영되며 수업 혁신이 자연스럽게 이루어졌다.

이런 분위기 속에서 두 명의 젊은 교사가 먼저 동교동락 프로그램 참여를 제안했다. 생태전환교육과 연계된 프로그램을 자체적으로 운영하기에는 재정이 부족했고, 어려운 환경 속 학생들에게 더 다양한 배움의 기회를 주고 싶다는 마음에서였다. 학교장이 이들의 의지를 적극 응원했고, 계획서를 제출한 끝에 학교는 2024학년도 동교동락 운영학교로 선정되었다.

4월 초에는 첫 협의회가 교장실에서 열렸다. 지역 유관기관, 시민단체, 주민자치센터 관계자들이 함께 모였다. 학교 주변은 유네스코 문화유산인 ○○이 자리한 지역으로, 마을에서 여전히 산신제를 지내는 전통과 다양한 식물이 공존하는 독특한 공간이었다. 협의 과정에서도 이러한 지역적 특성을 살릴 수 있는 여러 프로그램이 논의되었다.

이날 학교는 앞으로 운영할 학생 동아리 '환경 정수기'를 소개하고, ○○천을 중심으로 생태 보호 활동을 펼칠 예정임을 안내했다. 지역 단체와 함께 환경의 날을 맞아 '학교에서 실천 가능한 환경보호 방법'을 주제로 한 [지구지킴이] 캠페인을 진행하기로 했으며, 자원순환 캠페인 [Join the

Circle in School]을 통해 교내 투명 페트병 수거 대회도 열기로 했다. 학생들이 분리배출을 생활화하도록 돕기 위한 취지였다.

여기에 더해 제로웨이스트샵 방문, ○○천 휴대용 수력발전 체험, 수거한 병뚜껑·우유팩 기부 프로그램 등 다양한 활동을 [그림 7-9]와 같이 마을강사들과 함께 진행하기로 했다. 샴푸바 제작, 양말목 드림캐처 만들기와 같은 생태전환교육 활동도 포함하여, 학생들이 환경보호에 흥미를 느끼고 생태 감수성을 키울 수 있도록 돕는 프로그램으로 구성되었다.

[그림 7-9] 마을강사와 함께하는 생활용품 만들기 체험 장면

2024학년도 1년 동안 다양한 마을연계 생태전환교육 활동을 추진하는 과정에서 가장 큰 협조를 얻은 곳은 학교 인근의 ○○동 주민자치센터였다. 민·관·학 거버넌스를 구축하기 위한 협의회를 가진 이후, 주민자치센터에서는 동장을 비롯한 공무원들이 적극적으로 지원해 주었다. 회의는 보통 격월에 한 번씩 열려 연중 6~7회 정도 진행되었고, 학교나 마을

행사 일정에 따라 필요할 때는 정해진 시기를 넘어서도 수시로 회의를 열어 자문을 받았다. 이처럼 지역사회와 연대하고 협력하는 거버넌스 체계를 바탕으로 마을 연계 교육과정과 창의적 체험활동이 안정적으로 운영될 수 있었다.

그 결과, 마을과 함께하는 교육이 학교의 특색 있는 '더함과 나눔 교육'으로 자리 잡았고, 학생들의 꿈을 키우는 행복숲 ○○교육이 활짝 꽃피기 시작했다.

7.4.2 AI · 디지털 시대 창의 · 자기주도 리더십

미래 사회를 예견한 토플러(Toffler)는 이제 교육이 산업사회 공장을 닮은, 모두가 같은 시간에 같은 것을 배우는 방식에서 벗어나야 한다고 강조했다. 넘쳐나는 정보, 인공지능 알고리즘이 만들어내는 가짜 뉴스 속에서 학생들은 비판적 사고력과 창의력, 협업 능력, 문제 해결력, 합리적 의사결정력 등 미래를 살아가는 데 필요한 역량을 갖추어야 한다. 따라서 학교장에게 요구되는 역할 역시 달라질 수밖에 없다. 우선 학교장은 교사들이 이러한 미래 역량을 길러주는 교육을 실행할 수 있도록 리더십을 발휘해야 한다.

학교 현장에서는 창의성을 기르는 교육이 특히 중요하다. 인공지능과 로봇이 활약할 미래 사회에서 인간의 고유한 능력인 창의성은 그 어느 때보다 가치 있다. 또한 지식의 폭발적 증가에 대비해 학생들이 스스로 학습하는 법을 배우도록 도와 깊이 있는 자기주도 학습을 가능하게 해야 한다. 아울러 개별화된 맞춤형 교육을 통해 학생들의 개인차를 인정하며 모두가 함께 성장할 수 있는 역량 중심 교육이 이루어져야 한다. 미래 사회에서는 협력 또한 핵심 능력이 된다. 따라서 학교는 연대와 협력을 강조하는 인간성 회복 교육과 더불어 평생학습으로 이어지는 '학습하는 방법'을 가르쳐야 한다[26].

학교의 수준은 학교장의 비전과 역량에 따라 큰 차이를 보인다고 한다. 그만큼 학교장은 인공지능과 디지털 전환이라는 시대적 변화 속에서 교육의 본질을 지키고, 학교장으로서 소명을 다하기 위해 끊임없이 자기 연찬을 해야 한다.

AI·디지털 시대의 학교장은 비전 제시자이자 혁신의 주도자, 지원체계의 구축자로서 중요한 역할을 맡는다. AI 기반 교육 비전을 분명히 세우고 이를 교직원, 학생, 학부모와 공유해 학교의 변화를 이끌어야 한다. 교사들이 AI 기술을 활용해 새로운 수업 방식에 도전하고 협력할 수 있도록 긍정적인 학교 문화를 조성하는 것도 학교장의 몫이다.

또한 학교장은 혁신적인 학습 환경과 인프라 구축을 지원해야 한다. AI 학습 시스템을 도입하고 이를 활용할 수 있도록 예산과 자원을 확보하며, 필요한 하드웨어·소프트웨어와 기술적 지원 체계를 마련해야 한다. 교실을 협력 학습, 메이커 활동, AI 기기 활용 등에 유연하게 대응할 수 있는 미래형 공간으로 재구조화하는 일도 학교장이 주도해야 한다.

교사의 전문성 개발 또한 필수적이다. 학교장은 교사들이 AI 도구를 교육과정에 통합하고 데이터 분석을 통해 학생 개별 지도를 할 수 있도록 맞춤형 연수를 기획·지원해야 한다. 또한 지식 전달자에서 학습 코치·멘토로 변화하는 교사의 새로운 역할을 인정하고 격려함으로써 동기를 부여해야 한다.

윤리 및 인간성 교육의 강화 역시 중요하다. 학교장은 AI 기술 활용 증가로 발생할 수 있는 저작권, 데이터, 프라이버시, AI 의존성 등 윤리 문제를 교육과정을 통해 다루도록 독려해야 한다. 동시에 공감, 협력, 비판적 사고, 창의성처럼 AI가 대체할 수 없는 인간 중심 역량이 소홀해

지지 않도록 교육 방향을 조율해야 한다.

교육의 비전을 제시하는 학교장이 되기 위해서는 미래 교육을 예측하고 그에 맞는 확고한 비전을 제시할 수 있어야 한다. 이러한 비전은 교수·학습의 목적과 내용, 방법을 이끄는 중요한 지침이 된다. 학교장은 지식정보사회에서 필요한 핵심 역량을 길러 학생들이 비판적 사고력과 문제 해결 능력을 갖추도록 돕고, 합리적 의사결정을 하는 민주시민으로 성장할 수 있도록 기반을 다져야 한다.

다음의 사례는 1학년 학부모에게 도전 정신과 실패를 두려워하지 않는 자세의 중요성을 강조하며, 아이들이 스스로 성장할 수 있도록 돕자는 내용으로 실시한 학부모 대상 교육이었다.

• 도전과 실패에서 배우는 성장

필자가 ○○초등학교 교장으로 근무하던 시절, [그림 7-10]과 같이 1학년 학부모를 대상으로 학부모 교육을 진행한 적이 있었다. 먼저 아이들에게는 아침 일찍 일어나 등교하고, 하루 종일 자리에 앉아 수업을 듣고, 준비물을 스스로 챙겨오는 일처럼 어른에게는 사소해 보이는 기본적인 일상조차 큰 도전이 될 수 있다는 점을 설명했다. 학교에서 마주하는 다양한 상황에 스스로 대처하고 어려움을 해결하는 자기 주도성은 아이들에게 매우 중요하다. 혼자서 방법을 찾고, 시행착오를 겪으며 마침내 문제를 해결해 내는 경험이 아이에게는 큰 성취감과 자신감을 주기 때문이다. 그래서 도전해 보려는 의지, 즉 도전 정신이 필요하며, 이를 잃으면 새로운 경험을 주저하게 된다는 점을 강조했다.

[그림 7-10] 1학년 학부모 대상 교육 모습

이어 노력과 끈기의 중요성을 이야기했다. 이는 장기적인 목표를 위해 필요한 열정, 인내, 지구력을 의미하는데, 성공하는 학생과 그렇지 못한 학생의 차이도 결국 노력과 끈기에서 비롯된다. "시도하고, 시도하고, 다시 시도하라. 처음에 성공하지 못하더라도 다시 시도하라"는 말처럼, 학부모는 아이가 새로운 일에 겁내지 않고 즐기며 도전할 수 있도록 도와야 한다. "틀려도 괜찮아, 마음껏 틀려도 돼. 넘어져 봐야 일어서는 법을 배우는 거야"라는 태도로 아이가 실수를 두려워하지 않도록 해야 한다. 실수와 실패를 지나치게 무서워하면 도전 자체를 포기하게 되기 때문이다.

세상은 실패와 실수가 반복되더라도 계속 도전하는 사람에게 기회를 준다고 한다. 새로운 것에 도전하면 실수와 실패는 당연히 따라오기 마련이며, 아이들은 이러한 작은 실험과 도전의 과정에서 꿈을 향해 나아갈 수 있다. 실수와 실패는 성공으로 가는 길목에 놓인 하나의 과정이자 배움의 기회이다.

'농구 황제' 마이클 조던의 일화도 들려주었다. 그는 "나는 9,000번 넘게 슛을 놓쳤고, 300번 가까이 경기에서 졌다. 그리고 26번이나 경기 승패를 결정짓는 위닝샷을 놓쳤다. 나는 실패하고 또 실패했다. 그것이 내가 성공한 이유다"라고 말했다고 한다. 이처럼 아이들에게 도전하는 태도를 길러준다면 두려움은 점차 사라지고, 그 자리에 자존감과 자신감이 자라나게 된다. 결국 아이들이 도전 자체에 흥미를 느끼며 성장해 나갈 수 있도록 해야 한다고 하였다.

참고문헌

[1] Zepeda, J., Lanoue, D., Rivera, M., & Shafer, D. (2024). 교사 주도성: 학교문화 혁신의 열쇠 (이병도, 함은혜, 심상용, 노영현 역). 서울: 학지사.

[2] 김정재. (2021). 학생자치에서 시작된 행복한 학교이야기. 서울: 북랩.

[3] Fullan, M. (2021). 학교를 개선하는 교장 (서동연, 정효준 역). 서울: 살림터.

[4] 이혁규. (2018). 한국의 교육 생태계. 서울: 교육공동체 벗.

[5] 정용주. (2020). 포스트가 아닌 지금 코로나 시대의 교육. 서울: 교육공동체 벗.

[6] 이용운, 박현선, 김형숙, 홍태숙, 오형민. (2020). 혁신교육지구 현장을 가다. 서울: 살림터.

[7] 도란도란 교육희망을 일궈가는 사람들. (2022). 행복한 배움을 위한 교사들의 도전기 혁신학교이야기. 서울: 휴머니스트출판그룹.

[8] Cockerill, A. (2019). 바실리 수호믈린스키 아이들은 한명한명 빛나야 한다 (함영기, 번역). 서울: 한울림.

[9] 홍제남. (2024). 교장이 바뀌면 학교가 바뀐다. 서울: 살림터.

[10] 성열관, 장영주, 한혜영, 임미자, 조민정, 손현정, 이유미, 조윤정, 김수연, 윤은진, 김서정, 반수정, 김인철, 노선용, 황수현, 송재영, 김명희, 이정선. (2020). 학교를 민주주의 정원으로 가꿀 수 있을까? 서울: 살림터.

[11] Masschelein, J., & Simons, M. (2020). 학교를 변론하다: 스콜라스틱 교육 (윤선인, 역). 서울: 살림터.

[12] 정제영, 조현명, 황재운, 문명현, 김인재. (2023). 챗GPT 교육혁명: ChatGPT를 활용한 하이터치 하이테크 미래교육. 서울: 포르체.

[13] Holmes, W., Bialik, M., & Fadel, C. (2020). 인공지능 시대의 미래교육-가르침과 배움의 함의 (정제영, 이선복 역). 서울: 박영사.

[14] McLuhan, M. (2023). 미디어의 이해: 인간의 확장 (김성기 · 이한우 번역). 서울: 민음사.

[15] 남신동, 김지혜, 모영민, 김성시, 도재우, 박미히. (2024). 디지털 전환 시대 교육 격차 변화 양상 연구. 진천: 한국교육개발원.

[16] 이은주. (2023). 경기미래교육을 반영한 미래형 교수 · 학습 방안 연구. 수원: 경기교육연구원.

[17] Tucker, M. (2022). 교육의 미래와 학교혁신 (전국교원양성대학교총장협의회, 역). 서울: 살림터.

[18] Nussbaum, M. (2022). 역량의 창조: 인간다운 삶에는 무엇이 필요한가? (한상연, 번역). 서울: 돌베개.

[19] Vygotsky, L. (2013). 사고와 언어 (이재혁, 역). 서울: 한길사.

[20] Prensky, M. (2018). 미래의 교육을 설계한다 (허성심, 역). 서울: 한문화.

[21] 성열관, 이숙현, 류성용, 박필재, 이천수, 손소영, 오란주, 강연선, 손혜영, 김자은, 박희규, 임동희, 유선미, 이만주, 차승희, 김창호, 윤은숙, 이윤정. (2019). 학교는 어떤 공동체인가?.서울: 살림터.

[22] Greene Ross, W. (2019). 학교에서 길을 잃다 (신동숙, 역). 서울: 지식프레임.

[23] Noddings, N. (2018). 21세기 교육과 민주주의 (심성보, 역). 서울: 살림터.

[24] 中島孝志. (2016). 리더의 그릇 (하연수, 역). 서울: 다산북스.

[25] 김만곤. (2022). 가르쳐보고 알게된 것들. 서울: 비상.

[26] 김용. (2019). 학교자율운영 2.0 학교 개혁의 전개와 전망. 서울: 살림터.

권한이 줄어도 리더십은 약해지지 않는다.

학교는 여러 사람이 함께 생활하는 작은 사회이다. 학생·학부모·교사라는 전통적인 교육 주체 외에도 행정실 직원, 교무행정사, 교무·과학실무사, 급식실 조리사, 청소 인력, 보안관, 야간 당직자 등 구성원은 예전보다 훨씬 다양하고 복잡해졌다. 고용 형태도 정규직, 임시직, 계약직, 봉사직, 파견직 등으로 나뉘어 학교 조직은 점점 더 다층적이 되었다. 학교 밖에도 학교 교육에 영향을 미치는 이들이 있다. 교육청, 지자체, 지역 주민, 교육 단체, 지역 의원 등 다양한 단위의 사람들이 학교와 끊임없이 상호작용하며 영향을 주고받는다.

이처럼 구성원이 다양해지고 각자의 권익을 중시하는 분위기 속에서 학교장의 권한은 점점 축소되고 있다. 이런 상황에서 학교장의 리더십을 유지하고 더 강화하기 위해서는 과거의 권위적·지시적 리더십에서 벗어나, 협력과 지원 중심의 리더십으로 전환해야 한다. 이는 단순한 관리자를 넘어 학교 공동체의 역량을 이끌어 내고 교육적 비전을 함께 만들어 가는 '촉진자', 그리고 교육 생태계를 설계하는 역할로의 변화이기도 하다. 권한 축소 시대의 학교장이 집중해야 할 핵심 방향은 다음과 같다.

첫째, 학교장은 분산적이고 공유적인 리더십을 발휘해야 한다. 학교장이 모든 의사결정을 독점하는 방식에서 벗어나, 교사·학생·학부모 등과 권한과 책임을 공유해야 한다. 촉진자와 조력자로서 교사의 자율적인 교육과정 운영과 혁신 활동을 지원하고, 교사가 전문성을 발휘하는 데 걸림돌이 되는 요소를 제거해야 한다. 필요한 시간, 정보, 예산 등 자원을 연결해 주는 역할도 필수적이다. 아울러 민주적 의사결정 구조를 확립하여 학교운영위원회 등을 통해 구성원이 실질적으로 학교 경영에 참여하도록 하고, 투명하고 공정한 절차를 통해 학교 전체의 책임성과 공동체 의식을 강화해야 한다.

둘째, 학교장은 학교의 비전과 교육철학을 명확히 제시해야 한다. 행정적 권한이 줄어들더라도 학교의 교육적 방향과 가치를 설정하고 공동체와 공유하는 역할은 학교장의 본질적 책무이다. 학교가 지향하는 미래 교육의 모습과 핵심 가치를 분명히 제시해야 구성원들이 같은 목표를 향해 나아갈 수 있다. 또한 교원학습공동체를 적극 지원해 교사들이 함께 배우고 성장하는 문화를 조성해야 한다. 교사의 전문성 향상은 결국 학교 전체의 역량과 리더십을 강화하는 기반이 되기 때문이다.

셋째, 학교장은 학교 거버넌스와 대외 협력 역량을 강화해야 한다. 학교는 더 이상 울타리 안에서만 운영되는 기관이 아니라 지역 사회와 연결된 교육 생태계의 한 부분이다. 따라서 교육청, 지자체, 지역 기관, 학부모 등과 협력할 수 있는 네트워크를 구축하고, 학교 교육에 필요한 인적·물적 자원을 확보하는 연결자 역할을 해야 한다. 또한 외부 민원이나 내부 갈등에 대해서도 책임 있게 조정자의 역할을 수행해 학교가 안정적으로 교육에 집중할 수 있는 환경을 만들어야 한다.

이처럼 권한이 축소된 시대의 학교장은 단순한 지휘자나 관리자가 아니라, 성장을 돕는 리더이자 공동체를 연결하는 설계자로 변화해야 한다. 관계 중심의 리더십과 교육적 전문성을 바탕으로 학교의 실질적인 변화를 이끌어 내는 것이 오늘날 학교장에게 요구되는 역할이다.

학교장의 역할은 무게가 아니라 방향이다.

학교장의 리더십을 무게가 아닌 방향의 관점에서 바라보면, 학교장은 조직의 권위를 앞세워 일을 처리하는 존재가 아니라 학교가 나아갈 미래를 제시하고 구성원들의 힘을 한 방향으로 모아 주는 역할을 해야 한다. 이는 관료적이고 지시 중심의 리더십에서 벗어나 변화와 비전을 제시하는 리더십으로의 전환을 의미한다. 전통적인 무게 중심 리더십은 권위와 위계적 통제를 상징하며, 규정과 절차를 중시하는 관료주의가 강화될 때 학교 운영은 경직될 수밖에 없다. 이러한 방식은 교사의 자율성과 전문성을 위축시키고, 교사를 전문가가 아니라 지시를 따르는 대상자로 보는 관점을 강화해 자발적 참여와 헌신을 이끌기 어렵다. 나아가 변화하는 교육 환경—지식 기반 사회, 정보화, 교육수요자의 다양화—에 능동적으로 대응하기보다는 현상 유지만을 추구하는 위험도 있다.

이 문제를 해결하기 위해 학교장은 방향 중심 리더십을 발휘해야 한다. 학교장의 역할이 학교의 미래를 설계하고 공동체를 올바른 길로 이끄는 데 집중될 때, 학교는 교육적 성과와 구성원의 성장을 함께 이루어낼 수 있다.

첫째, 학교장은 교육공동체 전체와 공유할 수 있는 비전을 제시해야 한다. 미래지향적 리더십은 학교가 추구해야 할 목표와 비전을 명확히 설정하고 이를 학생·교사·학부모 모두와 공유하는 것에서 출발한다. 필자 역시 '더함과 나눔 교육으로 꿈을 키우는 ○○교육'을 비전으로 삼아 교육공동체와 함께 방향을 만들어 왔다. 학교장은 학생의 행복한 성장과 삶의 능력 함양이라는 학교의 존재 이유에 가치를 두고, 모든 경영 과정이 이 방향으로 나아가도록 변혁적 리더십을 발휘해야 한다.

둘째, 학교장은 변화의 촉진자 역할을 해야 한다. 교육 혁신을 이끌기 위해서는 학교장이 스스로 변화를 수용하는 데 그치지 않고, 교육 재구조화의 흐름을 파악해 학교에 맞게 적용할 수 있어야 한다. 특히 교사의 전문성과 자율적인 교육활동을 지원하는 리더십이 중요하다. 교사가 수업에 집중할 수 있도록 행정 절차를 간소화하고 필요한 지원을 제공해야 한다.

셋째, 공동체 역량을 결집하는 리더십을 발휘해야 한다. 학교운영위원회를 통한 민주적 의사결정은 교사들의 주인 의식과 열정을 살리는 중요한 과정이다. 또한 학교장은 교사·학부모·지역사회 등 다양한 이해관계자 간 갈등을 조정하고, 모두가 학교의 교육 목표라는 하나의 방향으로 모일 수 있도록 통합자 역할을 해야 한다. 윤리적 솔선수범 또한 필수적이다. 공적 자원을 투명하게 운영하고 윤리적 기준을 철저히 지키는 학교장은 구성원들의 신뢰를 얻으며 긍정적인 방향성을 제시할 수 있다.

학교장 리더십의 핵심은 일관된 방향성을 유지하는 것이다. 학교장은 교육적 비전을 세우고 이를 학교 교육과정 운영 속에서 지속적으로 확인하며 실천해야 한다. 학교 고유의 특색을 살리기 위해 교육과정 프로그램의 선택과 집중을 통해 교육력을 높이는 전략도 필요하다. 명확한 비전과 일관된 경영 목표는 학교 교육과정 운영의 성패를 좌우하는 핵심 요소다. 또한 학교장은 교육공동체가 민주적인 문화 속에서 자기주도적으로 역량을 강화할 수 있도록 적극 지원해야 한다.

이를 통해 학교장은 지식정보화 시대의 미래 교육을 선도하는 리더로 자리매김할 수 있다. 학교 교육공동체 구성원들이 올바른 교육적 가치를 향해 협력하고 연대하는 가운데, 자율적이고 민주적으로 학교 발전에 참여하도록 이끄는 변혁적 리더십이 오늘날 학교장에게 필요한 역량이다.

찾아보기

『 기타 』

저자 약력

구교정

인천의 현직 중학교 교장이자 교육학 박사로서, 인하대학교 교육대학원에서 강의하며 교육과정·수업 혁신과 학습자 중심 교육 연구에 힘써 왔다. 수석교사 재직 시절에는 수업 혁신과 전문적 학습공동체 활성화에 주도적으로 기여했으며, 이러한 공로를 인정받아 홍조근정훈장을 수훈했다. 또한 교수·학습의 변화와 동아리 활동 지도 성과를 높이 평가받아 대통령상을 받았다. 학교 현장에서 축적한 실천적 경험과 전문성은 미국 SciencePG 학회의 논문 심사위원 활동으로 이어지며, 국제적 학술 교류에도 기여하고 있다.

아울러 교육정책과 학교 운영 전반에 대한 깊은 이해를 바탕으로 『교원노조법 해설』(공저), 『학교교육법 편람』(공저), 『원격교육의 효과성』, 『2025년 중학교의 미래 준비』, 『2026년 학생 맞춤형 역량교육의 이론과 실천』(공저) 등 10여 권의 저서를 집필했다. 더불어 Improve Lung Function Through Boys' Natural Learn(2025, 공동연구), A Study on the Organization and Operation of School Autonomous Time through an Analysis of Perceptions and Support Factors(2026) 등을 포함해 SCI급 학술지를 중심으로 25편 이상의 연구 논문을 발표하며, 학교 혁신과 교육 리더십, 역량 기반 교육과정 분야에서 학문적·실천적 성과를 지속적으로 축적해 오고 있다.

임혜경

서울의 현직 초등학교 교장이자 교육학 박사로서 교육과정·수업 혁신과 학생맞춤통합지원에 힘써 왔다. 교직 초기에는 창의·인성 적용 수업이 CNN, 매일경제신문, EBS, 『꿈나래 21』 등에 방송 및 기사로 소개되며 교육적 성과를 인정받았다. 또한 교사 대상 원격연수 자료와 ICT 연계 전 학년 교육 자료를 개발하여 개별 학생 맞춤형 학습을 지원하는 등 교실 수업 혁신에 기여한 공로로 교육부장관상을 수훈했다.

학교 현장에서 축적한 경험과 전문성을 바탕으로 학교평가체제 개선 방안 위원, 교육정책 정비 위원, 전국시도교육감협의회 정책위원, 통일부 통일교육위원 등으로 활동해 왔다. 현재는 서울교육정책연구지원단과 학생맞춤통합운영지원단, 통일부 통일교육위원으로 활동하며, 각종 연구대회 심사위원과 고려대학교 교장자격연수 강사, 서울특별시교육청교육연수원 신규 교장 역량 강화 연수 강사로서 학교 현장에 적합한 정책 수립과 적용에 기여하고 있다. 아울러 7편의 연구 논문과 다수의 현장 연구 성과를 발표하고, 50여 편의 장학 자료를 개발·공유하며 역량 기반 교육과정 분야에서 학문적·실천적 성과를 지속하고 있다.

고흔석

서울의 혁신학교 공모 교장을 거친 현직 초등학교 교장이자 교육학 박사로서, 한국교원대학교 초등교육학과에서 강의하며 교육과정·수업 혁신과 과정 중심 평가 연구에 힘써 왔다. 교직 초기에는 서울교대부설초등학교 교사로 봉직하며 교과 교육 연구와 교생 실습 지도에 기여했고, 이러한 공로로 교육부장관상을 수훈했다.

학교 현장에서 축적한 경험과 전문성을 바탕으로 한국사회과교육연구학회 부회장으로 활동하며, 서울시교육청 교육정책연구소 운영위원, 경기도교육청 교육정책자문위원회 교육과정 분과 위원, 2022 개정 교육과정 『서울의 생활』 집필위원장과 2022 개정 특수 사회과 국정교과서 심의위원장, 각종 연구대회 심사위원장으로서 교육과정 정책 수립과 적용에 기여하고 있다.

또한 『논쟁 중심 사회과 교육』, 『국정 사회과 교과서』, 『서울의 생활』, 『2026년 학생 맞춤형 역량교육의 이론과 실천』(공저) 등 학술서와 교과용 도서를 집필했으며, 사회과 교육 등재 학술지를 포함해 10여 편의 연구 논문과 현장 연구 성과를 발표하며 수업 혁신과 교과서·장학 자료 개발, 역량 기반 교육과정 분야에서 실천적 성과를 이어가고 있다.

책임만 커진 시대의 교육 리더십

2026년 2월 1일 1판 1쇄 인쇄
2026년 2월 10일 1판 1쇄 발행

저 자 : 구교정 임혜경 고흔석
발행자 : 한 정 주
발행처 : 교 육 과 학 사

저자와의 협의하에 인지생략

경기도 파주시 광인사길 71
전화(031)955-6956~8/팩스(031)955-6037
Home-page : www.kyoyookbook.co.kr
E-mail : kyoyookbook@daum.net
등록 : 1970년 5월 18일 제2-73호

낙장 · 파본은 교환해 드립니다.
Printed in Korea.

정가 **23,000** 원
ISBN 978-89-254-2035-6